RENÉ GIRARD

Copyright © 2011 Daniel Lance
Copyright da edição brasileira © 2015 É Realizações Editora
Título original:
Au-Delà du Désir

É Realizações Editora, Livraria e Distribuidora Ltda.
Rua França Pinto, 498 - 04016-002 - São Paulo, SP
Caixa Postal: 45321 - 04010-970 - Telefax: (5511) 5572 5363
e@erealizacoes.com.br
www.erealizacoes.com.br

Produção editorial e capa
É Realizações Editora

Coordenador da Biblioteca René Girard
João Cezar de Castro Rocha

Design Gráfico
Alexandre Wollner
Alexandra Viude
Janeiro/Fevereiro 2011

Preparação de texto
Lúcia Leal Ferreira

Revisão
Marcio Honorio de Godoy

Proibida toda e qualquer reprodução desta edição por qualquer meio ou forma, seja ela eletrônica ou mecânica, fotocópia, gravação ou qualquer outro meio de reprodução, sem permissão expressa do editor.

Este livro foi impresso pela Assahi Gráfica, em fevereiro de 2015. Os tipos são da família Rotis Serif Std e Rotis Semi Sans Std. O papel do miolo é pólen soft 80g, e o da capa, cartão supremo 250g.

CIP-Brasil. Catalogação-na-Fonte
Sindicato Nacional dos Editores de Livros, RJ

L238a

Lance, Daniel, 1960-
 Além do desejo : literatura, sexualidades e ética / Daniel Lance ; coordenação João Cezar de Castro Rocha ; tradução Margarita Maria Garcia Lamelo. - 1. ed. - São Paulo : É Realizações, 2015.
 272 p. : il. ; 23 cm. (Biblioteca René Girard)

 Tradução de: Au-delà du désir
 Inclui bibliografia e índice
 ISBN 978-85-8033-191-2

 1. Comportamento - Ficção francesa. 2. Sexo - Ficção francesa. I. Rocha, João Cezar de Castro. II. Título. III. Série.

15-19872   CDD: 843
        CDU: 821.133.1-3

06/02/2015   06/02/2015

RENÉ GIRARD
além do desejo
literatura, sexualidades e ética

Daniel Lance

tradução Margarita Maria
Garcia Lamelo

É Realizações
Editora

Esta edição teve o apoio da Fundação Imitatio.

INTEGRATING THE HUMAN SCIENCES

Imitatio foi concebida como uma força para levar adiante os resultados das interpretações mais pertinentes de René Girard sobre o comportamento humano e a cultura.

Eis nossos objetivos:

Promover a investigação e a fecundidade da Teoria Mimética nas ciências sociais e nas áreas críticas do comportamento humano.

Dar apoio técnico à educação e ao desenvolvimento das gerações futuras de estudiosos da Teoria Mimética.

Promover a divulgação, a tradução e a publicação de trabalhos fundamentais que dialoguem com a Teoria Mimética.

A René Girard

*Este livro, monstro
"original",
elaborado, por caminhos
errantes,
a partir de suas teorias.*

Agradecimentos

O Ministério das Relações Exteriores, Divisão da Formação dos Franceses no Exterior, através de Serge François, em 1988, ao conceder-me uma bolsa de pesquisa de pós-doutorado, a bolsa Lavoisier, permitiu-me começar a escrever este livro na Universidade Stanford, nos Estados Unidos. A Associação Francesa para as Formações Internacionais e Europeias, através de Alain Benaym, vice-presidente, apoiou o projeto. Agradeço-lhes sinceramente.

Meu reconhecimento dirige-se também a Thierry Lopez, um apoio fiel, a Anne Vincent, revisora ímpar, e a Mark Anspach, cujas observações e leitura detalhada do livro permitiram que este ensaio tivesse muito mais sentido.

sumário

13
além de si mesmo: prolegômenos para uma sexualidade mimética
João Cezar de Castro Rocha

21
introdução

um desejo, três autores: Paul Claudel, Jean Genet e Tennessee Williams

35
capítulo 1
o autossacrifício ou o dom claudeliano. *Partage de Midi* e *Le Soulier de Satin*

43
capítulo 2
entre o sacrifício e o autossacrifício, abordagem de *As Criadas*

55
capítulo 3
sacrifício gregário, um estudo de *De Repente, no Último Verão*

o campo das heterossexualidades

79
capítulo 4
situação: heterossexualidade e rivalidade mimética (mulher e danação)

93
capítulo 5
pequeno conto da região de Bassa

101
capítulo 6
Pedro e João

111
capítulo 7
rivalidade máxima e dom-juanismo, comentário sobre o livro de Otto Rank: *A Lenda de Don Juan*

identidades, violência e homossexualidades

133
capítulo 8
ritual, homossexualidade e iniciação

143
capítulo 9
Genet: imitação, artifício e homossexualidade

157
capítulo 10
Freud: *Leonardo da Vinci*

167
capítulo 11
Stekel e sua teoria da homossexualidade

185
capítulo 12
homossexualidade: de exclusão em exclusão

201
capítulo 13
análise da situação

207
capítulo 14
elaboração de
um esquema de
comportamentos sexuais

para uma reflexão sobre
a "Regra"

235
observações "finais"

241
referências
bibliográficas

249
breve explicação

251
cronologia de
René Girard

255
bibliografia de
René Girard

258
bibliografia selecionada
sobre René Girard

265
índice analítico

269
índice onomástico

além de si mesmo: prolegômenos para uma sexualidade mimética
João Cezar de Castro Rocha[1]

A força de um paradoxo

Daniel Lance ocupa um papel singular na galeria de pensadores dedicados a enfrentar os desafios do mundo contemporâneo a partir dos princípios desenvolvidos pela teoria mimética.

De fato, na introdução deste livro, Lance anuncia a originalidade de sua leitura da obra de René Girard:

> Sabe-se que as educações permissivas e condescendentes criam uma grande instabilidade. É necessário que os pais sejam tanto figuras da Lei quanto do Amor. Os filhos precisam tanto de afeto quanto de figuras fortes contra as quais possam brigar, se construir e se afirmar... E, sobretudo, em quem possam se apoiar, ser de fato crianças e não pequenos adultos.[2]

---

[1] Professor de Literatura Comparada da Universidade do Estado do Rio de Janeiro (UERJ).
[2] Ver, neste livro, p. 22.

Portanto, e de um modo bem peculiar, Lance defende a necessidade de respeitar o império da "Regra", aceita como precondição para a educação, em sentido estrito, e para a organização social, em sentido amplo. Não se trata, porém, de uma *Regra* absoluta, imune às vicissitudes da história ou às pulsões individuais.

Pelo contrário, Lance surpreende o desejo e sua vocação transgressora como bases para uma nova ética, que, sem deixar de afirmar valores, permaneça atenta à pluralidade de visões do mundo; pluralidade entendida como elemento incontornável da ação política e cultural no século XXI.

Há mais: Lance articula uma reflexão de grande importância para a situação brasileira atual, atravessada por debates acerca da dificuldade de aceitação da diferença, e, sobretudo, pela urgência de afirmar a tolerância em relação ao Outro como um valor essencial para a convivência democrática na esfera pública.

(Lance propõe uma *ética concreta*, que encontra no corpo o texto básico de sua constituição.)

Em outras palavras, a rica reflexão proposta pelo autor deste livro transita entre o preestabelecido e a transgressão, compondo um campo de tensões que se alimenta do caráter de duplo vínculo (*double bind*),[3] das manifestações da(s) sexualidade(s) – e o plural, aqui, é decisivo.

Essa é a constelação paradoxal, associada ao processo mimético estudado por René Girard, oferecida ao leitor de *Além do Desejo*.

Não é tudo: em lugar de adotar um partido fixo, Daniel Lance prefere explorar a oscilação que caracteriza os dois polos dessa equação; fórmula incontornável para entender os desafios do mundo atual.

---

[3] Ver, especialmente, os ensaios dedicados ao conceito de esquizofrenia em *Steps to an Ecology of Mind*. Chicago/Londres, The University of Chicago Press, 2000 – livro que será publicado na Biblioteca René Girard.

Isto é, de um lado, a *necessidade da norma*, e, de outro, sua *necessária contestação*.

Daí, a força do paradoxo:

> Conhecendo a dupla natureza do desejo, que regra absoluta pode lhe ser aplicada? Devo existir, e continuar a existir mais enquanto ser de desejo, ou devo sair dessa espiral e chegar ao não desejo, correndo o risco de não mais existir como ser humano?[4]

O problema é bem girardiano.

Ora, acompanhemos a reflexão do autor de *Mentira Romântica e Verdade Romanesca*: todo desejo é mimético, e todo mimetismo não pode senão engendrar conflitos.

Ergo: o desejo humano é uma autêntica bomba-relógio.

Como controlar a iminente explosão? Pode-se evitá-la de todo? A estratégia budista reconhece a agudeza do dilema, mas a radicalidade de sua alternativa parece de difícil execução; afinal, negar pura e simplesmente o desejo equivale a deixar de *existir como ser humano* – ensina o autor de *Além do Desejo*.

Por isso, Daniel Lance aposta suas fichas na complexificação das noções de desejo, sexualidade e prazer. No fundo, em sua rica trajetória, a pluralização dos conceitos corresponde tanto a um princípio filosófico como a um impulso vital.

Vejamos.

---

[4] Ver, neste livro, p. 24.

Uma trajetória singular

A singularidade da contribuição de Daniel Lance à teoria mimética se impõe, sobretudo, através da diversidade de seus campos de atuação.[5]

Doutor em Letras, título obtido com tese sobre a obra de Jean Genet; praticante internacionalmente reconhecido de *aikido*; jornalista e documentarista, tendo realizado longas entrevistas com personalidades de grande destaque; *last but not least*, ficcionista: em 2007, lançou seu primeiro romance – *Le Prix qu'ils Paieront*.

Em alguma medida, a escrita de *Além do Desejo* permitiu reunir esses múltiplos talentos.

O especialista em literatura se destaca nas análises cuidadosas e iluminadoras, especialmente das obsessões de Jean Genet e Tennessee Williams, entre outros autores.

O mestre em artes marciais ressurge na sensibilidade com que o autor converte o corpo em sujeito da pesquisa, em lugar de reduzi-lo ao papel burocrático de um mero estudo de caso.

O jornalista e o documentarista transparecem na forma desinibida, porém respeitosa, com que lança perguntas às fontes com as quais dialoga. O ângulo inesperado das questões inventa problemas que exigem uma perspectiva própria e inovadora.

Por fim, cabe à vocação de ficcionista a valorização de triangulações e tríades, que, em sua complexidade intrínseca, desautorizam opções binárias e redutoras. O saldo dessa operação é a superação do princípio de exclusões em favor de um olhar

---

[5] Ver o sítio do autor para uma visão panorâmica da multiplicidade de seus interesses: daniel.lance.free.fr.

crítico atento à pluralidade das formas de expressão do desejo e da sexualidade.

Numa palavra, Lance articula uma instigante imaginação teórica da alteridade.

Eis a contribuição mais relevante deste livro.

(Relevância especialmente assinalável no atual contexto da cultura brasileira, com o retorno preocupante de uma série de comportamentos intolerantes, cuja consequência inevitável é o recrudescimento da violência cotidiana.)

Sexualidade(s): ética concreta

A maneira mais econômica de ressaltar a aguda intuição do autor consiste em apresentar uma breve síntese de suas preocupações através de uma seleção mínima de um conjunto de passagens deste livro.

Comme il faut, comecemos pelo princípio: "Se ligarmos desejo e sexualidade, perceberemos que as sexualidades estão no centro dos conflitos, elas lhes dão, de certa maneira, corpo".[6]

Vale dizer, Lance dá um passo atrás, associando desejo e sexualidade. Na verdade, o ritmo da frase revela que a ênfase recai nas sexualidades, e, mais uma vez, o emprego do plural é sintomático.

Assim, o desejo mimético revela-se solidário da sexualidade. Pode-se radicalizar a sentença: em sua interpretação do pensamento girardiano, Lance prefere valorizar o corpo, ou seja, a sexualidade e

---

[6] Ver, neste livro, p. 32.

o prazer, em detrimento de qualquer forma de desejo metafísico – em termos girardianos, o desejo, não de assenhorear-se do objeto do modelo, mas de tornar-se o próprio modelo.

A consequência do privilégio concedido ao corpo, como uma das sedes do desejo mimético, conduz a uma significativa modificação teórica:

> Verificamos que foram analisadas várias formas de homossexualidade: a da rivalidade extrema e a da aprendizagem, o seu exato contrário. Portanto, devemos falar de homossexualidades, *no plural*. Compreende-se bem que não se trata dos mesmos processos de identificação.[7]

A orientação do autor é clara e o tema da homossexualidade é estratégico, pois poucas formas de manifestação da sexualidade foram tão estigmatizadas no mundo moderno. Por isso mesmo, demonstrar "[...] que há múltiplas sexualidades, múltiplas homossexualidades [...]"[8] propõe uma equivalência decisiva, cujo efeito é a ampliação da própria noção de sexualidade. Nesse registro, não faz mais sentido caracterizar determinadas práticas como "normais" em oposição a outras, definidas então como condutas "desviantes".

(Eis como toda norma, *necessária* à ordem social, deve no entanto ser *necessariamente* contestada.)

Dessa reflexão, Lance deriva o corolário de sua teoria: "Vemos assim a seguinte teoria fundamental: há tantas sexualidades, triângulos de identificações (modificáveis e não definitivos) quanto indivíduos".[9]

---

[7] Meus destaques. Ver, neste livro, p. 142.
[8] Ver, neste livro, p. 160.
[9] Ver, neste livro, p. 180.

A formulação é precisa e fundamenta a afirmação anterior; afinal, se a sexualidade é plural, portanto, proteiforme, então, naturalmente, não se pode discernir uma única expressão "normativa", obrigatoriamente "superior" a inúmeras ações "desviantes". Pelo contrário, cria-se uma atmosfera favorável para um novo entendimento da condição humana, no qual sexualidade e ética aparecem de mãos dadas.

Leia-se a conclusão do autor:

> A rigidez de comportamento, de uma maneira geral, traz problemas. Enquanto a vida muda, a sexualidade e os desejos se modificam ao longo da existência; algumas pessoas parecem ficar imobilizadas numa maneira de ser repetitiva. Cristalizações, permanências, fossilizações de um estado de desejo parecem impedi-las de variar, de evoluir.[10]

Desse modo, Daniel Lance desenvolve uma nova teoria da(s) sexualidade(s), e, ao mesmo tempo, esboça uma ética possível, a fim de enfrentar os desafios, cada vez mais complexos, da circunstância contemporânea.

(O título do livro, então, pode ser lido pelo avesso: *aquém do desejo*, encontra-se a sexualidade; *além de si mesmo*, descobre-se o outro.)

---

[10] Ver, neste livro, p. 195.

introdução

Restabelecer a regra e recusar a exclusão. Aí está, sem dúvida, o verdadeiro e grande desafio do início do século XXI.

Com muita frequência, a regra tornou-se sinônimo de exclusão. Como a regra social tinha valor incontestável, aqueles que não a seguiam eram banidos da sociedade. Na Igreja Católica, há o famoso adágio "fora da Igreja não há salvação". Em vez de exaltar o amor ao próximo, no seu grande anseio de converter, estabelecia-se a lei, dura, inflexível. Antigamente, só contava o casal, casal modelo, homem-mulher, unido por toda a vida sem possibilidade de ruptura, de escapatória, nem mesmo de prazer. Depois veio a revolução – as revoluções – de 360 graus ao redor do mesmo eixo, o da regra, recusou-se tudo o que pertencia ao passado (mas isso não significa voltar ao mesmo de uma forma oposta?).

As revoluções sociais e sexuais dos anos 1960 combateram, com razão, a exclusão. A Igreja não terá mais o privilégio de Deus, recupera-se a experiência mística pessoal, a mulher não se submeterá mais ao homem, as feministas queimam os seus sutiãs, os homossexuais militantes e de esquerda também querem invadir a Sorbonne. Não se pode negar que houve uma verdadeira "liberação sexual" nos anos 1970, embora seja possível criticar o significado da palavra *liberação*.

A dúvida chega, com os anos 1980, 1990, e a fatídica crise dos valores. Qual é a regra? Estamos perdidos: o que deve ser feito, quais são as referências? Não há mais a figura do Comandante, figuras estáveis a serem combatidas. Na França, a partida do general De Gaulle, em 1969, pode ser compreendida de maneira simbólica. Ao deixar o poder, De Gaulle deixa um vazio: a figura paterna da lei, da regra absoluta, da França, desaparece. Com o presidente Pompidou, há certa abertura, uma tolerância geral é instaurada, certo gosto pelas artes modernas. Do lado da Igreja Católica, o Vaticano II, ao abrir a Igreja para o mundo, inicia a aceitação das diferenças religiosas.

Contudo, o resultado desse questionamento dos valores chamados tradicionais gera o seu duplo mimético: a perigosa tentação do restabelecimento de uma regra forte, opressiva, extremista, que acalmasse... até que por sua vez fosse abolida. A volta à regra que exclui, expulsa, corta as arestas do indivíduo e o restringe, seria uma derrota da inteligência (no sentido etimológico de compreensão, compreensão do outro, da diferença, justamente), uma derrota da tolerância, uma derrota do humanismo diante da burrice obtusa. Isso significaria novamente a não aceitação do outro. Entretanto, não se pode ficar no impasse em relação a certo "mal-estar na civilização": quem sou, o que devo fazer? Sabe-se que as educações permissivas e condescendentes criam uma grande instabilidade. É necessário que os pais sejam tanto figuras da Lei quanto do Amor. Os filhos precisam tanto de afeto quanto de figuras fortes contra as quais possam brigar, se construir e se afirmar... E, sobretudo, em quem possam se apoiar, ser de fato crianças e não pequenos adultos. Dessa forma, os adolescentes precisam de uma Regra forte sobre a qual poderão se erguer, com a qual vão poder se confrontar. Essa violência, mais precisamente fundadora do indivíduo, parece ser uma etapa absolutamente necessária. Quando tudo é permitido, quando não tenho mais regra forte a combater, como posso me construir? Quando não há mais Lei, qual é a questão da transgressão necessária? Contudo, o paradoxo está bastante presente: é preciso dar outra forma a essa lei que rejeita.

Vemos bem aqui qual é a nossa problemática: é preciso restabelecer a lei, a do imperativo bíblico "não matarás, não roubarás, etc.", sem que isso implique voltar à época da exclusão, da não aceitação da diferença. Deve-se recusar essa Lei que sem dúvida impõe uma regra, mas que a impõe contra – contra alguns –, de acordo com um processo de bode expiatório. Contra a força do animal, é preciso restabelecer o poder do Justo, a predominância do humano. É preciso, segundo palavras de Michel Serres, estabelecer um projeto suave. A maioria dos projetos foi feita contra, contra alguém, contra uma nação. A união sempre se realizou excluindo, fabricando bodes expiatórios. Trata-se agora de pensar num projeto suave, numa união que não será mais feita contra, mas com o Outro. A Regra, por definição, exclui, mostra o que é preciso fazer, portanto, o que está proscrito. Estabelecer uma Regra que aceita em vez de impor é a maior dificuldade, outro paradoxo. Entretanto, é preciso estabelecer as regras da aceitação, não mais as da rejeição.

Um dos lugares em que a Regra se encontra numa situação difícil, em que ocupa uma posição paradoxal, é o do desejo. Regra e desejo parecem ser as duas faces contrárias de uma mesma moeda, os dois irmãos inimigos. Quanto mais o desejo se afirma, se mostra, se expressa, mais a Regra tenta inseri-lo num quadro predefinido. A Regra tenta restringir o que foge dela, ou antes freia e aniquila antecipadamente o que a contradiz, o que pode destruí-la.

O desejo ressoa em dois lugares diferentes, ou melhor, em dois lugares conjuntos: o lugar do ser – por exemplo, o nietzscheano, da afirmação de si – e o lugar das sexualidades. Nos dois lugares, a ambivalência está no cerne do problema; nos dois lugares a Regra é questionada.

Desejar é ser? Afirmação positiva de si? É faltar? A problemática é bem conhecida e frequentemente repetida. Essa ambiguidade fundamental do desejo tem a sua origem na própria mitologia: o desejo é, segundo Platão, em *O Banquete,* filho de Poros e de Pênia, da abundância e da riqueza, da falta e da mendicidade. Falta ou afirmação, o desejo preexiste ao seu objeto? O desejo está ligado ao ser ou ao objeto? Sou primeiramente um sujeito desejante, ou o meu desejo nasce por causa do efeito produzido por determinado objeto? O meu desejo me liga – primeiramente – ao ser, ao Outro, ou antes ao próprio Objeto? De Hegel a René Girard, a resposta se afirma claramente: o desejo é antes de tudo da ordem do ser e não do objeto. Para Hegel, o que desejamos é desejar e ser desejado; nós nos realizamos, existimos pela satisfação do nosso desejo. Sartre, em *O Ser e o Nada*, associa o desejo à falta e permanece nessa mesma perspectiva: "o desejo é falta de ser". Para René Girard, "todo desejo é desejo de ser"; porém, é preciso especificar o aspecto inovador da teoria: o homem é uma espécie de sujeito desejante que espera que um rival, que um modelo, lhe designe o objeto a ser cobiçado, o guia para um espaço comum "de interesse". Dessa maneira, é o ser que predomina e não mais o objeto; daí a força da citação: "todo desejo é desejo de ser".

O desejo – seja ele compreendido, para simplificar, de maneira "positiva" ou "negativa" – sempre é percebido como fundador, essencial. É assim que surge a primeira ambiguidade em relação à Regra e ao desejo. Conhecendo a dupla natureza do desejo, que regra absoluta pode lhe ser aplicada? Devo existir, e continuar a existir mais enquanto ser de desejo, ou devo sair dessa espiral e chegar ao não desejo, correndo o risco de não mais existir como ser humano?

O outro lugar do desejo é o da sexualidade, o das sexualidades. Aí a Regra é ainda mais questionada. Freud mostrou o caráter polivalente do desejo sexual. Em 1905, em *Três Ensaios sobre a Teoria da Sexualidade*, ele chegou a uma constatação muito simples: há múltiplas sexualidades chamadas, por causa da pressão social dessa época, de "perversões sexuais". Portanto, a sexualidade não é, como afirmavam certos predecessores de Freud, determinada pelo instinto e pela reprodução. O objeto sexual pode mudar constantemente: pessoa do sexo oposto, do mesmo sexo, sapatos, meias, etc. Freud separa instinto, que é algo determinado, e pulsão, não determinado. A sexualidade foge à Regra: ao ganhar liberdade, ela perde as suas referências e certezas. Então qual é a regra em matéria de sexualidade? Em nome de que autoridade moral ou religiosa, de que lei, se quer impor um modelo de sexualidade em vez de outro? Algumas pessoas, peremptórias, certas do determinismo biológico, afirmam que tudo se deve aos hormônios, às células. Entretanto, há homossexualidade na heterossexualidade, da mesma forma que há heterossexualidade na homossexualidade.

Para Freud, é o componente homossexual presente em cada um de nós que nos permite estabelecer relações "harmoniosas" com as pessoas do nosso sexo. Portanto, pode-se seriamente colocar em questão a própria natureza dessa determinação biológica. O que dizer, por exemplo, de uma pessoa que tem, segundo a expressão popular, grandes necessidades sexuais? De acordo com as civilizações, com os costumes, essa "hipersexualidade" terá os mesmos objetos? Qual é a parte da sociedade na elaboração de uma conduta sexual dominante? É esse casal canônico, homem-mulher, seguros de si e do seu projeto de "crescer e multiplicar"? Para René Girard, a multiplicação dos desejos cria a multiplicação dos conflitos. Quanto mais desejo, mais cobiço a mulher, a amante do meu amigo, mais crio fontes de conflitos. Deve-se concluir que é preciso retomar essa configuração de base, esse casal homem-mulher, sempre fiéis e emblemáticos, modelos perfeitos, portanto, irrealizáveis, apresentados como os únicos possíveis? Essas evoluções sociais devem ser colocadas em questão? Pode-se recusar o divórcio, a contracepção, o controle da natalidade, a lenta progressão do papel das mulheres na sociedade, a tolerância em relação a sexualidades que eram vistas como marginais?

Observa-se que a bissexualidade ocupava, em 1998, a primeira página de inúmeros jornais parisienses: ser bissexual era ser "antenado" (na realidade, em alguns meios protegidos da capital e em outras partes da França, pode haver sérias dúvidas quanto a isso). Mas, se tudo é possível, onde está a lei? O que devo fazer? O que é certo fazer? Deve-se amalgamar de novo desejo, prazer, sexualidade, procriação? O grande perigo desses avanços sociais é evidente: somente grupos reacionários, tradicionalistas, inclusive extremistas, trazem respostas claras sobre o que se deve e o que não se deve fazer. Nesse âmbito também, outro projeto deve ser construído, projeto de inclusão da diferença, mas também projeto do restabelecimento da Lei.

A dificuldade específica no estudo da sexualidade, das sexualidades, é de uma ordem quase ontológica, da ordem do questionamento da fundação do meu próprio ser. A sexualidade e o erotismo que a transfiguram colocam em questão a minha própria intimidade:

"Todo o trabalho do erotismo tem a finalidade de chegar ao mais íntimo do ser, ao ponto em que o coração está ausente".[1] Além disso, o estudo das sexualidades também é o lugar de todos os fantasmas, de todas as projeções do seu próprio desejo, o lugar de todos os medos, de todas as exclusões: a minha/nossa sexualidade é a correta, nos diz o subtexto dos livros que falam da sexualidade. Quanto mais lidamos com a intimidade de alguém, mais lidamos com o seu sofrimento.

Compreende-se tudo. Compreende-se a inquietação desse eterno marido "à Dostoiévski". Esse homem, embora seja heterossexual, só vive o seu desejo pela mulher através do olhar de outro homem. Imagina-se a sua inquietação diante de uma possível revelação da sua homossexualidade, da homossensualidade, da sua homoidentidade; ele que sempre precisou do consentimento de outro homem, que precisou se alimentar do desejo de outro homem, para desejar sua própria mulher. Seria ele um homossexual "latente", como queria Freud, ou o "melhor" exemplo do que René Girard chama de desejo mimético?

Compreende-se também a revolta, a violência, a necessidade de afirmação dos homossexuais revolucionários do fim dos anos 1960 na França. Lembra-se, com razão e justiça, o genocídio judeu, mas menciona-se raramente a exterminação maciça e programada dos homossexuais, homens e mulheres, pelos nazistas durante a Segunda Guerra Mundial. Da estrela amarela ao triângulo rosa, trata-se do mesmo símbolo, da mesma exclusão. Depois de anos de submissão, de aniquilamento das diferenças, é um dever do ser humano, é um dever social proteger a diferença contra a imbecilidade. Aliás, a violência que às vezes as "outras" sexualidades suscitam é prova de que estão no cerne de muitas coisas: quanto mais próximas, mais incomodam. Em geral, as sexualidades preocupam e sempre foram mantidas à distância, estritamente codificadas pelos poderes em vigor. O que esse medo pode nos dizer? Como abordar

---

[1] Georges Bataille, *L'Érotisme*. Paris, 10-18, 1966, p. 23.

a sexualidade, lugar de todos os fantasmas, de todos os medos e, portanto, de todas as más-fés?

Utilizaremos os instrumentos girardianos sobre o desejo mimético para colocá-los à prova dos textos e das pesquisas interdisciplinares (correndo o risco de maltratá-los um pouco). Devemos ir da mentira romântica, da mentira social para a verdade romanesca. Os grandes autores definem, elaboram o desejo, revelam todos os arcanos. Leiamos os textos, a literatura, as literaturas, os mitos, os ritos de iniciação para compreender. Leiamos Claudel, Genet e Williams. Claudel desvenda o desejo mimético, a impossível reunião dos seres; Genet denuncia de forma brilhante os duplos; Williams mostra o fascínio do mesmo, esse outro eu que só se pode amar passando por Ele, ingerindo-o numa cerimônia copiada ou invertida da cerimônia da Eucaristia. As Regras que aparecem são as do desejo: como ele é construído, elaborado? Como é modificado, "permeabilizado"? Sou "permeável ao outro", afirmam esses escritores.

Se sou "permeável ao outro", como isso se concretiza no campo das sexualidades? Aonde me conduzirá o meu duplo, o meu outro eu mesmo? Quem devo seguir (mais uma questão de Regra que se imiscui através do verbo *dever*)? Devo ir do mesmo ao Outro, da identidade à diferença, ou isso é uma ilusão, se é um outro eu mesmo que me guia para a diferença, se sou o desejo que um outro homem evoca em mim – por uma mulher, por exemplo? É dentro dessa perspectiva interdisciplinar que podemos construir, descrever os diversos campos das sexualidades: o "campo" das heterossexualidades e paralelamente – de forma refletida – o das homossexualidades. Freud sugere um primeiro triângulo, triângulo edipiano da escolha sexual; alguns dos seus "discípulos" seguem suas teorias e multiplicam os triângulos das possibilidades. Os relatos etnológicos, os contos, as literaturas completam a imagem dos comportamentos sexuais. Buscaremos elaborar um padrão de um *continuum* das sexualidades. Se a Regra tenta existir fortemente em matéria sexual, por que ela é tão variável, tão sujeita à discussão? Por que, então, ela "não funcionaria", falando em termos simples?

As heterossexualidades têm espelhados os seus duplos homossexuais – duplos monstruosos para alguns. Nessas condições, como a Regra poderia ser estritamente de ordem sexual? Contanto que um indivíduo não seja obrigado a sofrer a imposição de uma sexualidade em vez de outra, contanto que não haja violência (como nas relações não consentidas das duas partes, como nas relações de estupro, nas relações de pedófilos, etc.), todas as sexualidades existem simplesmente como tais. Enquanto o Outro for para mim Sujeito, e não simplesmente Objeto do meu prazer, não há violência e a Regra é conservada. Então, por que as sexualidades preocupam a Lei, sobretudo a lei social, mas também a lei moral?

A questão da lei será, portanto, totalmente colocada. Se a Lei não se aplica em matéria de sexualidade, que lei é essa? Qual é o seu lugar? Do sexo ao amor, amor dom de si, dom para o Outro (mas quem é ele?), depois dom para o mundo: este é sem dúvida o último lugar geográfico que se deve explorar para falar da noção de Regra? Que Lei é essa que recusa o terceiro excluído quando esse terceiro é bode expiatório? De que natureza é essa lei que se integra num projeto suave?

Enfim, poderíamos retomar Corneille textualmente na sua dedicatória de *Ilusão Cômica*: "Eis aqui um estranho monstro que vos dedico".[2] Nosso livro, que fala de desejos, também é um monstro curioso. Ele se interessa pelas literaturas para definir um esboço de uma teoria das sexualidades, apoia-se em vários campos, literários, mas também sociológicos, históricos, etnológicos, psicológicos e até mesmo filosóficos. Como um quebra-cabeça, um quebra-cabeça de ideias, ele busca mais explorar e verificar algumas pistas do que dar – e isso é praticamente evidente – uma visão exaustiva do estado das pesquisas nos campos citados. Algumas "passagens escolhidas" permitem elaborar essa reflexão, essa perspectiva dos textos, antes distantes. Este livro tem o objetivo de propor novas vias de reflexão para certa visão das sexualidades, certa ideia humanista e tolerante do homem e do seu desejo.

---

[2] A dedicatória dirige-se à senhorita M.F.D.R. (N. T.)

um desejo, três autores:
Paul Claudel,
Jean Genet e
Tennessee Williams

A violência está no centro das relações humanas, no centro das sexualidades. "Dize-me quem desejas, eu te direi quem vou desejar também", parece nos sugerir René Girard... e o conflito pode começar. "No começo era o Verbo", relata São João. Podemos acrescentar: no começo do homem era a sua violência. Como o homem não é essencialmente "bom", mas essencialmente violento, a leitura dos textos antigos e a compreensão dos fatos passados permitem analisar a fundação violenta do desejo. A Bíblia, o primeiro desses textos devido à sua influência no mundo ocidental, mostra no "Dilúvio" a primeira tentativa proveniente de Deus para conter a violência: "Iahweh viu que a maldade do homem era grande sobre a terra e que era continuamente mau todo desígnio de seu coração. Iahweh arrependeu-se de ter feito o homem [...]. A terra se perverteu diante de Deus e encheu-se de violência".[1] Essa violência no cerne do homem está portanto intimamente ligada ao seu desejo. Sodoma pode ser compreendida como a multiplicação ao infinito dos desejos. Desejos de múltiplos objetos, de múltiplas disputas de apropriação. A multiplicação dos desejos (independentemente de seus objetos) causa *ipso facto* a multiplicação dos conflitos. Há, dessa forma, unanimidade de todos contra aquele que não é atormentado pela Inveja. São todos os habitantes de Sodoma, "desde os jovens até os velhos, todo o povo sem exceção",[2]

---

[1] Gênesis 6,5; 6,11. Na tradução dos trechos bíblicos citados pelo autor, utilizaremos a *Bíblia de Jerusalém*, da editora Paulus, 2002. (N. T.)
[2] Gênesis 19,4.

que se precipitam ao redor da casa de Lot para abusar dos dois anjos enviados por Iahweh.

A violência é mimetismo, visto que o mimetismo é marcado pela violência. A violência nasce da rivalidade que opõe dois sujeitos; esses dois rivais disputam o mesmo "objeto". Segundo esse princípio, o desejo de um inflama o desejo do outro. O conflito, no âmbito de uma sociedade, é resolvido no sacrifício. A escalada provocada pela multiplicação dos conflitos triangulares (sujeito-rival-objeto) é freada graças ao sacrifício de uma vítima. De fato, essa sociedade transfere toda a sua violência para uma vítima expiatória:[3] "Apenas uma vítima arbitrária pode resolver a crise, pois todos os fenômenos de violência, sendo miméticos, são por toda parte idênticos e são de forma idêntica repartidos no seio da comunidade".[4]

Se ligarmos desejo e sexualidade, perceberemos que as sexualidades estão no centro dos conflitos, elas lhes dão, de certa maneira, corpo.

René Girard estudou a relação triangular entre o sujeito, o seu modelo ou rival e seu objeto, mostrando como ela conduz à violência. O sujeito imita, copia o desejo do seu rival e cobiça um mesmo "objeto". Se reencontramos as relações triangulares do *vaudeville*, aqui a problemática é muito mais complexa e se aplica a todos os campos e, sobretudo, o objeto não é dado *a priori* para ser copiado, é o outro que o designa em relação ao sujeito. O desejo mimético para René Girard está na base das relações humanas.

Ao esboçar algumas análises de determinadas tramas desenvolvidas na literatura, percebe-se a profundidade e a perspicácia dos grandes autores que tiveram a intuição extraordinária do papel do sagrado e da violência.

---

[3] Sartre denunciou esse procedimento, com outras palavras, em *Réflexions sur la Question Juive*. Paris, Gallimard, 1954.
[4] René Girard, *Coisas Ocultas desde a Fundação do Mundo*. Trad. Martha Gambini. São Paulo, Paz e Terra, 2009, p. 47.

Podemos evocar Paul Claudel, Jean Genet, Tennessee Williams.
A literatura, nessa ótica mimética, refere-se tanto à psicologia quanto à filosofia e à etnologia. As questões que nos formulamos e os embriões de respostas que encontramos obrigam a abordar outras matérias. Escritores reproduzem os círculos obsessivos do desejo mimético; pesquisadores apresentam respostas "científicas"; sente-se, portanto, vontade de confrontar os textos, fazer com que respondam uns aos outros para descobrir novas questões. Não há campo reservado, mas variadas esferas de estudos que colocam a mesma questão em relação ao desejo. Os campos do desejo têm múltiplos objetos, dos campos heterossexuais aos campos homossexuais, há múltiplas formas de realização de desejos. Esse desejo tão mimético, tão violento em literatura, é preciso abordá-lo na sua totalidade. Podemos usar a intuição extraordinária dos grandes escritores a respeito da formação do desejo? Se as coisas estão misturadas é, por exemplo, porque Freud "faz literatura" quando descreve os seus pacientes e porque Jean Genet, Tennessee Williams desenvolvem um ritual, desvendam, exploram os mecanismos da psicologia em seus livros. Todos trabalham sobre a matéria humana.

A matéria essencial da obra de um Genet, de um Williams ou de um Claudel é o desejo. Eles recriam o seu funcionamento. Eles têm consciência disso quando o descrevem com uma acuidade extraordinária? Analisam, denunciam certos mecanismos ou os reproduzem com genialidade? A resposta é delicada e vai além do tema; aliás, pouco importa, esse desejo está presente e só aguarda uma leitura.

capítulo 1
o autossacrifício ou o dom claudeliano.
Partage de Midi e Le Soulier de Satin

Em *Partage de Midi*, três homens, De Ciz, Amalric e Mesa, desejam uma mulher, Ysé. De Ciz, o marido, teve vários filhos com Ysé. De Ciz é simplesmente bonito: "é o inseto macho, de aparência frágil, mas sexualmente bem dotado junto à sua fêmea esplêndida".[1] Amalric é encantador, tudo dá certo para ele. Ele não tem fineza natural, não crê em Deus, mas protege Ysé. Ele aparece nos atos I e III e propõe a Ysé que se case com ele. Ysé aceita, apesar de gostar de Mesa; Amalric acolhe os três filhos de Ysé. Mesa é o Apaixonado, ele vive uma paixão irresistível que ultrapassa todas as barreiras. No ato II, Mesa e Ysé têm uma relação sexual, mas Ysé deixa Mesa; eles só se reencontram, só se "reconhecem" no ato III, no Mistério, na capela ardente. Claudel desenvolve a ideia de que uma união terrestre na paixão terrestre, na carne, é impossível; somente a reunião na Paixão é possível. Ysé diz que se sacrificou. A "supercarne" para Claudel é o coração.[2] Não é mais necessário dizer que a história é

---

[1] "Lettre à Jean-Louis Barrault". Paul Claudel e Jean-Louis Barrault, *Correspondance*. Paris, NRF Gallimard, 1974.
[2] Paul Claudel "não queria mais ouvir falar de *Partage de Midi* e tinha tirado de circulação todos os exemplares da primeira edição". Foi só depois de vários pedidos (e de um acordo com o abade Jean Massir) que Paul Claudel permitiu que Barrault montasse a peça, o que se realizou em 21 de janeiro de 1948. As nossas citações se referem à primeira versão do *Partage*, coleção La Pléiade.

"estritamente autobiográfica".³ Ysé é uma guia e decide por seu amante: "Sim, eu o deixei, eu me sacrifiquei por ele". Ela é ao mesmo tempo forte, senhora dos seus atos tanto quanto possível e "encantadora", no sentido etimológico.

No primeiro ato de *Partage*, Mesa não presta mais atenção em Ysé. Amalric fala com Mesa, "no convés de um grande navio, no meio do Oceano Índico entre a Arábia e o Ceilão".⁴ Estas são as suas palavras:

> Mesa: Acho que é uma coquete descarada.
>
> Amalric: Como quiser. Você não sabe de nada. Meu caro, ela é uma mulher maravilhosa.
>
> Mesa: É isso que você não para de repetir desde que saímos de Marselha.
>
> Amalric: Mas é que é verdade. Ainda por cima, você não sabe. Por mais distraído que você seja, acho que coloquei a coisa na sua cabeça.⁵

Essa "coisa colocada na cabeça de Mesa" é o desejo, o desejo mimético de amar Ysé. Mesa estava mergulhado no seu mau humor, na sua solidão, na sua falta de desenvoltura quando lhe mostram um desejo a ser copiado. Deve-se concluir que "a história" é simples assim? Sim e não. Sim, no sentido de que Amalric mostra Ysé para Mesa, que não a havia percebido até então. Ele insiste, fica "repetindo" que Ysé é uma mulher desejável, infinitamente desejável.

---

³ Gérald Antoine, "La Forte Flamme Méridienne (1901-1905)". In: *Paul Claudel ou l'Enfer du Génie*. Paris, Robert Laffont, 1988, cap. IV. Claudel escreve para Jean-Louis Barrault: "Trata-se de toda a minha vida cujo sentido fui levado a tentar compreender. É muito mais do que literatura". Paul Claudel e Jean-Louis Barrault, *Correspondance*, op. cit.
⁴ Indicações cênicas: Paul Claudel, *Partage de Midi*. Primeira versão. Paris, NRF Gallimard, 1967, p. 983.
⁵ Ibidem, ato I, p. 985.

A origem do desejo está entre dois rivais potenciais. O rival é necessário: se não existe, ele é criado.

Não, porque o drama também é infinitamente mais complexo.

Por outro lado, em vários dramas de Paul Claudel, o ser apaixonado nunca pode desfrutar plenamente todos os dias do seu amor, pois a mulher amada dá o seu corpo para o rival. Rodrigo e Mesa não "conhecem" a amada senão por um instante.[6] Em *Partage,* se Ysé gosta de Mesa, no primeiro ato ela está casada com De Ciz. No terceiro ato, ela vive com Amalric. Ysé, no primeiro ato, está rodeada por três homens muito diferentes. Ela é o tema predileto da conversa deles. Amalric a havia encontrado dez anos antes, estava apaixonado por ela, encontra-a e percebe que ainda está, de certa maneira, apaixonado. Mas, em vez de guardar para si esse amor, de declará-lo somente à interessada, coquete e amante, ele o confidencia a Mesa; e, como se não bastasse, dado que Mesa não se mostrava sensível ao encanto de Ysé, ele o convence de que Ysé é bonita. Mesa reage a esse desejo designado sendo rabugento, fechado, dirigindo a Ysé verdades intransigentes. Ysé fica surpresa, tocada: "Ninguém falou comigo como você naquela noite". Quando Mesa se declara a Ysé, ele a compara com o mais viril dos deuses: "Você é bela como um jovem Apolo!".[7]

A maravilhosa epopeia de *Le Soulier de Satin*, peça que se desenrola em quatro dias, desenvolve o tema do sacrifício necessário para o amor perfeito, segundo a expressão usada por trovadores.

O casal Prouhèze-Rodrigue reproduz aquele que Ysé e Mesa formavam. A união dos casais não existe senão por um instante e

---

[6] No ato III de *Partage,* Mesa está confuso e não compreende mais a atitude de Ysé. Ele lhe diz a respeito de Amalric: "Você o ama, mas a mim você não ama mais, você me odeia! Você o ama e faz sexo com ele", p. 1.043. Devemos observar que, nas peças de Claudel, os homens suspeitam das mulheres sem razão e são desajeitados.
[7] Ibidem, ato II, p. 1.025.

sempre é um outro que desfruta física e duravelmente da amada. Não se poderia suspeitar que Prouhèze fosse uma coquete. Ela se mostra em inúmeras situações bem superior a Rodrigue: é fina, fiel e está sempre se aperfeiçoando. Prouhèze é a mulher inacessível: no começo da peça, ela é a esposa do velho juiz espanhol Don Pélage. Ao pedir uma proteção divina contra o adultério, contra esse amor que sente por Rodrigue, Doña Prouhèze dá à Virgem Maria o seu sapato: "Eu me coloco em vossas mãos! Virgem Maria, eu vos dou o meu sapato! Virgem Maria, guardai em vossas mãos o meu pobre pé" (I, 5). O rei da Espanha separa os amantes. Rodrigue parte para a conquista das Américas e Prouhèze é enviada para a Ilha de Mogador. Nessa ilha, Doña Prouhèze será de certa forma obrigada a se casar com Don Camille, o que Rodrigue verá como uma traição: "Ah! Como ela pôde me trair e casar com outro homem! E eu só tive por um instante a sua bela mão na minha face" (IV, 11). A união entre Rodrigue e Prouhèze só dura um instante. É a cena 13 do segundo dia, mais conhecida como "a cena da sombra dupla". A sombra é a união de Rodrigue e Prouhèze, essa sombra de um instante: "Agora acuso esse homem e essa mulher, pela qual existi por só um segundo e para sempre e pela qual fui marcado na página da eternidade" (II, 13).

Claudel, numa conversa com Jean Amrouche, falava sobre a obra *Soulier* e, em particular, sobre essa cena da sombra dupla: "esse drama é a história de dois amantes que não conseguem se unir. Seria preciso no mínimo uma cena que mostrasse que, pelo menos idealmente, essa união pôde acontecer e que o instrumento foi essa luz noturna que é simbolizada, que é a lua". A união dos amantes nunca será carnal.

A união dos amantes perfeitos não poderia ser totalmente carnal, cotidianamente, no mundo: essa é uma das ideias principais da peça. É conhecida a admiração de Claudel pela *Divina Comédia* de Dante. A sua passagem favorita é a do encontro entre o poeta e Beatriz no "Purgatório"; é esse encontro que ele reproduziu, usando o seu próprio imaginário, nas obras *Partage* ou *Soulier*. "Só nos unimos pelas partes mais altas",[8] escrevia Claudel, e essa ideia está presente em todo o *Soulier*. Prouhèze: "Se nos dirigimos para a alegria,[9] que importância tem que isso seja aqui na terra ao contrário da nossa aproximação corporal" (III, 13).

Se Prouhèze renuncia "aqui na terra" a Rodrigue é "para possuí-lo melhor no outro [no outro mundo]" (III, 10). Prouhèze se sacrifica três vezes na peça. Quando ela renuncia a Rodrigue e aceita a proposta de Don Pélage de ir para Mogador para viver num "castelo que o rei lhe deu para cuidar até a morte" (II, 4). Na cena com o anjo da guarda que lhe lembra a Regra (III, 8), ela renuncia novamente a Rodrigue: "Devolve-me então essa água em que fui batizada!". Doña Prouhèze renova essa profissão de fé na última cena do terceiro dia. Rodrigue faz a mesma coisa em Mogador quando renuncia a Prouhèze (II, 7), na grande discussão com Prouhèze (III, 13) e no quarto dia, quando perde tudo.[10]

Para Claudel, trata-se de sacrificar-se, mas esse sacrifício está na fonte da alegria. Esse sacrifício, cristão, não é fonte de dor, mas, ao contrário, da verdadeira felicidade, a da união, da unidade: "Estou de acordo com você! E nessa única fala reside a confissão e adoção

---

[8] Paul Claudel, *Journal*, março 1920, Collection La Pléiade, p. 470. Claudel continuava usando uma imagem que gostava de repetir: "Para que serve se não consigo lhe dar a minha alma? Da mesma forma que duas cores compostas que, ao se juntarem – por exemplo, o laranja e o roxo –, produzem o vermelho puro e simples". Encontramos isso em *Soulier*: "Como o roxo, ao se fundir com o laranja, dá o vermelho mais puro". (I, 7)
[9] Essa palavra, *alegria*, deve ser compreendida na sua acepção mais forte. A alegria é mística. "Como quis dar-lhe a alegria! Não ficar com nada! Ser completamente essa suavidade! Deixar de ser eu mesmo para que você tivesse tudo." Doña Prouhèze a Rodrigue, III, 8. Trata-se da mesma alegria que "reconhecemos" no Evangelho de João: "Eu vos digo isso / para que a minha alegria esteja em vós / e vossa alegria seja plena" (15,11). Ver também o estudo que realizei sobre essa palavra: *Le Vocabulaire de la Joie et de la Tristesse chez Bernard de Ventadour*. Paris, Sorbonne Paris IV, 1984; a alegria que o trovador busca é da mesma ordem que aquela descrita por Claudel.
[10] Acontece a mesma coisa com Don Pélage, que renuncia por causa da honra: "E a honra me ordena que continue até a morte uma obra na qual não creio mais" (II, 4).

da penitência".[11] "A outra parte de mim mesmo e a sua veste estreita [...] e o reconhecimento dele com ela não foi mais impetuoso do que o choque e a união imediata das suas almas e dos seus corpos sem uma palavra e do que a minha existência na parede."[12]

O coração, a "supercarne", não tolera nenhuma fronteira.[13] Como sempre, o sacrifício é fonte de paz, mas aqui ele é mais do que isso: ele é a união na plenitude, a única verdadeira felicidade permitida ao homem. Claudel empregava às vezes indiferentemente *sacrifício* e *oferenda*. Ele caracterizava da seguinte forma o *Soulier*: "Toda a ideia da peça reside na ideia do sacrifício".[14]

Em outra parte, numa carta a Gabrielle Valliez, Claudel explica essa noção de sacrifício: "O importante não é a alegria, mas o sacrifício, é essa doação que se deve repetir não uma vez, mas cem vezes, na missa, pela oração".[15]

Esse sacrifício é religioso, supõe-se, mas, sobretudo, cristão. Dessa forma, essa noção de união dos amantes no outro mundo, por oposição a uma união aqui neste mundo, está na origem do magnífico comentário de Paul Claudel do *Cântico dos Cânticos*. Claudel interpreta o *Cântico dos Cânticos* como a descrição da mais perfeita União: a Igreja é a Esposa de Deus:

> 12. *Dum esset rex in accubitu suo,*
> *Nardus mea dedit odorem suum.*
>
> Enquanto o rei está em seu divã
> meu nardo difunde seu perfume. [...]

---

[11] Paul Claudel, *Partage*, op. cit., p. 144, Mesa.
[12] Idem, *Le Soulier de Satin*, cena da sombra dupla, II, 13.
[13] Ibidem, "Ela já era a única fronteira desse coração que não tolera nenhuma" (I, 7).
[14] Alocução de P. Claudel para uma recepção dos ferroviários em 23 de março de 1944.
[15] Carta citada na página 78 na biografia de Gérald Antoine.

> A Alma, e eu poderia dizer também a Igreja, chegou ao fim do seu caminho. Chegou a hora da possessão. É esse abraço do Esposo nos braços da Esposa que o latim expressa com a palavra *accubitus* [...][16]

O famoso paganismo de Claudel[17] é visto aqui na sua mais alta dimensão. A suavidade é o reconhecimento do Esposo e da Esposa, de Deus e da Igreja (católica, naturalmente). Essa sensualidade existe sempre, mas ela está contida no próprio Texto, que Claudel comenta:

> *15. Ecce tu pulchra es, amica mea!*
> *Ecce tu pulchra es!*
> *Occuli tui columbarum.*
>
> - Como és bela, minha amada,
> como és bela!...
> Teus olhos são pombas.
>
> *16. Ecce tu pulcher es, dilecte mi, et decorus!*
> *Lectulus noster floridus.*
>
> - Como és belo, meu amado,
> e que doçura!
> Nosso leito é todo relva.
>
> Como és belo! Ela diz ao seu bem-amado, como és belo! Não são a carne e o sangue que lhe revelaram essa beleza, são os olhos da pomba.[18]

---

[16] Paul Claudel, *Commentaires et Exégèses*. Paris, NRF Gallimard, 1963, t. 22, p. 26 e 37.
[17] Gérald Antoine escreve na sua biografia que Claudel havia conservado, como dizia a Suarès, um "temperamento profundamente pagão, loucamente apaixonado por alegria e prazer".
[18] Paul Claudel, *Commentaires et Exégèses*, p. 39.

Claudel evoca ainda o sacrifício: "*cella vinaria* [...] É o altar em que, com a voz do sacerdote, se dá a transubstanciação. É ali que se dá a consumação de todo o universo no sacrifício".[19]

Que sacrifício então é esse, senão o da renúncia ao mundo, à carne pela carne? Essa carne não é senão o objeto sempre renovado das rivalidades. Em *Partage*, Mesa participa da competição amorosa junto com Amalric e Ciz; a renúncia, o sacrifício da união carnal não são senão a promessa da união perfeita fora do mundo. Isso é dito de forma ainda mais clara em Le Soulier de Satin: Prouhèze renuncia a Rodrigue neste mundo, para só reencontrá-lo melhor "no outro mundo". A sombra dupla é unidade. Ela está marcada na página da eternidade. O sacrifício não é senão a rejeição do desejo mimético; é a realização da palavra bíblica: "Não matarás, não roubarás, não cobiçarás". Não cobiçarás mais porque viste outro objeto, diferente daquele percebido nessa aproximação terrestre. Amar no coração, essa supercarne, significa amar livre dessa cobiça, dessa cópia do desejo do outro. É renúncia à carne que também é renúncia à dor, ao sofrimento, ao ciúme. O verdadeiro amor não é o do desejo mimético, da carne, mas o da renúncia ou, mais precisamente, o da oferenda de si ao Outro:

"Despoje-se! Jogue tudo! Dê tudo para receber tudo."[20]

---

[19] Ibidem, p. 37.
[20] Fala de Doña Prouhèze, Paul Claudel, *Soulier*..., no terceiro dia, cena XIII, p. 858.

capítulo 2
entre o sacrifício, e o autossacrifício, abordagem de As Criadas[1]

Continuando a análise do desejo e do sacrifício, *As Criadas*, de Jean Genet, oferece um aspecto do desejo mimético dos mais evidentes, mas também dos mais interessantes. Tennessee Williams e Jean Genet reproduzem, nas peças que propomos, esquemas violentos e religiosos. Suas peças não descrevem eventos, mas o evento: o da crise mimética. Utilizam os temas das grandes tragédias gregas que deram inspiração a René Girard: as de Ésquilo e as de Eurípides.[2] Em *As Criadas*, Genet usa um vocabulário de sentimentos religiosos num invólucro de opróbrio e vergonha. Mostramos num trabalho anterior[3] que esse invólucro é somente proteção e prisma deformador. Para além dessa aparência, Jean Genet prega a mesma bondade de ser que excelentes autores cristãos pregam.[4] São conhecidas as suas palavras: "Revolvam o lixo, nele encontrarão o meu segredo". Esperamos elucidar uma parte desse segredo.

Se Jean Genet pôde se inspirar no crime "horrível" das irmãs Papin para escrever *As Criadas*, resta pouca coisa dessa "fonte". As irmãs

---

[1] Texto retomado em parte na revista *Littérature*, n. 29, outono 1993.
[2] Genet começou a escrever *Paravents* na Grécia; ele queria construir essa peça como uma tragédia grega.
[3] *La Figure de l'Ange dans l'Oeuvre de Jean Genet*, tese defendida na Sorbonne Paris IV, março 1988.
[4] Evidentemente não é preciso ser muito entusiasta. Genet escreveu certas frases que desmentem isso. Mas o fundo do seu pensamento é aquele que acreditamos ter descoberto.

Papin, duas empregadas doces e submissas, tinham, de fato, em 1933, torturado e depois matado a sua patroa. Genet criou uma peça de teatro a partir desse fato: suas "criadas", Solange e Claire, duas irmãs parecidas, ensaiam a sua cena – o assassinato da patroa (Madame) – e o fazem com uma estranha minúcia.

A peça descreve uma crise e está organizada em quatro tempos. No primeiro, Claire faz o papel da patroa e Solange o da criada. Solange chega a colocar as mãos no pescoço de Claire para esganá-la. Mas a patroa está prestes a chegar e elas têm que interromper a sua representação. Num segundo momento, as criadas se recriminam mutuamente por seus erros. Elas concordam que vão pôr uma dose mortal de gardenal na infusão da patroa. No terceiro, a patroa chega, altiva, com um ar mundano de desprezo e de ternura por suas criadas. Elas querem que a patroa beba a famosa infusão, mas ela recebe uma boa notícia e sai. Na última fase, as duas criadas estão sozinhas, amargas, inquietas e cansadas. Contudo, a "passagem ao ato", muito pensado, construído, se mostrou impossível: a patroa escapa deixando as criadas diante da sua insuportável gemeidade.

Nessa peça, Solange e Claire representam o papel do outro: "Ela", essa patroa que as emprega, as usa e não as vê de fato; mas elas a representam "excessivamente". Já não a imitam: simplesmente são a patroa. Entretanto, elas eram aparentemente duas contra esse empregador "paternalista", duas criadas contra uma "patroa" querida e rica. A situação tinha todas as características da lógica: duas criadas oprimidas, moral e fisicamente, se revoltam contra aquela que as "explora", que as impede de existir. No seu espetáculo de dois personagens, Claire e Solange se tornam Madame segundo uma cerimônia mortuária. Enquanto uma será "Ela", a outra será a "criada". Nenhuma das duas será dona de si mesma. Enquanto "morrem", elas estabelecem uma curiosa relação entre si e se perdem na sua farsa. Não conseguem alcançar a sua glória: a morte de Madame. Essa morte é orquestrada como uma sombria cerimônia sagrada, como um ritual. De fato, cada gesto faz parte de uma encenação, de uma tensão "imutáveis". Há um ritual de sacrifício, pois as criadas reproduzem sempre a cena em que matam a patroa (embora o meio utilizado às vezes mude; Solange quer estrangular a patroa mas, depois, ambas decidem que é melhor envenená-la). Era assim nos sacrifícios do rei em certas sociedades primitivas: as criadas gostam de Madame e a odeiam. A vítima expiatória serve na verdade de ponto de focalização da violência (aqui, da violência gerada por essa microssociedade presente na casa). Contudo, essa farsa desvenda o seu objeto, abandona toda a roupagem do ritual. Na verdade, as criadas não podem se separar e simplesmente projetar todo o seu ódio em Madame. Elas retomam com frequência a sua própria vida, acertam as suas contas. Mesmo no seu desenrolar, o teatro do Outro é alterado. Elas fracassam na realização de um projeto que, aliás, parecia internamente "minado".

Estava minado por esse ódio misturado de amor. As criadas não sabem unir o seu ressentimento numa única direção, o seu ódio não é puro. Aliás, em toda a obra de Genet, a palavra *amor* nunca aparece sem o seu duplo antinômico: ódio. Na obra de Genet, odeia-se amando e ama-se odiando. "Sem ironia [...]. Estou muito ocupado com o amor e o ódio", ele dizia. Se odiamos com perfeição, isso significa para Genet que amamos com perfeição. Em *Pompas Fúnebres,* Genet relata uma cena que acontece num cinema depois da Segunda Guerra Mundial. O público insulta o jovem colaborador miliciano na tela. Genet não sente senão desprezo por essa sala: ela não sabe odiar. Para Genet, o ódio que ele sente por esse colaborador tem a mesma intensidade que o amor mais puro. O maior ódio se une ao amor mais irrepreensível. Do amor mais puro que Genet tinha por Jean Décarnin, amigo comunista do escritor, nasce o mais forte ódio por esse miliciano. Genet deseja que esse mesmo colaborador seja o assassino do seu amigo, para que a tensão seja extrema. Os dois sentimentos, exatamente sacrificiais, se unem numa espécie de oração em que o sagrado se faz presente. Jean Genet, segundo suas palavras, "oferece" seu amigo Jean Décarnin ao miliciano. Em *As Criadas,* o procedimento é o mesmo. As criadas se criticam e se consolam:

> Claire: Quando digo que estou cansada, é um jeito de falar. Não se aproveite disso para me dominar [...]
> Solange: Claire, eu odeio você.
> Claire: A recíproca é verdadeira [...]
> Solange: Eu gostava demais de você. Você teria sido a primeira a me denunciar se eu a tivesse matado. [...]
> Solange: Amar na amargura não é amar.
> Claire: É amar demais. [...]
> Solange: Descanse. Descanse, irmãzinha. [...] Acalme-se, minha querida. (*Ela a acaricia.*) Coloque os seus pés aqui. Feche os seus olhos.[5]

As criadas "se amam demais" e "amar demais" significa também odiar. A intensidade existe em si mesma, além do sentimento. As criadas se fundem numa tensão que as prepara para o sagrado. Mas essa tensão também tem o efeito de romper um pouco mais as diferenças. "Madame" desaparece atrás da relação forte e única que se cria entre as duas irmãs. Elas não sabem mais distinguir quem elas devem amar, quem elas devem "sacrificar":

> Claire: Ela gosta de nós. Ela é boa.[6] Madame é boa!
> Solange: Ela gosta de nós como gosta das suas poltronas [...]. Tenho mais é que cuspir em alguém que me chama de Claire.[7]

Esse jogo "Madame é boa" não engana ninguém, sobretudo Solange. Há um início de revolta social, um embrião de consciência de classe,

---

[5] Jean Genet, *Les Bonnes*. In: *Oeuvres Complètes*. Paris, Gallimard, 1968, t. IV, p. 147, 150, 152 e 156.
[6] Jean Genet joga, aqui, com os dois significados do termo francês *bonne*: o adjetivo *boa* e o substantivo *criada*. (N. T.)
[7] Jean Genet, *Les Bonnes*, op. cit., p. 149.

mas Genet dá às suas personagens uma outra função: as criadas se perdem numa rede de identidades. Compreende-se a força da crítica que Solange faz a Madame: "[Ela] me chama de Claire". A patroa aponta com o dedo, pela palavra, a semelhança, a identidade íntima das criadas. Além da atitude do senhor burguês que despreza e ignora os seus criados, há uma verdade que é denunciada: a da identidade fundamental entre Claire e Solange. Levando as suas heroínas ao extremo de si mesmas, ele as projeta ao mesmo tempo à beira da crise e do transe: às portas do sagrado, enfim. As palavras não são leves, jogos de palavras, respostas, simples diálogo; elas têm, ao contrário, uma carga emocional quase espiritual. Trata-se de outra prova de que estamos no universo, se não do sagrado, pelo menos de um sagrado cujos valores parecem estar invertidos. As criadas levadas ao extremo do seu ser expõem um problema de identidade: o transe é aparentemente esquizofrênico ou mediúnico. Sendo assim, "Madame" está longe de ser "bonne" [boa/criada], ou seja, uma nova figura do duplo; ao contrário, ela fica no seu lugar, conserva a sua diferença e dessa forma fica protegida. Chegamos a uma situação invertida: "Madame é 'bonne' [boa/criada]" significa que, para que Madame seja de fato assassinada, envenenada, seria preciso que ela ocupasse o lugar de Claire ou de Solange – ou seja, de um dos duplos. Sendo assim, a situação é o inverso do que era no início.

Mas esse projeto foi corroído pela própria natureza das relações entre Solange e Claire.

> Tenho medo, Solange. Quando realizamos a cerimônia, eu protejo o meu pescoço. Sou eu que você visa através da patroa, sou eu que estou em perigo.[8]

O objeto do sacrifício é revelado através dessas frases na sua mais pura expressão: "Sou eu que você visa através de Madame".

---

[8] Ibidem, p. 152.

A cerimônia ensaiada não é a verdadeira. Ela é só uma substituição. A violência se volta para o par, para as próprias criadas. A patroa, rainha protegida e altiva, não pode servir de substituta para a violência das criadas. A patroa, que através da sua posição social de senhora absoluta, poderia perfeitamente ser responsabilizada pelos males de Claire e de Solange; ela teria um "potencial vitimário" inferior ao das criadas. A vítima fora escolhida, mas não havia unanimidade em relação ao assassinato; a violência desviou bastante para outro objeto. E, quando Claire "é" Madame, não consegue se impedir de esquecer o seu papel e de recriminar Solange, por exemplo por ter uma ligação com o "leiteiro". A resposta de Solange não é ambígua: "A senhora está divagando".[9] Algumas frases antes, há uma primeira advertência: "Os limites. As fronteiras. Senhora. É preciso manter as distâncias".[10] Quando Claire divaga, volta a se tornar a criada, perde o seu caráter perfeito, sai do campo sagrado em que será morta. É naturalmente por um impessoal "é preciso" que a frase começava; esse impessoal reestruturava os papéis, criando a distância necessária. Tudo é jogo de distância: quanto mais a vítima for distante, intocável, mais ela será sagrada. É essa distância que é rompida quando Claire-Madame diz a Solange: "Você está esbarrando em mim". Se Solange esbarra em Madame é porque está demasiadamente perto, portanto, muito parecida: é porque retoma a criada indefinida, a irmã gêmea. Essa primeira parte da peça termina com uma campainha.[11] As duas criadas voltam a ser elas mesmas. A distância é, portanto, rompida, as criadas se confundem, e não é por acaso

---

[9] Ibidem, p. 144.
[10] Ibidem, p. 143.
[11] Essa campainha interfere cedo demais para que Solange e Claire possam terminar sua encenação; mas, podemos ler nas frases que se seguem a essa passagem:
"Claire: O que toma o nosso tempo são os preparativos. [...]
Solange: [...] Vigia a janela.
Claire: Olha, nós temos tempo. Eu liguei o despertador para a gente poder arrumar tudo."
(Ibidem, p. 146.)
Esse "tempo" que elas "têm", podemos interpretá-lo como uma recusa de concluir o projeto, ou antes, como uma impossibilidade de representar essa encenação!

se uma das primeiras palavras de Solange é: "Agora você pode se parecer com você mesma".[12]

Em *As Criadas*, estamos no universo do mesmo, e isso determina o significado de toda a peça. Com universo do mesmo queremos dizer que um e outro, uma e outra se parecem demais para se diferenciarem. As indicações se acumulam ao longo de toda a peça para não deixar nenhuma dúvida em relação ao papel desse desdobramento. Madame confunde Claire e Solange. Trata-se simplesmente de um traço sociológico? O seu ensaio mostra que há outra coisa que se esconde por trás de tudo isso. Solange se indigna contra esse "alguém que me chama de Claire" e quando Claire faz o papel de Madame, ela reage: "Claire ou Solange, a senhora me irrita."[13] O espelho, duplo e imagem, o outro e si mesmo, tem o papel central; Claire diz:[14] "Estou cansada desse espelho assustador que me devolve a minha imagem como um cheiro ruim."[15]

Se Genet retoma um tema conhecido, o do espelho, ele lhe dá um valor particular apresentando-o, situando-o no universo do sagrado. As criadas nem têm mais personalidade, perdem-se no papel de criada, de empregada. Elas devem cuidar da casa, de Madame, elas têm a impressão de ser somente a sua função social. Solange se pergunta por que Claire continua a "representar", quando o despertador já tocou e a sua encenação acabou. Mas o que pode significar voltar a ser si mesmo quando se representa o outro e a posição social que se ocupa obriga a pessoa a fundir-se na sua função: "Sou a criada"?[16] O artigo definido "a" remete

---

[12] Ibidem, p. 147.
[13] Ibidem, p. 170.
[14] Genet escreveu um balé, inspirado em Cocteau, intitulado *Adam's Miroir*, o espelho de Madame em gíria "anglófila". Também nesse texto o duplo e a morte se impunham como uma das interpretações mais corretas do balé.
[15] Jean Genet, *Les Bonnes*, op. cit., p. 156.
[16] Ibidem, p. 141. Imagina-se que uma interpretação meramente sociológica ou marxista seria redutora e insuficiente. O próprio Genet esclareceu em várias entrevistas que não era preciso compreender a sua obra como uma reivindicação social (o que tendemos a fazer

ao raciocínio de Genet (retomado por Sartre, a não ser que seja o contrário),[17] que consiste em dizer: "Sou o que se quis que eu fosse. Vocês me fizeram ser traidor, ladrão, pederasta; serei tudo isso até o fim." As criadas falam desse "até o fim": "Já acabou e você não teve tempo de ir até o fim".[18] Elas têm que concluir esse sacrifício. Solange diz a Claire (sendo que Claire "é" Madame): "A senhora está esgotada, minha querida". Mas a questão principal aparece, as criadas são semelhantes:

> Solange: Eu também não suporto mais a nossa semelhança.[19]

A sua semelhança é sinônimo de rivalidade. As criadas são rivais porque desejam o mesmo objeto: o mesmo leiteiro, a mesma posição social, a mesma vida; seus destinos estão ligados independentemente do que possa acontecer. Uma é o duplo da outra. Solange copia o desejo de Claire, assim como Claire copia o desejo de Solange. Elas querem ser Madame, mas acertam as suas contas.[20] E até mesmo, no fim da peça, a crise sacrificial, que se transforma em autossacrifício, não consegue ter o rigor necessário. Há uma "tendência" a ser demasiadamente grande. O fim de As Criadas lembra a morte de Nossa Senhora.[21] Numa espécie de delírio, Solange sonha que um carrasco a acompanha à morte sussurrando-lhe palavras de amor:

> Sair. Descer a grande escadaria: a polícia acompanha-a. [...] Ela carrega então uma pilha

---

em relação a *Paravents*, por exemplo). Genet se interessa demais pela cópia do sagrado para ser simplesmente revolucionário e provocador.

[17] Sartre dizia ter aplicado a sua "teoria" ao caso de Genet, enquanto Genet afirmava ter explicado "tudo" ao filósofo.

[18] Jean Genet, *Les Bonnes*, op. cit., p. 146.

[19] Ibidem, p. 143.

[20] Ibidem, p. 152.

[21] Jean Genet, *Notre-Dame-des-Fleurs*. In: *Oeuvres Complètes*. Paris, Gallimard, 1951, t. II, p. 191: "Nossa Senhora amou o seu carrasco, seu primeiro carrasco". A mesma imagem está presente em *Pompas Fúnebres*, entre Eric e o seu carrasco.

de nove livros. O carrasco a segue de perto. Ele lhe sussurra no ouvido palavras de amor, Claire! O carrasco me acompanha! (*ela ri*) Ela será seguida num cortejo por todas as criadas do bairro [...] juntam-se também as delegações do céu. E eu as conduzo. O carrasco me acalenta [...] Agora somos senhorita Solange Lemercier. A esposa Lemercier. A Lemercier. A famosa criminosa. (*Cansada.*) Claire, estamos perdidas.[22]

Desdobramento de personalidade, Solange fala de si mesma na terceira pessoa e imagina o seu enterro, as suas pompas fúnebres. Ela retoma o "eu" com "o carrasco me acompanha" – pois o carrasco nesse momento faz parte dela mesma. Ele lhe sussurra palavras de amor e essa união sacrificial pode ganhar corpo. Solange, durante toda a peça, não era senão o duplo da sua irmã Claire e reciprocamente; aqui elas são uma só. Dessa maneira, quando uma dizia "eu", esse "eu" era somente uma representação da outra, uma impossibilidade de ser si mesma, única. No seu delírio verbal, Solange chega enfim à unicidade, ela se torna "ela", esse outro que matou, esse outro que matou o duplo. Esse duplo, Solange o reencontra no carrasco, esse carrasco que a acalenta, nova forma de amor e de morte. Para além do "nós" majestático, presente em "agora somos senhorita Solange Lemercier", o "nós" tende a resolver a dualidade infernal. Esse "nós", a dupla Solange, quer se fundir numa só pessoa: Solange Lemercier, "a" criminosa. Solange aparece como um absoluto e se desprende de todo qualificativo restritivo: ela é "a Lemercier". Esse artigo definido é a tentativa de Solange de atingir a unicidade, a singularidade; mas o "uno" é ilusório, pois esse "estamos perdidas", no fim da fala, remete ainda às duas criadas, à gemeidade. A expressão está compreendida entre dois pontos, ela se basta a si mesma. Solange recai na sua lassidão e não pode assumir essa enorme solidão, esse peso do símbolo. Solange se perdeu num

---

[22] Idem, *Les Bonnes*, op. cit., p. 175.

labirinto de identidades voluntariamente diferentes: ela foi o outro, depois "ela", em seguida "a" assassina, depois uma espécie de nada e de receptáculo, depois "a famosa criminosa Lemercier" para cair num "nós" maléfico. Solange nunca é ela mesma, mas uma espécie de elemento vazio; inclusive essa "famosa Lemercier" não era senão a imagem reconhecida de uma criminosa vista em algum jornal. Ela não chega aqui a nenhuma singularidade, somente a uma imagem mil vezes reproduzida em revistas baratas.[23] Nesse emaranhado de seres, pode-se compreender que Solange se perca e queira tocar uma realidade, mesmo que esta não lhe seja mais conveniente. "Cansada", ela retorna à sua irmã. A morte permite que Solange se aniquile no anjo, as "delegações do céu" a acompanham. Mas notemos ainda que o anjo é um absoluto, é a imagem de um outro perfeito. Uma só realidade permanece; Solange é figura gêmea, imagem de rivalidade e, portanto, de violência; os diversos jogos de máscaras não foram suficientes para ocultar o erro.

O Ritual tinha que ser perfeito; as criadas sabiam disso, era o significado de: "este quarto não pode ser maculado". O ritual é maculado, o lugar é maculado quando outros elementos interferem na cerimônia mortuária.[24] Mas as Criadas representam uma impossibilidade de ser si mesmo tanto quanto ser o Outro; portanto, a identidade de Solange-Claire nos explica agora por que o sacrifício de Madame fracassa. As duas irmãs são muito parecidas para poder matar Madame segundo um puro ritual, sem erro. O ritual é o respeito às regras do sacrifício, ou seja, a vítima expiatória deve se tornar o "receptor" perfeitamente neutro da violência do grupo. Madame não pode ser esse receptor, as criadas estão muito preocupadas com a sua própria rivalidade. Elas não conseguem fazer com

---

[23] Revistas que Jean Genet adorava, como *Détective*, por exemplo.
[24] "Os diretores devem procurar realizar uma deambulação que não será deixada ao acaso: as Criadas e Madame vão de um lugar para outro do palco, desenhando uma geometria que tenha um sentido. [...] [Essa geometria] se inscreverá como, dizem, no voo dos pássaros inscrevem-se os presságios, no voo das abelhas uma atividade de vida, no andar de certos poetas uma atividade de morte." *Les Bonnes*, op. cit., p. 147. Aqui temos um novo aspecto do ritual para Genet: nada é deixado ao acaso, tudo é tensão.

que Madame carregue o peso da sua violência, da sua inveja. Essa é a razão pela qual o sacrifício muda de direção. O verdadeiro bode expiatório não é Madame, mas o duplo. Esse duplo que deseja o mesmo objeto, esse duplo violento por natureza. René Girard mostrou por que em algumas sociedades primitivas os gêmeos eram mortos ao nascer: eles eram uma prova viva da rivalidade mimética. O duplo vai contra a diferenciação, contra tentativas de singularidade e revela, através disso, um mecanismo fundamental das relações humanas: o da inveja. *As Criadas* denuncia o assassinato do duplo. Esse é o significado que se deve dar a essa fala de Claire, quando representa Madame:

> Acuso-as de serem culpadas do mais horripilante dos crimes.[25]

Esse crime horripilante, nós podemos nomeá-lo: é a inveja; as criadas são culpadas, pois são idênticas. Ao retomar os temas de uma das formas do sagrado primitivo, elas mostram a verdadeira servidão do homem, que é a submissão ao desejo mimético, ao desejo copiado e escravo.

---

[25] Ibidem, p. 170.

capítulo 3
sacrifício gregário, um estudo de *De Repente no Último Verão*

Tennessee Williams reproduz um rito canibal em *De Repente no Último Verão*. Dessa forma, ele faz uso de certo sagrado e a peça é levada para um outro universo. Lembremos como essa peça se desenvolve e em que contextos ela se inscreve antes de ultrapassá-los e de levantar questões que parecem essenciais.

A peça *De Repente no Último Verão*,[1] precedida por *Algo que não é Falado*, foi apresentada ao público de Nova York em 6 de janeiro de 1958.[2] Nas suas *Memórias*,[3] Tennessee Williams escreve que as duas peças, reunidas sob o título *Garden District*, foram acolhidas triunfalmente pelo público. Todavia, o autor ficou, segundo seus "próprios termos", histérico, enquanto esperava que os jornais saíssem de manhã cedo.[4] Se dava pouco valor ao filme feito a partir de *De Repente no Último Verão*,[5] a peça representava muito para ele

---

[1] Tennessee Williams, *O Zoológico de Vidro; De Repente no Último Verão; Doce Pássaro da Juventude*. São Paulo, É Realizações, 2014.
[2] Dakin Williams e Shepherd Mead, *Tennessee Williams, an Intimate Biography*. Nova York, Arbor House, 1983, p. 216.
[3] Tennessee Williams, *Mémoires*. Paris, Robert Laffont, 1977, p. 217.
[4] Tennessee Williams ficou tranquilo: o *Times* e o *Herald Tribune* dedicaram às peças dois artigos muito elogiosos.
[5] Com Elizabeth Taylor, Montgomery Clift e Katherine Hepburn. Tennessee Williams ficou bem contente por ter vendido por um preço muito alto os direitos do filme para o

e continha inúmeros detalhes de caráter autobiográfico. Se a peça fosse rejeitada, o homem, o artista também o seria. Isso ele não podia admitir. "Colocamos o nosso coração nessa peça", respondeu, ao ser atacado a respeito de uma de suas obras; essa reflexão parece válida para todos os seus textos.

De Repente no Último Verão baseia-se num sacrifício perpetrado por toda uma população. Ninguém é particularmente "culpado", todos o são coletivamente, num tipo de dança sagrada.

A peça contém duas tramas, imbricadas uma na outra, mas diferentes. A primeira, fio condutor da peça, gira em torno da personalidade forte de "Mrs. Venable". Mrs. Venable, rica, viúva, mãe de Sebastian, decide contratar os serviços de um jovem médico, o Dr. Cukrowicz ("açúcar" em polonês), prometendo-lhe uma doação importante para um projeto de construção de hospital. Essa ajuda não é desinteressada, Mrs. Venable espera que esse jovem médico faça uma lobotomia em Catharine, sua sobrinha. Catharine e Sebastian saíram de férias no verão passado, Sebastian foi morto em condições suspeitas e, desde então, Catharine diz coisas "vergonhosas e ilógicas" sobre Sebastian. O irmão e a mãe de Catharine tentam desesperadamente convencer Catharine a calar-se. Na verdade, a herança de Sebastian é bloqueada por Mrs. Venable. Se Catharine insistir, não receberão nada. Mrs. Venable "mantém", ou acredita que mantém, o seu mundo graças ao dinheiro. Contudo, o Dr. "Açúcar" não quer se deixar comprar e decide praticar a hipnose para tentar conhecer "a" verdade.[6] Intimamente ligada a essa primeira intriga "sociológica e psicológica", há outra trama, muito

---

produtor Sam Spiegel; em *Memoirs*, ao comentar uma fotografia do filme, ele só encontrava as seguintes palavras: "Monty Clift e Liz Taylor em *De Repente*, um filme ruim que foi muito rentável". Tennessee Williams se faz de cínico para se proteger melhor?

[6] Dessa maneira, Tennessee William acrescenta uma nota adicional à verossimilhança da situação. Mesmo que Catharine seja incapaz de mentir, é possível supor que as orações repetidas por seu "entorno" terão, mesmo não tendo razão, pelo menos alterado a sua vocação primeira. Sob o domínio da hipnose e de uma droga, ela só diz aquilo de que tem certeza: a verdade.

mais misteriosa, muito mais primitivamente religiosa. Nos últimos instantes da peça, fica-se sabendo a história de Sebastian Venable. Ele foi devorado por um grupo juvenil de um vilarejo. Sebastian usava Catharine como isca; ela lhe fornecia seres "apetitosos". Esses adolescentes *appetizing* inverteram a relação de força brutalmente, comendo Sebastian numa espécie de ritual canibal.[7] "Mrs. Venable" evidentemente não queria ouvir falar de antropofagia e menos ainda dos hábitos do seu filho, esteta e poeta; uma lobotomia praticada em Catharine poderia torná-la definitivamente muda.

Catharine, descrita por Mrs. Venable, é apresentada como uma pessoa desequilibrada. Ela é internada num hospício. Catharine, na sua primeira aparição na peça, queima com um cigarro a palma da mão da freira que a acompanha e a proíbe de fumar. Pouco tempo depois, ela beija furiosamente o Dr. Açúcar. É só com o desenrolar da peça que Catharine parece ter a cabeça no lugar. Ao contrário, Violet Venable, que aparece primeiramente como uma "benfeitora" mundana, se mostra uma manipuladora e fica muito perturbada com a morte do seu filho. Ela está disposta a fazer de tudo para salvar a memória de Sebastian. A mãe e o filho costumavam sair de férias juntos todos os verões, e Sebastian escrevia um poema todos os verões. Falava-se do casal Violet e Sebastian. Adivinha-se progressivamente quais são os hábitos de Sebastian. A sua mãe fala do séquito magnífico dos jovens que os acompanhavam nas suas viagens. Ela fala em seguida da castidade do seu filho, cujo encanto, porém, despertava o desejo de inúmeras "pessoas que o perseguiam, pessoas de todo tipo".[8]

Os elementos autobiográficos da peça são evidentes. Catharine deve passar por uma lobotomia: a irmã de Tennessee Williams, Rose, passou por uma. A operação foi imposta por Mrs. Venable como também o foi pela mãe de Rose. Dr. Açúcar é um dos primeiros a

---

[7] Sebastian, homossexual, usava Catharine para despertar o desejo dos moços do vilarejo.
[8] Tennessee William, *O Zoológico de Vidro; De Repente no Último Verão; Doce Pássaro da Juventude*, op. cit., p. 164.

praticar a lobotomia. Rose foi provavelmente uma das primeiras a ter sido operada. Tennessee Williams sempre se criticou por não ter interferido na decisão da sua mãe. Ele gostava da sua irmã e via muitos pontos em comum entre os dois. Ele acreditava que poderia ter tido o mesmo destino que ela. Donald Spoto:

> [Tennessee Williams] sempre soube que por muito pouco não teve o mesmo destino de sua irmã Rose; os dois haviam tido uma depressão nervosa. Segundo o artista Vassilis Voglis, que nessa época já conhecia Williams havia vários anos e o verá com frequência até o fim da sua vida, "ele tinha uma verdadeira devoção por Rose, de certa maneira ela fazia parte dele próprio.[9] Ele poderia ter passado por uma lobotomia".[10]

Para Vassilis Voglis, como para inúmeros críticos, Rose é uma espécie de duplo feminino de Tennessee, uma espécie de outro si mesmo, figura também do seu remorso. Tudo o que era marginal era próximo de Williams que, por sua vez, se sentia excluído, curiosa figura social um pouco maltratada. Rose era, segundo o artista, a única pessoa talvez que de fato contava para Tennessee Williams. Esse mesmo crítico apresentava outras provas desses paralelos. Williams usava o mesmo vocabulário que Sebastian: Williams falava de consumo em relação a seus amantes – entretanto, seria útil determinar as particularidades desse "consumo".[11] A identificação é surpreendente mesmo nos detalhes: Sebastian, como Williams, tem o costume de utilizar, sem reserva, pequenas pílulas brancas para atenuar problemas cardíacos. Ambos estão cansados dos morenos e

---

[9] Nesse sentido, Catherine representa Tennessee Williams tanto quanto Sebastian.
[10] Donald Spoto, *The Kindness of Strangers.* Boston, Little Brown and Company, 1985, p. 223.
[11] Essa denominação mostra antes o imenso vazio afetivo que Tennessee Williams sentia, essa necessidade imensa dos outros. Esse "consumo" está longe de ser cínico, mesmo tendo todas as suas características.

descobrem um novo apetite por loiros.[12] Dakin Williams, o irmão do autor, afirma mais timidamente:

> A opinião de Tom sobre a lobotomia está claramente colocada na peça *De Repente no Último Verão* [...] Tom pensava que se tratava de uma espécie de vida sem vida. Ele dizia que nunca teria autorizado a operação de Rose, e que condenava a sua mãe por tê-la feito passar pela operação.[13]

Lembrando-se da sua depressão durante o verão de 1969, Tennessee Williams faz um relato muito mais violento dessa operação:

> - Por que as mulheres põem filhos no mundo, para depois destruí-los?
> (Ainda creio que essa é uma questão interessante.)[14]

Para Donald Spoto, Sebastian Venable representa o próprio remorso de Tennessee Williams:

> A utilização dos outros por Sebastian Venable, a sua vida vazia e sem criação e a manipulação da sua prima Catharine representavam para Williams o retrato mais perfeito que podia ter feito do seu remorso. Dessa maneira, a peça é, ao mesmo tempo, confissão e ato de penitência. [...]

---

[12] Donald Spoto, *The Kindness of Strangers*, op. cit., p. 222. Spoto acrescenta: "Em 10 de abril de 1948, Williams escreveu para Donald Windham que, depois de dois meses na Itália, ele tinha apetite por loiros nórdicos, pois estava cansado dos romanos em geral morenos". Windham Donald, *Tennessee Williams Letters to Donald Windham 1940-1965*, Nova York, Holt, Rinehart and Winston, 1977. O mesmo ocorre na peça *Cousin Sebastian was Famished for Blonds*.
[13] Dakin Williams e Shepherd Mead, *Tennessee Williams, An Intimate Biography*, op. cit., p. 64.
[14] Tennessee Williams, *Mémoires*, op. cit., p. 267.

"*De Repente no Último Verão* é uma peça que ele gostaria de retomar – como se lamentasse tê-la escrito", dizia Joseph L. Mankiewicz, que fez, a partir dela, um filme magnífico no ano seguinte.

> Há algo na peça que não é somente da ordem da confissão, mas também da realização de um desejo.[15] Tennessee teria gostado de ter um jardim com estátuas como o de Sebastian, ter estudado pintura como Sebastian. Se teve dissabores, era por seu próprio envelhecimento e origem humilde. [...] E Mrs. Venable é sem dúvida alguma uma mistura de todas as mulheres que o protegeram e o acompanharam pelo mundo.[16]

Essa leitura psicológica da peça deixa de lado o sagrado, o ritual evocado por Tennessee Williams. O sagrado em *De Repente no Último Verão* é cuidadosamente construído numa sábia *mise en abîme* que mostra a sua preeminência e, ao mesmo tempo, o seu aspecto subterrâneo e estruturante.

Tartarugas do mar, na ilha de Galápagos, são devoradas por abomináveis "flesh-eating birds"[17] quando devem percorrer a distância que as separa do seu lugar de eclosão no mar. Essa imagem prefigura, desde o início da peça, o relato da morte de Sebastian. Ele entrevê Deus nessa cena; um deus que mostraria o seu "rosto cruel". Uma planta carnívora, "Venus Flytrap", murcha. Essa planta, evidentemente, pertencia a Sebastian, só ele podia alimentá-la sem repulsa; Mrs. Venable não era capaz de fazer isso. É preciso notar o nome dessa planta: Vênus? Essa planta come insetos como Sebastian era "famished for blonds", faminto por loiros. A cidade a que foram, no último verão, Sebastian e Catharine chamava-se

---

[15] Certamente, a última ideia do Dr. Açúcar deixa subentender que Catharine não será operada.
[16] Donald Spoto, op. cit., p. 223-24.
[17] Pássaros carnívoros. (N. T.)

Cabeza de Lobo: cabeça de lobo. Trata-se sempre de uma sociedade moderna de consumo, de carne, dos outros, de tudo o que está ao alcance do desejo...

Dr. Açúcar felicita Mrs. Venable por seu jardim: "It's a well-groomed jungle", "é como uma floresta bem cuidada". Ele não utiliza a palavra *jardim*, mas *floresta*. O jardim de Sebastian, no qual se desenrola a peça, é a reprodução da floresta terrível que ele teve que enfrentar. Ao contrário da verdadeira floresta, a de Sebastian é domesticada, mas aqui ainda a situação muda: mesmo nessa floresta, Catharine revive a morte de Sebastian. A floresta retoma o seu poder. Embora a sua aparência seja controlada, cultivada, ela conserva a sua violência. Tennessee Williams especifica isso nas suas indicações cênicas: as cores dessa floresta-jardim são violentas. O aspecto primitivo também é especificado, o jardim parece pertencer a uma idade pré-histórica, ele representa uma "natureza selvagem". A música obsessiva e repetitiva, criada pelas crianças que perseguem Sebastian, está presente desde o início da peça. Essa música primitiva aparece em cada evocação do sacrifício: quando as cortinas são erguidas para intrigar o espectador; na evocação do assassinato das tartarugas; na cena final, quando Catharine descreve o assassinato de Sebastian.

Sebastian procurava Deus. É a confissão de Mrs. Venable ao doutor "Açúcar". Sebastian acredita que viu um deus "vingador e violento"[18] no massacre das tartarugas. Depois desse episódio, ele quis entrar para um monastério budista e "chegou a raspar a cabeça, comer arroz numa cumbuca de madeira e dormir num catre". Essas indicações permitem supor que Sebastian procurava Deus no momento do seu sacrifício; o massacre das tartarugas era

---

[18] "*Mrs. Venable: [Sebastian] meant that God shows a savage face to people and shouts some fierce things at them, it's all we see or hear of Him. Isn't it all we ever really see or hear of Him, now?*" [Sebastian quis dizer que Deus mostra uma face selvagem para as pessoas e grita-lhes algumas coisas cruéis, isso é tudo que vemos ou ouvimos Dele. Isso não é tudo o que realmente vemos ou ouvimos Dele agora?]. *Baby Doll, Something Unspoken, Suddenly Last Summer.* Versão Penguin Plays, 1987, p. 119.

a réplica exata da sua morte. Mrs. Venable afirma que é depois da crise mística de Sebastian que eles passaram a viver num mundo de luz e de escuridão – e conhecemos os significados religiosos dessas duas imagens. Sebastian decide ser a vítima sacrificial. Ele gostava de deixar intacto o curso dos fatos. Pela primeira vez em sua vida, enquanto jantava com Catharine, ele não respeita a sua moral. Importunado por jovens famintos que o viam comer, ele pede ao garçom que afaste os mendigos. Esse gesto parece ser determinante na sua vida. Quando ele é perseguido por seus assaltantes, recusa a ajuda de Catharine e foge pelo caminho errado.[19] A praia a que vão se chamava "Playa San Sebastian"; Sebastian escolhe o seu martírio morrendo nas mãos daqueles que ele desejou.

É possível aproximar *Totem e Tabu*, de Freud, da peça de Tennessee Williams. De fato, Freud aborda um registro etnológico e estuda o sacrifício. A interpretação que Freud propõe do sacrifício oferece uma nova leitura da peça. Por outro lado, é possível detectar uma ligação entre as teorias de René Girard e as de Freud. Freud associa a vítima, ou seu substituto, ao pai.[20] A crise sacrificial dos povos primitivos reproduz, portanto, para Freud, o assassinato do pai. Além da teoria "fundadora" do complexo de Édipo desenvolvida por Freud, *Totem e Tabu* explora outras pistas de reflexões que parecem, *a posteriori*, ter uma precisão e uma intuição surpreendentes. Freud enfatiza o caráter sagrado da vítima: aquele que é excepcional é sacrificado. Freud cita uma tribo indígena da Califórnia. Essa tribo adora uma ave de rapina (o busardo) e mata um pássaro dessa espécie todos os anos. Nessa cerimônia chora-se o pássaro; assim, mesmo tendo havido assassinato, o choro impede a volta da violência. Freud enfatiza também que a cerimônia da refeição totêmica permite estabelecer uma ligação particularmente poderosa entre

---

[19] "Catharine: Ele gostava de mim e por isso eu o amava... [...] Se ele tivesse segurado minha mão eu o teria salvado."*O Zoológico de Vidro; De Repente no Último Verão; Doce Pássaro da Juventude*, op. cit., p. 177.
[20] "A psicanálise nos mostrou que o animal totêmico servia na verdade de substituto do pai." Sigmund Freud, *Totem et Tabou*. Paris, Payot, 1975, p. 162.

todos os homens que dela participam. Freud descreve uma refeição totêmica que parece ser reproduzida na cena final de *De Repente no Último Verão*. Freud relata o costume de um sacrifício dos beduínos no deserto do Sinai, perto do fim do século IV d.C.:

> A vítima, um camelo, estava estendida, amarrada, num altar grosseiro feito de pedras; o chefe da tribo fazia as pessoas presentes darem três voltas no altar cantando; em seguida, fazia um primeiro corte no animal e bebia com avidez o sangue que dele jorrava; depois, toda a tribo se jogava no animal, cada um tirava com a sua espada um pedaço de carne que ainda palpitava e o engolia tal e qual e com tanta rapidez que, no breve intervalo entre a primeira estrela [...] e o empalidecer do astro diante da luz do sol, todo o animal do sacrifício era destruído, de tal modo que dele não sobrava nem carne, nem pele, nem osso, nem entranhas.[21]

O relato de Catharine sobre a morte de Sebastian descreve a mesma cerimônia canibal:

> O bando de crianças nuas nos perseguia subindo a rua branca e íngreme debaixo de um sol que parecia o osso branco de um animal gigantesco que tinha pegado fogo no céu! Sebastian começou a correr e eles gritavam ao mesmo tempo... parecia que estavam voando pelo ar... Eles o alcançaram tão rápido... Eu gritei. Ouvi Sebastian gritar. Ele gritou só mais uma vez, antes que aquela revoada de passarinhos pretos depenados o alcançasse no meio da subida do

---

[21] Ibidem, p. 159-60.

> morro. [...] meu primo Sebastian tinha desaparecido debaixo daquele bando de pequenos pássaros negros depenados, ele... ele estava deitado nu e eles estavam nus também, encostados numa parede branca... [...] Eles tinham devorado partes dele [...] Tinham arrancado partes dele e enchido com elas suas pequenas bocas negras, vazias, selvagens e barulhentas. Não havia mais som algum.[22]

Não se pode duvidar que Freud e Williams tenham descrito uma mesma cerimônia. Não reproduziremos o percurso de René Girard e a sua leitura de *Totem e Tabu*, mas é possível observar quais premissas de sua teoria são descobertas nesse livro. Se há assassinato do pai na refeição totêmica, o ato do sacrifício descreve um assassinato fundador. Os irmãos se reúnem para combater a autoridade paterna e devoram o pai, todos juntos, nenhum deles pode se furtar disso; eles criam assim uma nova sociedade. Destroem a autoridade do pai. Apoderam-se do poder paterno comendo partes do seu corpo.

Freud enfatiza com razão o aspecto ambíguo da relação dos irmãos com o pai. Eles gostam dele (visto que desejam ser ele) e o odeiam (pois ele impede que eles se realizem, que também eles se tornem homens). Essa ambiguidade das relações com o pai explica, para Freud, por que a vítima é ao mesmo tempo admirada e detestada, lamentada e cruelmente morta. Os irmãos se sentem culpados pelo assassinato do pai; por isso, devem ficar unidos e chorar a morte. Assim, o pai não sairá da sua tumba para atormentá-los. Deve-se observar que, mesmo que Freud não o diga explicitamente, a partir do momento que o camelo pode ser considerado um substituto do pai, a simbolização do assassinato do pai, o deslocamento do objeto é possível. Não é mais o pai que é assassinado, mas essa autoridade,

---

[22] *O Zoológico de Vidro; De Repente no Último Verão; Doce Pássaro da Juventude*, op. cit., p. 220-21.

essa opressão. Os irmãos unidos do primeiro sacrifício – o assassinato do pai – não são mais irmãos, são membros de uma mesma tribo. É extraordinário constatar que, se Freud é o primeiro a defender severamente a sua tese do complexo de Édipo, ele também é o primeiro a oferecer os elementos necessários para o seu questionamento.

Essa "teatralização" do rito canibal é a melhor crítica proposta contra o complexo de Édipo; não é o pai que os filhos matam, mas o símbolo da autoridade, o modelo, o rei, o rival. A refeição totêmica é a expressão da rivalidade com o pai, símbolo de força da tribo. Mas Freud vai ainda mais longe. A rivalidade guia as relações entre os irmãos (nisso Freud segue um raciocínio rigoroso e lógico: uma vez morto, quem vai ocupar o lugar do pai, quem vai ser o mais forte?). Se o pai não existe mais, o poder está bem presente. Ele mudou de mãos, mas, ao mudar de mãos, ele se dividiu entre todos os filhos, futuros rivais, abrindo a brecha da rivalidade e da luta pelo lugar vazio. Se o assassinato do pai pode se repetir com substitutos, não é mais necessário empregar a expressão complexo de Édipo, mas a do questionamento do poder, da autoridade: é preciso falar da rivalidade mimética.

> O pai morreu e, visto que é assim, não há praticamente mais nada a fazer. Mas o outro tabu, a proibição do incesto, também tinha uma grande importância prática. A necessidade sexual, longe de unir os homens, afasta-os. Os irmãos se associavam enquanto se tratava de suprimir o pai; eles se tornavam rivais assim que se tratava de conquistar mulheres.[23]

Evidentemente, se o pai está morto, "ainda há algo a fazer". O assassinato do pai (independentemente da forma que possa ter) não resolve a rivalidade, mas suprime uma das suas formas possíveis.

---

[23] *Totem et Tabou*, op. cit., p. 165.

Se Freud passa bruscamente para outro tabu – o incesto, muito próximo do tabu do parricídio – é porque na verdade os dois tabus têm uma única e mesma raiz que é – e Freud é o primeiro a ressaltar isso – a rivalidade. É a rivalidade que opõe os irmãos ao pai, é ainda a rivalidade, a inveja, que opõe os irmãos entre si. Os irmãos desejam o objeto do pai (o poder, os bens materiais, a mãe, para Freud) e querem ocupar o seu lugar para possuí-lo. Copiam, primeiramente, o desejo do pai. Quando está morto, copiam outro desejo. Não é a morte do pai que mata a rivalidade.

É extraordinário ver como o caminho é curto entre as ideias expostas em *Totem e Tabu* e as expostas em *A Violência e o Sagrado*, por exemplo, ou em *O Bode Expiatório*.[24] "A necessidade sexual, longe de unir, separa." Contudo, para René Girard, o sacrifício participa de um processo de paz. A violência, a inveja de cada um dos membros da sociedade é deslocada para uma vítima expiatória que se encarrega de todos os males. A inveja do objeto do vizinho deixa de existir porque o "bode expiatório" é causa de todas as infelicidades. A violência tem a ver com a necessidade sexual. Dessa forma, Freud observou que essa necessidade, longe de unir os homens, os separa. A rivalidade entre os homens aumenta porque todos querem obrigatoriamente o mesmo objeto. Aí temos uma das ideias de René Girard, com uma diferença: para René Girard, o desejo mimético antecede a "necessidade sexual", que é, afinal, só uma das suas consequências. Freud admitia, sem escrever a respeito, o caráter de substituição da vítima (não se mata mais o pai, mas um símbolo do seu poder). Para René Girard, sabe-se, a sociedade desloca a sua violência para uma vítima; ele acrescenta: "Não é Deus que pede uma vítima, mas a violência dos homens".

O que Freud descreve e o que René Girard interpreta formam a matéria da peça de Tennessee Williams, que é intrigante por sua reprodução de um rito violento. Ela é perfeitamente construída e

---

[24] Mas René Girard, compreenderemos por quê, tem muita consideração por esse livro de Freud.

o seu caráter religioso e obsessivo, que existe desde as primeiras linhas, explode nas últimas falas de Catharine. Ao contrário da *Odisseia*, em que "no momento crucial o animal é colocado entre a violência e o ser humano que ela visa",[25] *De Repente no Último Verão* parece querer lembrar a essência canibal do sacrifício: é o ser humano que é sacrificado, o animal ainda não serve de objeto de substituição.

Na peça de Tennessee Williams há associação entre a fome, a penúria e a fome pelos outros; associação entre a vontade de Deus e a vontade sacrificial dos jovens que perseguem Sebastian. Trata-se de um jogo que se refere ao ter, mas de um jogo cuja consequência seria a morte. Tennessee Williams reúne os seus velhos compadres, o amor e a morte, mas acrescenta a reprodução fiel de um sacrifício. Certamente, Eros e Tanatos estão ligados, mas pela vontade de Deus (cruel, "selvagem" ou bom). Essa peça tenta aproximar o sagrado com os seus próprios meios, a sua própria decodificação, os seus próprios "wrong alphabet blocks".[26] Catharine cita o seu primo: "Somos todos crianças, num imenso jardim de infância, tentando escrever o nome de Deus com as letras erradas do alfabeto!".[27]

Trata-se de uma confissão do autor? Pode-se acreditar que sim. Nessa problemática de desejo, morte e sacrifício, identificamos duas utilizações do outro. Sebastian, faminto, utiliza os jovens do grupo que vai decepá-lo; esses mesmos jovens, famintos, sacrificam Sebastian. Tanto Sebastian quanto esse grupo preenchem um vazio, e esse vazio é preenchido pelo corpo do outro, pela presença do outro, por certo reconhecimento.

---

[25] Ver René Girard, *La Violence et le Sacré*, Paris, Grasset, 1972, p. 16. O Ciclope da *Odisseia*, cego, quer devorar Ulisses e os seus companheiros. Ele bloqueia a entrada da sua gruta e só deixa sair os seus carneiros. Os prisioneiros vestem as peles dos animais, o Ciclope apalpa apenas a lã dos animais e deixa escapar Ulisses e os seus.
[26] Cubos de alfabeto errados. Em inglês no original. (N. T.)
[27] *O Zoológico de Vidro; De Repente no Último Verão; Doce Pássaro da Juventude*, op. cit., p. 177-78.

Do ponto de vista do grupo sacrificador, dessa horda de crianças esfomeadas, o sacrifício de Sebastian representa um tipo de sacrifício do rei, daquele que é diferente, excepcional. Sebastian tinha todos os poderes em relação a esses adolescentes: ele tinha, aparentemente, o poder da riqueza, do estrangeiro, da distinção. Se os jovens admitiam essa supremacia, eles a inverteram no sacrifício; quiseram, ao comer Sebastian, se tornar essa riqueza.[28] Sebastian dirige os fatos visto que está de acordo e não quer intervir no curso dos eventos. Ele se escolheu como vítima. Há no sacrifício uma inversão do desejo. O desejo de Sebastian pelos jovens mendigos se tornou benéfico para eles. Se Sebastian se autossacrifica, isso significa inverter o seu desejo, não mais ser. A paz que vem depois do sacrifício seria dessa ordem.[29] Sebastian, entretanto, opôs-se aos fatos, pois pediu ao garçom que fizesse com que os mendigos se calassem. Catharine ressalta que essa foi talvez a causa do que ocorreu. Ao deixar que as coisas acontecessem, ele se introduzia no grupo, não oferecia oposição às pulsões dos outros. Interpondo-se, ele acentuava o seu caráter de vítima. "A vítima expiatória é aquela que está fora da norma."[30] A refeição totêmica de *De Repente no Último Verão* também é o sacrifício do elemento perturbador.

---

[28] Também esqueceram o que poderiam ter feito com ele. Catharine reconhece no grupo de mendigos no restaurante alguns daqueles com quem Sebastian tivera encontros. Não se pode negligenciar o fato de que Sebastian, enquanto homossexual, era uma vítima por excelência. É sempre aquele que foge à regra que se submete à violência do grupo. Lembremos, contudo, que a casa de Tennessee Williams em Key West foi apedrejada e que algumas pessoas que por ali passavam o insultavam. Aí temos uma constatação social. Podemos notar que, se essa observação é verdadeira, não podemos de forma alguma considerá-la uma explicação geral da peça; é evidente que a obra contém outros segredos, outras tramas, outros traumatismos que não são o de um homossexual diante de uma animosidade ambígua. A peça descreve uma refeição totêmica e haure no religioso a sua aparência; devemos, portanto, considerar essa vontade do autor.
[29] Essa leitura poderia estar de acordo com a de Spoto, na qual Sebastian representa o remorso de Tennessee Williams, no sentido de que a vítima consente; nós vimos, porém, que o autor nunca é exclusivamente um dos seus personagens. Por exemplo, Mrs. Venable não é a mãe de Williams; o seu irmão insiste em dizer que se trata de uma cópia longínqua.
[30] René Girard, *Le Bouc Émissaire*. Paris, Grasset, 1982, p. 34.

De Repente no Último Verão desenvolve um jogo de identidades em que se come o que se deseja ser. Esse jogo sobre a identidade começa pelo caráter autobiográfico – de início, pode-se dizer – da peça. É Tennessee Williams que se coloca em cena, Catharine é o duplo da sua irmã, Sebastian é um outro ele mesmo, um outro ele mesmo de Redenção e imolação. Sebastian tem fome de loiros; a sua flor, substituto simbólico do seu desejo, a "Venus Flytrap", é evidentemente carnívora. Nessa peça, come-se o outro para se tornar esse outro. As crianças famintas devoram Sebastian mudando de condição, de vida, de desejo. Essa homossexualidade baseia-se num jogo, sem dúvida no narcisismo, mas, sobretudo, no outro como eu mesmo. Há uma forte carga erótica na cena final da peça; esse ritual canibal se parece muito com uma última comunhão amorosa: come-se o que não se pode possuir. Supõe-se que Sebastian sem dúvida teve aventuras com certas "crianças" do grupo dos seus perseguidores. Ser comido por seus amantes multiplicados significa conhecer aí um verdadeiro amor propriamente transcendente em que todas as barreiras se rompem. Esse desejo exposto por Tennessee Williams é eminentemente mimético (Catharine serve de elemento mediador para o desejo de Sebastian em relação aos jovens do vilarejo). Ele a utiliza como objeto do seu desejo e a substitui no último momento para ser ele mesmo desejado. Enfim, a crise sacrificial final representa totalmente esse ponto extremo da crise mimética, em que todas as violências se cristalizam num ser. Certamente o excluído é sacrificado pela comunidade que reencontra a paz, a sua própria coerência; mas, para além desse sacrifício ritual, o que acontece é uma cena fusional. Sebastian, numa espécie de consentimento ao mesmo tempo redentor e apaixonado, oferece-se inteiramente às vontades dos seus perseguidores, realizando dessa forma o seu mais belo e forte encontro com o Outro.

Paul Claudel, Jean Genet e Tennessee Williams, todos descrevem o mesmo desejo mimético, a mesma formulação; só os objetos de seus desejos mudam. Eles abrem o caminho de uma nova reflexão sobre o desejo e os seus objetos, sobre as sexualidades.

A sexualidade, a exclusão são temas fundamentais da peça de Tennessee Williams, *De Repente no Último Verão*. A peça nos diz que o herói ausente, Sebastian, obrigou Catharine a vestir um maiô branco. Quando ela entra no mar, o maiô deixa adivinhar as formas do seu corpo. Ela fica extremamente incomodada, pois sabe que, assim, serve de isca. Sebastian oferece Catharine à cobiça dos jovens do vilarejo; ele sabe que, agindo dessa maneira, conseguirá chamar a atenção deles. Sebastian tem esse pressentimento que consiste em desencadear a espiral do desejo mimético. Ele mostra aos rapazes do vilarejo um objeto: o desejo do corpo de Catharine – objeto que em seguida ele tentará manipular. Um rapaz observa Catharine e avisa os outros, cada um copia do outro o desejo que tem em relação a essa moça ofertada. Há um objeto de desejo para um grande número de rapazes. O que vai acontecer? Eles vão brigar pela posse de Catharine? Sem dúvida é o que teria acontecido se Sebastian não a retirasse da sua cobiça. Agindo dessa forma, Sebastian cria a perfeita situação de crise. O desejo não é realizável, e ainda por cima os rivais são muito numerosos. Para esse desejo que cresce (por causa desse efeito de espiral muito perceptível), é preciso uma realização ou, mais exatamente, um deslocamento de objeto; essa é a razão pela qual esses jovens se voltam para outra vítima, Sebastian, para quem dirigirão toda a sua violência, mas também todos os seus desejos sexuais deslocados, voltados para o iniciador do desejo. Comer o corpo de Sebastian é dar prova da maior sensualidade: significa romper as barreiras sociais, humanas e culturais; é uma união de crueldade e de violência, mas também, sem dúvida alguma, uma união de corpo, de sangue. Sade, Genet, Derrida reproduziram ritos canibais nas suas obras, mas devolveram-lhes o seu caráter erótico e violento. Aí também se trata de sexo e de violência. Devemos notar que Sebastian sabe o que deve fazer para desencadear o desejo mimético; ele sabe que, ao ser desencadeado, nada pode impedi-lo. Sebastian é sacrificado, o que permite duas interpretações: ele perdeu o controle dessa situação, ou decidiu ir às últimas consequências na "manipulação" dos rapazes, encontrando assim uma maneira de ter uma relação física com eles. Como o tabu da homossexualidade é muito forte, Sebastian usa uma bela mulher para aguçar o desejo dos rapazes do vilarejo; ela serve de álibi para ele, pois frequentemente, quando um desejo é irrealizável, ou socialmente inconcebível, o seu deslocamento violento pode parecer ser a única solução.

Jean Genet oferece outras pistas de leitura. Em *As Criadas,* trata-se sempre de desejo mimético. Genet destaca os duplos e mostra que o conflito criado pela vontade da possessão de um mesmo objeto só se pode resolver no sacrifício. Solange e Claire são cópias de uma mesma vontade; uma deve ceder à outra. Em Claudel, encontramos com frequência esse mesmo esquema de dois homens e uma mulher. Os dois homens entram em rivalidade, um se apaga ao escolher um objeto transcendente. Nesses três grandes autores, vemos o mesmo processo descrito. Esses três autores são excepcionais porque reproduzem esquemas de desejo mimético dando-lhe toda a força e violência de que é capaz – conduzindo esse desejo, se necessário, até a morte, ou até a capela ardente, para Claudel. Em todos esses casos, apresentam uma resolução desse conflito.

Dessa forma, procura-se compreender o desejo nos seus aspectos proteiformes, na sua continuidade, nas suas modificações (de forma, mas não de sentido). Abordar os campos da rivalidade mimética significa compreender o desejo em função da sua violência mais ou menos importante. Procura-se seguir esse desejo desde sua violência mínima, ou nula, até sua demonstração mais poderosa. Retomemos o modelo de René Girard. Ele escreve que a rivalidade mínima é o mundo da aprendizagem, o da mediação externa, aquele em que um modelo intocável é seguido, copiado, admirado por um sujeito. O sujeito quer se adequar ao seu ideal e reproduzi-lo na sua vida cotidiana. Um exemplo de Girard é o do cristão que quer se ajustar aos preceitos de Cristo. Quando a rivalidade aparece, o modelo se torna rival, entra-se no universo da mediação interna, da violência. Encontramos, então, essa famosa relação triangular sujeito-modelo-objeto.

Vamos mais adiante nessa progressão da rivalidade. Quando ela atinge o seu nível máximo, dois rivais se enfrentam numa luta mortal em que o objeto tende a desaparecer, tamanho o fascínio que os dois protagonistas têm um pelo outro. Dessa maneira, para René Girard, no esquema mimético a homossexualidade aparece quando o objeto não tem mais importância, quando há tanta rivalidade entre dois homens que eles esquecem o próprio objeto da sua cobiça. Só conta esse rival, que mascara, assim, o objeto.

Imaginemos o seguinte esquema: tracemos duas linhas oblíquas que se juntam para formar um triângulo, uma para as homossexualidades, outra para as heterossexualidades. Essas duas linhas vão de um nível mínimo para um nível máximo de rivalidade. Há uma sexualidade que pertenceria à mediação externa, à aprendizagem de certa maneira, e outras, internas, que ultrapassariam os diversos níveis da rivalidade. Observaremos imediatamente que se pode aplicar esse esquema à descrição das diversas sexualidades; ou seja, de um lado encontra-se o universo da heterossexualidade, do outro, o da homossexualidade. Percebe-se imediatamente que os dois mundos funcionam de uma maneira exatamente simétrica e que é impossível empregar o singular para descrever essas sexualidades. A homossexualidade, tal como René Girard a considera, existe, mas representa o grau máximo da rivalidade entre duas pessoas do mesmo sexo; ao contrário dessa sexualidade, há uma homossexualidade que ocupa um lugar no mundo da aprendizagem. De fato, a homossexualidade ritual, que retomaremos mais adiante, não tem mais nada a ver com a homossexualidade criada pela rivalidade extrema; o único ponto comum é o desejo mimético, mas o uso que se faz dele é totalmente oposto. Esse esquema comporta a vantagem apreciável de propor uma nova grade de leitura para a compreensão "da" sexualidade. Veremos que o exame do complexo de Édipo, por exemplo, é inevitável, mas que não há mais nem complexo nem Édipo (Laio tampouco). A visão dos comportamentos sexuais ultrapassa bastante os limites nos quais estava até então confinada.

Tendo chegado diante desse leque de esboços de respostas, ou melhor, de novas formulações, de novas propostas de abordagem relativas às sexualidades, imagina-se que esse tema não pode deixar de propor um registro interdisciplinar. De fato, os exemplos escolhidos para explorar esses campos da rivalidade mimética não podem mais se situar num campo privilegiado. A questão é geral, é preciso mostrá-la de uma maneira ou outra. Dessa forma, os casos de estudos da heterossexualidade e da homossexualidade situados no mundo da aprendizagem, o da "não rivalidade", serão escolhidos nos livros ditos "de etnologia"; estudaremos um pequeno conto de Bassa, na África, assim como as revelações oferecidas pelos livros de Gilbert H. Herdt sobre o povo sambia na Nova Guiné. Questionaremos as teses de Freud, de Otto Rank, de Stekel, confrontando-as com textos de literatura, etnologia, religiões.

Há uma infinidade de formas de sexualidade, que vão do grau zero da rivalidade ao grau máximo; podemos reunir certas concepções de Freud, Otto Rank, Stekel na teoria mais abrangente de René Girard. Perceberemos que existe o mesmo número de sexualidades e de indivíduos, que uma sexualidade é fruto de eventos mais ou menos importantes, mais ou menos distantes ou próximos,[1] de escolhas, de heranças genéticas talvez múltiplas. Seja como for, a cópia do ou dos desejos do outro ou dos outros (modelos ou rivais, femininos ou masculinos) aparece como uma figura iterativa. Lembremos o princípio fundamental da tese de René Girard: essa cópia é fonte de rivalidade, portanto, de violência.

---

[1] Contudo, é bem provável que se possa admitir que a infância oferece menos resistências aos diversos traumas ou eventos do que uma idade avançada, adulta.

o campo das
heterossexualidades

Se o desejo é fonte de conflito, a sexualidade é o terreno predileto dessa violência. Devemos situar o nosso estudo no seu contexto, ou seja, no da rivalidade mimética. No nosso esquema, que vai da rivalidade mínima à rivalidade máxima, começaremos abordando o estado mediano dessa intensidade, aquele em que um sujeito é "guiado" por um rival no seu desejo por um objeto. No mundo das heterossexualidades, no mundo da cultura patriarcal, a mulher é frequentemente associada a um perigo. "Bata na sua mulher todos os dias; se você não sabe por que está batendo, ela sabe por que está apanhando." Essas máximas escandalizam a nossa sensibilidade, mas existem; são, portanto, portadoras de sentido e pertencem a uma espécie de grande "mito" que as engloba. No par mulher e danação atinge-se o cerne da rivalidade.

capítulo 4
situação: heterossexualidade e rivalidade mimética (mulher e danação)

C. A. Tripp, no seu livro *The Homosexual Matrix*, lembra alguns textos sagrados:

> Os chineses têm um provérbio que diz que a melhor menina não vale o pior dos meninos. [...] Maomé, mesmo sendo um homem muito apreciador das mulheres, dizia: "Não deixo para o homem nenhuma calamidade pior do que a mulher". [...] Os hebreus acreditam que as mulheres são uma causa de morte, uma fonte diabólica na terra: "Da mulher surgiu o começo do Pecado, através dele todos morreremos".[1]

No Gênesis, a mulher dá ao homem o fruto do conhecimento, o fruto proibido. É ela a instigadora desse crime, é ela a causa da maldição divina. A punição é inapelável: "[...] na dor darás à luz filhos. Teu desejo te impelirá ao teu marido e ele te dominará" (Gênesis 3,16).

---

[1] C. A. Tripp, *The Homosexual Matrix*. Nova York, Meridian, 1987, p. 43. Esse livro tem o mérito de se interessar pela homossexualidade sob vários ângulos: biologia, etnologia, psicologia, entre outros. Há uma plêiade de livros que, para atingir uma verdade maior, situam-se, como os de René Girard, num registro "interdisciplinar".

"O diabo é a rivalidade mimética" – é o que René Girard declara, ao mesmo tempo muito sorridente e sério. O diabo é príncipe deste mundo, o obstáculo, o *scandalon*:

> Deus mostrará aos homens que eles próprios se dedicam ao *escândalo* através de seus desejos que se entrecruzam e se opõem de tanto se imitar. Jesus recomendará aos homens que o imitem e procurem a glória que vem de Deus, em vez da glória que vem dos homens. Ele lhes fará ver que as rivalidades miméticas não levam senão aos assassinatos e à morte [...]. Ele lhes pedirá que se reconheçam como filhos de Satanás.[2]

Ele é pai da mentira: "Vós sois do diabo, vosso pai, e quereis realizar os desejos de vosso pai [...] quando ele mente, fala do que lhe é próprio, porque é mentiroso e pai da mentira".[3]

A mentira não é senão a rivalidade mimética mascarada. O Diabo seria, portanto, esse processo criador de guerra, de destruição. A mulher, na origem do pecado, não é senão um dos disfarces do Diabo. Na relação triangular, dois rivais disputam um mesmo "objeto": a mulher. Ela é o que está em jogo, a moeda de troca da violência. Dessa maneira, numa relação heterossexual, a mulher é o motor da rivalidade mimética, o centro da guerra que se instaura entre os dois homens. É fácil compreender que a mulher não é senão o símbolo dessa rivalidade, o lugar em que se desenrola o jogo mimético. Não se trata mais de atormentar a mulher, de apresentá-la como causa de todos os males; ela é somente o símbolo privilegiado que os textos religiosos usam. A maldição tem como objetivo a rivalidade mimética, não a mulher. Deve-se compreender bem que o

---

[2] René Girard, *La Route Antique des Hommes Pervers*. Paris, Grasset, 1985, p. 176.
[3] João 8,44.

sagrado está na base da sociedade, dos seus comportamentos, mas que, se for necessário dar-lhe novamente o seu lugar, será preciso também situá-lo na época a que pertence.

René Girard descobriu em certas peças de Racine a própria forma do assassinato coletivo (tal como é descrito no capítulo que se refere a *De Repente no Último Verão*):

> Racine é perfeitamente capaz de inventar o assassinato coletivo de que precisa para as suas conclusões [...] o povo que se rebela, no caso de Hipólito, são os cavalos revoltados contra o seu mestre e que o levam também, antes de exterminá-lo, perto de um lugar sagrado em que Arícia o espera.[4]

Mas, se Racine descrevia maravilhosamente os processos da rivalidade mimética, ele não podia se permitir ir muito nessa direção; ele devia dobrar-se às convenções do tempo, aos "bons modos". A cada estado da sociedade corresponde uma forma específica de sagrado. Em certas tribos da Amazônia, os homens vivem no centro do vilarejo, numa cabana, e as mulheres ficam fora desse centro. Um ritual estrito rege essa organização. O equilíbrio da sociedade depende da observação dessas leis. Homens e mulheres não comem juntos, por exemplo. Ernest Crawley relata detalhadamente esses costumes em vários lugares:

> No Taiti e, de modo mais geral, nas ilhas, uma mulher era discriminada por causa de tabus sociais; ela devia respeitar esses lugares frequentados pelos homens, a cabeça do marido e do pai era "sagrada", nenhuma mulher podia tocá-la [...] [W. Ellis, *Polynesian Researches*

---

[4] René Girard, *La Route Antique des Hommes Pervers*, op. cit., p. 53.

> (1859), i. 129; C. Letourneau, *La Sociologie d'après l'Ethnographie* (1880), p. 173]. Em Rapa, uma das ilhas de Tubuai, ou nas ilhas australianas, os homens são um tabu para as mulheres. Nenhuma mulher tem autorização de entrar na casa do chefe maori [R. Taylor, *Te Ika a Maui* (1870), p. 165; E. Tragar, *The Maoris of New Zealand*, etc...]. Nas ilhas Fiji, os maridos também ficam tão afastados das suas mulheres quanto as mulheres dos seus maridos [...]. Os "encontros" entre o marido e a sua mulher são marcados num lugar bem distante da floresta, esses "encontros" são desconhecidos por todos, com exceção do casal.[5]

O tabu fundador é a barreira construída contra o desenvolvimento do processo mimético do desejo. Nos textos citados, a mulher ainda é o meio privilegiado que permite descrever a espiral da violência.

"O inferno são os outros." A fórmula de Sartre é inspirada, pois o inferno é a submissão ao mecanismo mimético, a submissão à força impositiva do outro, a submissão à competição mimética. Sozinhos, não haveria problema, mas o aparecimento do rival obriga-nos a participar dessa luta. Sozinhos, não haveria inveja, mas com o aparecimento do outro surge essa vontade de conquistar o bem, o objeto do outro. "O jardim do vizinho é sempre mais verde", essa é a legenda de um desenho do Snoopy. Trata-se de uma brincadeira, mas que mostra uma verdade essencial. A árvore de Adão e Eva não era a do conhecimento, mas a da cobiça. O meu desejo é o desejo do outro, eu sou o desejo desse outro que me dá existência tanto quanto me traz sofrimento. Essa face do Outro, que, segundo

---

[5] Ernest Crawley, *The Mystic Rose: A Study of Primitive Marriage and Primitive Thought in its Bearing on Marriage*. Nova York, Meridian Books, 1960, p. 45-46. O livro é dedicado a *sir* J. G. Frazer. E. Crawley morreu em 1924; o livro foi reproduzido a partir da segunda edição de 1927. (Tradução do autor.)

Emmanuel Lévinas, me dá acesso ao meu papel de sujeito, esse Outro no Mesmo. Dessa forma, a mulher é, logicamente, associada a uma criatura diabólica: expulsa do paraíso terrestre, aprende a arte da maquiagem. "Então abriram-se os olhos dos dois e perceberam que estavam nus; entrelaçaram folhas de figueira e se cingiram."[6] A partir desse momento, a nudez dá lugar à máscara. O desejo aparece, ou seja, ele age como uma espécie de bumerangue, indo de um ao outro. Adão e Eva entram no seu percurso de "hominidade", um vai imitar o desejo do outro, e reciprocamente. "O homem conheceu Eva, sua mulher; ela concebeu e deu à luz Caim [...]. Depois ela deu também à luz Abel, irmão de Caim."[7] Jean-Michel Oughourlian demonstra, em *Um Imitador Chamado Desejo,* como se efetua esse processo de "hominização". "Vós sereis como seres divinos", é a partir dessa frase forte e simbólica que tudo começa. Esse "vós sereis como" mostra o desencadeamento do processo mimético. Eva copia o desejo mostrado pela serpente; Adão, por "contágio mimético", segue o desejo mostrado por Eva e, por sua vez, come. Sair do paraíso significa sair desse espaço protegido do processo mimético; alcançar a hominidade é entrar no contágio, a inveja, a mundanidade.[8] É por ciúmes, por pecado exatamente, que Caim mata Abel provocando assim o desencadeamento da espiral da inveja.

Jean Genet, em *Nossa Senhora das Flores,* reproduz essa queda fora do paraíso terrestre. O jovem Lou Culafroy, que vive numa pequena cidade hostil, ainda criança, inocente, também empreende o seu percurso de hominidade. É no meio das víboras (serpentes extremamente simbólicas), numa noite escura, perto das trevas, que ele faz amor com alguém chamado Alberto, apresentado como um "anjo mau". Alberto força Lou a tocar numa serpente. Também é por acaso que Alberto fala de serpentes no feminino? Depois Lou Culafroy deixará o seu vilarejo protegido da infância e entrará na capital com o nome fabuloso e resplandecente de Divina, Divina travesti

---

[6] Gênesis 3,7.
[7] Gênesis 4,1-2.
[8] Jean-Michel Oughourlian, *Un Mime Nommé Désir.* Paris, Grasset, 1982, p. 41 ss.

brilhante, travesti *expert* na arte da maquiagem. Não é por acaso que Lou Culafroy passa a se chamar Divina. Tornando-se divina, ela realiza a maldição fundamental, ontológica, denunciada no Gênesis: "Vós sereis como seres divinos".[9]

A arte da maquiagem deve se aproximar da arte, do artifício. Trata-se sempre de esconder ou de ressaltar, ou melhor, de atiçar. Ao aprenderem a se maquiar, as mulheres participam do jogo mimético que lhes foi designado. Tentadoras, elas assumem o único papel que lhes foi deixado, econômica e socialmente, e atiçam o desejo do outro por esse meio, graças a esse meio. Como o desejo vem do homem, ele lhe é devolvido com mais força. A lenda popular sobre a origem dos Gigantes,[10] inscreve-se perfeitamente nesse sistema. Genet citava, em *O Milagre da Rosa,* o "livro de Henoc". Anjos, anjos maus, uniram-se às filhas dos Homens:

> Os anjos e as crianças ensinavam a magia, a arte de fazer espadas e facas [...] a arte de pintar as sobrancelhas [...] a impiedade se acentuou e a fornicação se acentuou.[11]

Essa maquiagem representa a resposta feminina ao desejo. A mulher reenvia ao homem o seu desejo acentuado, amplificado, maquiado para que este último não possa reconhecê-lo. Consequentemente, a arte é a transformação "mágica" e transcendente da violência:

> A arte, que certamente não começou enquanto "arte pela arte", no início estava a serviço de tendências que hoje em sua maioria se

---

[9] Jean Genet, *Notre-Dame-des-Fleurs*. In: *Oeuvres Complètes*. Paris, Gallimard, 1951, t. II, p. 90 ss. A versão dos primeiros exemplares, publicados sem nome de editor em dezembro de 1943, é fruto de uma colaboração de Robert Denoël e de Paul Morihien; é muito diferente da versão das *Oeuvres Complètes* da Gallimard.
[10] Gênesis 5,22: "Henoc andou com Deus".
[11] Jean Genet, *Le Miracle de la Rose*. In: *Oeuvres Complètes*. Paris, Gallimard, 1951, t. II, p. 345.

apagaram. É possível supor que entre essas tendências havia uma boa quantidade de intenções mágicas. [...] M. Reinach acredita que os pintores primitivos [...] não buscam "propiciar prazer", mas "exorcizar". [12]

Se os autores feministas têm razão de combater as consequências machistas dos usos e costumes da ordem do sagrado, estão enganados quando renegam o sagrado, considerando-o arbitrário e até mesmo estúpido. É pelo sagrado que compreendemos os funcionamentos da psicologia humana.[13] Devemos recolocar as questões no lugar certo.

Tripp pergunta-se por que as relações entre homens e mulheres são marcadas pela violência, por que se fala de "batalha dos sexos". Ele cita os costumes Mbuti, na África, segundo os quais cabe à mulher fazer as primeiras aproximações. Ela morde o seu amante com tanta força que ele guarda a marca dos dentes da sua amada até o fim da sua vida.[14] Aqui também, originalmente, a sexualidade significa violência. Evidentemente, a mordida pode ser compreendida como um desejo de "tê-lo". Mesmo que essa explicação possa não parecer falsa, ela é, assim como toda explicação unicamente psicológica, redutora. A violência compreendida na sua essência mimética traz soluções mais amplas.

Existe símbolo mais perfeito para representar a violência do que o sangue? René Girard evidentemente não deixou de ver isso. O sangue, prova e imagem da violência, escapa; somente o sagrado pode ser conivente, pois é ao mesmo tempo morte e vida. "Blood will have blood" escreve Shakespeare em *Macbeth*, sangue chama sangue. Inúmeras culturas associam o sangue da menstruação, quando não com a violência, pelo menos com um tabu. O sangue da menstruação é maléfico:

---

[12] Sigmund Freud, *Totem et Tabou*, op. cit., p. 106.
[13] Pelo sagrado assim como pelos autores que o utilizam nas suas obras: Claudel, Genet, Tennessee Williams, Racine...
[14] C. A. Tripp, *The Homosexual Matrix*, op. cit., p. 36.

> Quando uma mulher tiver um fluxo de sangue e que seja fluxo de sangue do seu corpo, permanecerá durante sete dias na impureza das suas regras. Quem a tocar ficará impuro até a tarde [...] Se um homem coabitar com ela, a impureza das suas regras o atingirá. Ficará impuro durante sete dias.[15]

Efeito de espelho, nesse texto do Levítico o homem e a mulher são impuros pelo mesmo período de tempo: sete dias. Sete é um número mágico, ou melhor, simbólico: aqui se enfatiza a perfeita infiltração, a comunicação. Por um efeito de casal, de simetria, um transmite ao outro "exatamente" a sua "maldição" passageira. Na Índia, em 1968, um etnólogo, N. N. Bhattacharyya, chegava às mesmas conclusões, e sempre com o número sete agindo como símbolo:

> Os kadirs, que moram principalmente nas montanhas de Nelliampathi e Kadasseri, em Cochin, e nas colinas da região de Coimbatore, prestam muita atenção na primeira menstruação das meninas. Durante o período da menstruação, é obrigatório que fiquem reclusas numa cabana. [E. Thurston e K. Rangarchari, *Castes and Tribes of Southern India*, Madras, 1909]. Entre os palayans ou os cherumans, a primeira menstruação de uma menina é festejada com grande pompa e ostentação. A menina deve ficar isolada numa cabana durante sete dias; depois, ela deve, na companhia de sete amigas, mergulhar num riacho e em seguida pintar o seu rosto de amarelo.[16]

---

[15] Levítico 15,19-24. Alguns pesquisadores, Scubla e Briffaut, por exemplo em *Les Mères*, apesar de tudo, questionam a ideia de que os selvagens tinham medo de sangue.
[16] N. N. Bhattacharyya, "Indian Puberty Rites". In: *Indian Studies Past and Present*, Calcutá, jun. 1968, p. 1-17. (Tradução do autor.)

O mesmo tabu existe na sociedade sambia:

> [...] um velho "sábio" [...] me falou sobre os perigos do sangue da menstruação. "O estômago da mulher fica cheio de uma espécie de *menjaak-boongu*, de onde corre o sangue da menstruação e de onde uma criança se forma. Quando um porco é cortado, as mulheres nos fazem observar (a nós, homens): "Olhem: o estômago do porco está cheio de sangue como o nosso. É por essa razão que nós, mulheres, repugnamos o fato de manter relações sexuais com vocês com tanta frequência!". Dessa forma, é tabu ter relação sexual com uma mulher quando o sangue da menstruação escorre.[17]

Na relação a três, Sujeito-Rival-Objeto (mulher), a luta que se instaura entre o sujeito e o seu rival se torna simbolicamente a imagem desse sangue. Se existe um tabu em ter relação sexual com uma mulher quando ela está menstruada, é por medo do contágio mimético. Esse sangue natural da mulher é muito próximo daquele da rivalidade. Na sociedade sambia, há uma identificação total entre a natureza e o homem: as árvores têm um sexo. Uma árvore, cuja forma lembra mais o sexo masculino ou virtudes masculinas, por exemplo, será de gênero masculino. Assim, os homens da tribo sambia não comem frutas vermelhas porque lembram muito o sangue. Curiosamente, o leite da mãe sambia para o seu filho se assemelha, por sua cor e virtudes, ao esperma benéfico; os dois ajudam no crescimento da criança sambia.

Nessa mesma sociedade, um dos papéis do feiticeiro, do xamã, consiste em "branquear", com o seu poder, o vermelho do sangue:

---

[17] Gilbert H. Herdt, *Guardians of the Flutes: Idioms of Masculinity*. Nova York, Columbia University Press, 1987, p. 169, capítulo "Femininity". (Tradução do autor.)

> Mas os xamãs fizeram mais ainda. Eles também têm o poder de limpar os guerreiros das manchas de sangue depois dos combates. Depois da batalha, cerimônias xamânicas expurgavam o sangue dos inimigos mortos das armas e dos corpos dos combatentes. Essa expurgação limitava a possibilidade de ataques em represália da parte dos fantasmas das vítimas.[18]

O objetivo do xamã não tem mistério: ele tem que parar o desencadeamento mimético da violência. Como sangue chama sangue, o processo deve ser freado. Nas nossas sociedades modernas, a justiça faz esse papel. Nessa parte da Nova Guiné, cabe ao xamã utilizar o sagrado para romper o desencadeamento de violências. O fantasma, nesse caso, poderia representar esse efeito perverso da vingança. Na Nova Guiné, Herdt descreve a iniciação do adolescente: os membros da tribo atacam-no com o objetivo de fazer o seu nariz sangrar. M. R. Allen conta que se praticava também uma incisão do pênis:

> O ritual masculino e a fisiologia da mulher, embora opostos um ao outro enquanto forças místicas que devem permanecer separadas, são, todavia, colocados em pé de igualdade. Hogbin conta que os Wogeo associam a incisão do pênis à menstruação da mulher (*Native Culture of Wogeo,* p. 330); crenças semelhantes foram observadas nos Arapesh (Mead, *Sex and Temperament in Three Primitive Societies,* p. 67, 92-97), GahukuGama (Read, *Nama Cult of the Central Highlands, New Guinea,* p. 15) e Chimbu (Nilles, *The Kuman of the Chimbu Region,* p. 61).[19]

---

[18] Ibidem, p. 46.
[19] M. R. Allen, *Male Cults and Secret Initiations in Melanesia.* Melbourne, Melbourne University Press, Londres/Nova York, Cambridge University Press, 1967, p. 17. (Tradução do autor.)

Trata-se de purgar o corpo de toda simbologia da violência, de toda marca de sangue; tanto de um lado feminino (a menstruação) quanto de um lado masculino, o sangue da rivalidade, o da guerra. A mulher no período da menstruação é demasiadamente visível, fica muito carregada com esse peso de violência. Ela é o objeto pelo qual se disputa, se briga.

Entretanto, como o veneno – poção proveniente de uma mesma fonte latina *potio*,[20] ao mesmo tempo o que cura e o que mata –, o sangue é marcado por essa ambiguidade fundamental. N. N. Bhattacharyya citava Thomson, que definia perfeitamente essa ambiguidade:

> Aristóteles e Plínio, o Velho, assim como outros naturalistas da Antiguidade e do período medieval, acreditavam que o embrião provinha do sangue contido no útero depois do fim da menstruação. É o sangue da vida. Dessa maneira, o método mais comum de condenar as pessoas ou coisas a um tabu [...] tabu da menstruação, dos lóquios, ou qualquer outra forma de proibição criada a partir dessa matriz original [...] é marcá-las com sangue ou com a cor vermelha. E, na continuidade do aspecto ambivalente do próprio tabu, o sinal do sangue tem um duplo efeito: impedir todo contato, mas também oferecer essa energia vital [...] Não há nenhuma esfera humana em que não exista uma uniformidade tão grande quanto no tratamento das mulheres no período menstrual ou puerperal.[21]

Abdelwahab Bouhdiba mostra que, se o Islã rejeita a noção de impureza da mulher, se nega que a oposição do puro e do impuro abrange

---

[20] Em francês, veneno é *poison*, cuja etimologia é a mesma de *poção*: *potio*, palavra latina. (N. T.)
[21] G. Thomson, *Studies in the Ancient Greek Society*. Londres, [s.n.], 1949, p. 209. (Tradução do autor.)

a oposição dos sexos, a própria relação sexual pode criar a impureza – mesmo que a função sexual seja em si uma função sagrada. Assim "a sujeira está ligada ao *h'adath*, ou seja, a toda evacuação de excreção orgânica: esperma, sangue de menstruação ou lóquios".[22]

Temos ainda outros rituais ligados ao sangue:

> Durante a iniciação, a menina é pintada da cabeça aos pés; é uma forma de renascimento, assim ela poderá conceber. Depois do período de luto, depois de ter andado sobre o fogo, a viúva é pintada com a mesma cor: assim ela escapa da contaminação da morte. O vermelho é a renovação da vida.[23]

Esse sangue não é simplesmente vida; é também morte e violência. Pintando o corpo de vermelho, os membros da tribo resolvem essa violência, eles a canalizam. Esse sangue, violento no início, torna-se imagem de renascimento. O fogo é purificador.

É esse caráter poderoso do sangue, assassinato e milagre de vida, que autores como Genet celebram à sua maneira: "O assassino faz o sangue falar. Discute com ele, quer transigir com o milagre. O assassino criou a justiça e o seu aparelho. Diante disso, pensa-se no nascimento, no sangue da Medusa, de Crisaor e de Pégaso".[24]

O sangue, sagrado, símbolo de vida, implica respeito. Na sociedade sambia, a mulher deve se dedicar ao trabalho do jardim, os homens, à caça. Por associação, a mulher, imagem da fecundidade, está ligada à terra. A terra dá frutos, a mulher concebe; as duas detêm um poder mágico que os homens reverenciam: "'As mulheres têm vagina', afirmam os homens: '[portanto] produzem batatas-doces abundantes'. Esse provérbio enfatiza a anatomia da mulher como

---

[22] Abdelwahab Bouhdiba, *La Sexualité en Islam*. 1. ed., Paris, PUF, 1975. Reedição 1998, p. 23.
[23] N. N. Bhattacharryya, "Indian Puberty Rites", op. cit., p. 13. (Tradução do autor.)
[24] Jean Genet, *Miracle de la Rose*, op. cit., p. 304.

fonte de sucesso na cultura das batatas-doces, alimento primordial na vida do povo sambia".[25]

Assim, a regra em matéria de sangue e de feminidade é dupla. O sangue é ao mesmo tempo, em inúmeras culturas, um tabu fundamental e símbolo de vida.

A regra que resulta é compreendida principalmente em relação à violência. O sangue é o dos combatentes. O sangue que foi derramado na luta para conquistar uma mulher. Deixar de lado a imagem do sangue significa denunciar uma forma de violência; proteger-se disso significa recusar um possível contágio mimético com a violência. Expurgar simbolicamente o sangue de um membro da tribo, da sociedade (na excisão do pênis, por exemplo) significa desenvolver todo um processo de purificação.

A sexualidade durante a menstruação é com frequência um tabu, sem dúvida por razões metafóricas que o sangue transmite.

A anatomia da mulher, portadora tanto de uma simbologia de vida (concepção) quanto de morte (sangue da rivalidade violenta), comporta, portanto, uma dupla leitura, contraditória ou complementar. Ela é violência, mas tanto a violência da vida quanto a da morte. Nas sociedades primitivas, os homens não sabem como reagir diante desse duplo sentido do sangue. São obrigados a criar um ritual para se proteger dos poderes do sangue e, portanto, para se proteger dos poderes da mulher. Aí se encontra uma das raízes do fascínio que a mulher exerce no homem.

Um conto absolutamente extraordinário da região de Bassa, em Camarões, mostra o papel da mulher: educadora, guia do homem, mas também indicadora de uma simbologia do sangue, de uma simbologia da rivalidade.

---

[25] G. H. Herdt, *Guardians of the Flutes*, op. cit., p. 78. Observa-se sempre, na cultura sambia, a influência da "relação de forma", duas formas semelhantes que se atraem. (Tradução do autor.)

capítulo 5
pequeno conto da região de Bassa

> *Em toda mulher, seja ela qual for, o homem encontra uma imagem da alma, essa alma que recebeu de sua mãe, e que Deus lhe deu para ser através da vida a sua serva, guia e realizadora. A fé cristã acrescenta a essa imagem a da Virgem Maria e a da Igreja. Lembremo--nos dos cantos sublimes no fim do "Purgatório", quando Beatriz recrimina Dante. Lembremo-nos também dos três belos poemas que Coventry Patmore dedicou ao mito de Eros e Psiquê.*
>
> Paul Claudel, *Commentaires et Exégèses*, prefácio ao Cântico dos Cânticos

Retomemos o nosso esquema e estudemos alguns casos do grau zero da rivalidade, a aprendizagem. Aqui o sujeito não luta contra um rival, mas tenta adaptar os seus feitos e gestos a determinada ética. O sujeito se identifica com um modelo para a conquista do objeto. No caso da heterossexualidade, numa situação em que o sujeito é masculino, o homem deve sempre melhorar, aproximar-se do seu ideal para tentar a conquista da dama. Essa é a ética dos trovadores, que devem *meliurar*; é também a de Dante, de Claudel. O homem se identifica com um modelo, seja porque a mulher lhe impõe que se eleve, seja porque ele próprio se impõe essa cópia de um "desejo superior". O sujeito tenta elevar-se a uma imagem de modelo, um pouco ideal, com o objetivo de corresponder ao que dele espera esse objeto do desejo, ele também ampliado. Portanto, não se trata mais de uma questão de guerra, mas de uma espécie de "superobjeto", uma espécie de objeto que não é mais totalmente real, mas que tende também a se tornar uma espécie de modelo-objeto. Essa mulher é inacessível por sua própria perfeição. Por exemplo, para os trovadores, passa-se da mulher para a Dama. Existe outra particularidade nessa relação triangular: o Objeto pode ditar a conduta do sujeito e designar-lhe esse modelo formando uma coisa só. Assim, é a Dama, *domina*, senhora, que sempre obriga o trovador a mais proezas e mais "elevação" (o mesmo fenômeno está presente em Dante: Beatriz é guia e "recrimina Dante").

Pode-se dizer também que o triângulo clássico sujeito-modelo-objeto vai aos poucos se modificando e tomando dois caminhos intrinsecamente ligados e paralelos. O próprio sujeito se eleva à condição de modelo, tentando atingir certa perfeição para merecer o amor de sua Dama; como o objeto deixa de ser o fim desse desejo desenvolvido por um modelo e torna-se iniciador, ele próprio designa esse modelo perfeito que o apaixonado deverá se tornar se pretende obter os favores de sua amada. O primeiro triângulo se atenua em benefício de uma espécie de dupla elevação: o sujeito se torna modelo, o próprio objeto também se torna uma espécie de superobjeto obrigando sempre o sujeito a uma "elevação" maior. Trata-se, na verdade, de um jogo de identificação e de aperfeiçoamento de si. Essa problemática, nós a encontramos, bem desenvolvida, num conto da região de Bassa (Camarões) compilado por Werewere-Liking e Marie-José Hourantier.[1]

O conto: a princesa Nguessi Ngonda vive na casa entre o céu e a terra que o seu pai, o rei, mandou construir para ela. Ela sente necessidade de ter um homem e escolhe Johnny Waka. Essa princesa possui "um arremessador de projéteis de fogo" que lhe permite não somente se deslocar no espaço, como também matar.[2] O rei põe Johnny Waka à prova: ele merece a sua filha? A cada prova Johnny adormece.

---

[1] Werewere-Liking e Marie-José Hourantier, *Contes d'Initiation Féminine du Pays Bassa (Cameroun)*. Issy les Moulineaux, Les Classiques Africains, n. 720, 1982. O resumo que apresentamos do conto não dispensa, muito pelo contrário, a sua leitura. Não é preciso privar-se da alegria de descobrir essa língua deliciosa.
[2] Duplo sentido da magia ligada ao elemento feminino?

Ele deve desbravar uma floresta, e adormece. Nguessi vem socorrê-lo. Se ele dividir a floresta em dois no sentido do comprimento, sem derramar uma gota de sangue, o prodígio se realizará – temos aí a mesma simbologia do sangue. Ele consegue. Na segunda prova, Johnny, que havia adormecido novamente diante da dificuldade da sua tarefa, deve enfiar um punhal branco de dois gumes no coração da sua amada para que o milagre se realize, mas, novamente, ele não deve derramar uma gota do sangue da princesa. Dessa vez, ele a deseja intensamente, treme e derrama uma gota do sangue precioso. A princesa perde o seu dedinho do pé. O rei percebe o subterfúgio e condena os dois culpados à morte. Johnny ainda está impotente diante da situação. Nguessi faz com que fuja. Os dois escapam. Ela lhe confia a missão de pegar um dos dois cavalos da estrebaria, Pelepele, assim como cinco dos nove ovos mágicos. Ela lhe explica que não deve pegar o cavalo chamado Johnny Waka. Johnny, evidentemente, pega o cavalo errado, o seu homônimo. A princesa fica consternada. Os amantes conseguem fugir, mas são perseguidos pelo exército do rei. Os dois campos adversos utilizam os seus ovos mágicos. O casal consegue fugir, mas Johnny é mordido por uma víbora e morre. Uma jovem, que passava por ali, oferece ajuda a Nguessi, mas em troca dos seus serviços deseja ser coesposa. A "recém-chegada" ressuscita Johnny. Os três chegam ao país de um rei xenófobo. Uma jovem vê Nguessi e apaixona-se. Ela decide ajudar os três amantes desafortunados, mas em troca ela deseja ser uma nova coesposa. As três mulheres discutem e aceitam. Johnny agora é casado três vezes. Os quatro são presos. Johnny, como homem, deve passar pelas provas do rei xenófobo. Ele passa por todas com sucesso, graças ao apoio mágico de suas esposas. O rei deve, portanto, exilar-se e "Johnny ganha o trono, rodeado por suas três esposas".

Nguessi, guia e iniciadora

Nguessi Ngonda: esse nome tem um sentido, o de menina pequena ou graciosa. A heroína é, pois, o símbolo da mulher, a mulher perfeita, a que tem poderes mágicos, a que detém a sabedoria. Lendo algumas passagens do conto, lembramo-nos do *Banquete* de Platão: "a iniciada [...] se une ao caracol, animal hermafrodita que representa a união da mulher e do homem e que é aqui o símbolo da perfeição".[3] Essa mulher, garota, tem todos os poderes, começando pelos da concepção; ela "precisa" de um homem. Uma jovem a vê e apaixona-se por ela. Ela é a unidade de dois mundos, masculino e feminino, totalidade como o ovo mágico que a protege. O pobre Johnny, ao lado dessa princesa, não é nada; adormece com frequência e se rende diante dos obstáculos. Ele tem o poder de quebrar uma porta de prisão, o poder físico, mas capitula diante do esforço. A princesa o ajuda em todas as situações. Mas ela também é complementar: cabe a Johnny vencer nas provas. Johnny, apesar de tudo, submete-se totalmente à Nguessi: "Se Nguessi já aceitou, isso significa que eu aceitei", ele diz.

Aqui temos, portanto, a ideia geral que algumas linhas da pré-conclusão do conto parecem resumir: "É possível compreender por que uma mulher pode casar com qualquer homem? Na verdade, se ele for burro, vai se tornar inteligente; se for animal, vai se tornar humano, basta que ela o deseje". Estamos no mundo da aprendizagem, a mulher é o objeto perfeito. Para conquistá-la, o sujeito deve se submeter e se tornar o homem ideal que ela o obriga a ser. Essa Nguessi é uma espécie de Beatriz africana. Ela obriga Johnny a elevar-se ao nível dela, a evitar as armadilhas preparadas pela rivalidade. O conto é iniciático, a iniciação é tão válida para Johnny quanto para as suas coesposas (embora as mulheres nesse conto sejam mais astutas do que os homens). Essa observação é importante, pois questiona a escolha do objeto sexual. Em última instância,

---

[3] "Por conseguinte, desde que a nossa natureza se mutilou em duas, ansiava cada um por sua própria metade e a ela se unia [...] E então de há tanto tempo que o amor de um pelo outro está implantado nos homens, restaurador da nossa antiga natureza, em sua tentativa de fazer um só de dois e de curar a natureza humana. Cada um de nós portanto é uma téssera complementar de um homem [...]." Platon, *Le Banquet*. Paris, Folio, p. 75. [Em português: Platão, *O Banquete, ou Do Amor*. Trad. J. Cavalcante de Souza. Rio de Janeiro, Bertrand Brasil, 1995.]

o objeto em si mesmo desaparece para tornar-se o princípio de iniciação. Como para os trovadores, a possessão carnal parece ir para o segundo plano, para deixar em primeiro plano somente a aprendizagem, a proeza, o aperfeiçoamento.

Significado e mito

O conto pode ser explicado em termos "girardianos". O sangue que Johnny não deve derramar é símbolo de violência. A primeira gota perdida desencadeia o processo da violência. O punhal é branco de pureza, mas é também de dois gumes. Da mesma maneira, o sangue da menstruação é tabu, mas também essência de vida. A sorte, o *fatum*, desse punhal está ligada à do sangue; ele traz a vida, o sucesso na prova, mas também é infinitamente perigoso se for mal utilizado. O dedinho que Nguessi perde é um sinal de rivalidade. Essa rivalidade leva ao sacrifício, não total, mas parcial; assim, Nguessi sofre uma destruição parcial em vez de uma destruição total. Ela é diferente das outras. Tal como René Girard mostrou, o rei é outra forma da vítima expiatória, ele é a projeção suprema de um povo. O arremessador de projéteis é mágico: permite o deslocamento mas também permite matar, como o punhal. Mesmo o fogo é uma força de destruição: "Quando o sol se erguia sobre a terra e Ló entrou em Segor, Ihaweh fez chover, sobre Sodoma e Gomorra, enxofre e fogo".[4] Johnny deve escolher entre dois cavalos: Pelepele e o seu homônimo. Johnny pega o seu homônimo, e o drama da rivalidade é iniciado, ou melhor, a sua simbologia (ele não luta contra o seu cavalo homônimo, o conto previne simplesmente a respeito do perigo que representa o duplo; os duplos, parecidos em todos os aspectos, vão mostrar um mesmo desejo por um mesmo objeto, portanto, vão lutar por sua possessão). O duplo é perigoso; é o que comenta a sábia Nguessi: "Quando Nguessi viu os dois Johnny, ela percebeu

---

[4] Gênesis 19,23-24.

que os problemas iam começar. Ela achou que não era mais útil ficar aborrecida: era preciso partir".[5]

O texto insiste no duplo, Nguessi adverte Johnny: "Vá ao estábulo de meu pai, ela diz a Johnny. Num canto, você verá dois cavalos um pouco afastados. Um se chama Pelepele, o outro, Johnny Waka. Você escolherá Pelepele, está ouvindo? Não pegue o seu homônimo".[6]

Por que tanta advertência e repetição se não for para mostrar que há algo de extraordinário? O cavalo da estrebaria do pai de Nguessi se chama justamente Johnny, o que prova a importância dessa escolha de homônimos. Mais adiante no conto, Nguessi retoma o erro de Johnny e insiste no significado a dar ao seu temor: "Eu lhe pedi que não escolhesse a si mesmo, mas foi o que você fez. Você não podia tentar se imaginar de outra maneira? Agora não temos saída. O que você tem a intenção de fazer?".

"Eu lhe pedi que não escolhesse a si mesmo"; isso não poderia ser mais claro. O que está claramente colocado aqui é a regra da impossibilidade do Mesmo, de escolher a si mesmo, ou seja, de não ir em direção ao Outro, mas preferir um outro si mesmo. Isso poderia ser uma regra contra a homossexualidade, daqueles que elegem como parceiro o mesmo sexo. Na verdade, a regra tem como objetivo nomear o Outro na sua alteridade, alteridade que não é de ordem sexual, mas do Sujeito, da pessoa. Aliás, percebe-se no conto que o mesmo se situa no plano da denominação, trata-se somente do mesmo nome. Que um seja um cavalo e o outro, um homem, essa é uma diferença de pouca importância. É impossível que Johnny escolha a si mesmo se o seu intuito é ter êxito na sua iniciação; ele deve evitar a luta com o seu duplo, o seu rival perfeito. Essa tese é confirmada por outros fatos: Nguessi possui o poder de "retorno ao

---

[5] Werewere-Liking e Marie-José Hourantier, *Contes d'Initiation Féminine du Pays Bassa (Cameroun)*, op. cit., p. 15.
[6] Ibidem.

emissor".[7] Quando é atormentada, ela é capaz, por magia, de devolver o mal que lhe foi feito. Isso simboliza a espiral da violência. No fim do conto, quando Johnny tem três filhos, do sexo masculino, de suas três mulheres, o contador pergunta ansiosamente:

> [As] três esposas conceberam e deram à luz no mesmo dia três meninos. O filho de qual esposa deverá ser então o herdeiro?
> Manuma decide essa história: o filho de qual dessas três esposas de Johnny deverá ser o herdeiro de seu pai?

Estamos no universo do "mesmo", os filhos nascem no mesmo dia. Adivinha-se o problema que essa última questão coloca: os três filhos são parecidos, não há nenhum motivo para privilegiar um em vez de outro – nessa questão, mais uma vez, o sexo não é enfatizado, é o mesmo que é questionado. Todos vão ambicionar o título de herdeiro. Cada um vai copiar do outro o seu desejo de ser o único sucessor. Reencontramos a mesma impossibilidade de paz na passagem bíblica do Gênesis que trata do papel de Caim. Aí intervém a tese de René Girard, segundo a qual o assassinato de Abel por Caim é um assassinato fundador de uma sociedade. Deus protege Caim: "'Quem matar Caim será vingado sete vezes'. E Iahweh colocou um sinal sobre Caim, a fim de que não fosse morto por quem o encontrasse".[8] O conflito de herança ilustra perfeitamente essa questão do duplo como fonte de rivalidade. Nessa situação, os três filhos poderiam lutar entre si, mas só porque representam o mesmo, todos os três são parecidos. Imagina-se muito bem que a revolta que ressoa sobre a herança só poderá ser bem resolvida com sangue, pois nenhum dos filhos deseja ceder os seus direitos para o outro. Esses assassinatos serão, também nessa situação, fundadores, visto que assim uma nova sociedade se formará ao redor daquele

---

[7] Poder bem conhecido por todos os livros de feitiçaria.
[8] Gênesis 4,15.

que dominou os seus irmãos. Nos dois casos, trata-se de rivalidade. O paralelo é ainda mais surpreendente.

A gota de sangue que Nguessi perde possui o mesmo significado que o sinal de Caim. Ela também transgrediu a lei do seu pai. Para Nguessi, o sinal se concretiza pela perda do dedinho do pé, mas o sangue foi derramado, e nesse assassinato vai se fundar a descendência de Johnny. Depois de ter êxito em todas as provas, Johnny se torna rei. Mesmo tendo havido "erro", ele foi protegido por Nguessi, por suas três mulheres com poderes mágicos. Com esse assassinato nasceu uma sociedade, mas por causa dele o seu berço será o da rivalidade mimética. A violência se encontra no próprio seio dessa sociedade – daí a pergunta inquieta do narrador, repetida como uma encantação, como a maior interrogação a propósito do cerne da futura luta pelo poder: "O filho de qual esposa deverá ser então o herdeiro?".

Esse conto africano ressalta não somente o papel da mulher-guia e iniciadora, que obriga o sujeito a ser melhor, uma espécie de modelo, mas também os duplos e a rivalidade. A interrogação final permite prever uma luta entre os irmãos inimigos na segunda geração. Nguessi mostra o caminho, o da prova, mas também os perigos, ou melhor, o perigo principal, o da rivalidade.

A multiplicação das mulheres evita os conflitos miméticos, visto que são cúmplices. A regra sexual evidencia a regra social ligada à herança, se abordarmos a regra segundo a hipótese do sangue, de sua dupla leitura, e, depois, a regra relativa ao mesmo (Johnny não deve escolher a si mesmo). É Maupassant que, como verdadeiro visionário da gemeidade, desvenda a violência do mesmo. Em *Pedro e João*, Pedro e João são irmãos, são um pouco como esses herdeiros do conto de Bassa; eles colocam insistentemente a questão da herança, a questão do duplo.

capítulo 6
Pedro e João

Em 1888, Guy de Maupassant publicou *Pedro e João*. Esse romance é interessante por mais de uma razão: denuncia a rivalidade dos duplos e descreve uma escapatória para essa violência. Ele se insere perfeitamente no esquema relativo às sexualidades e à rivalidade mimética. Pedro e João pertencem aos casos encontrados normalmente. Há o triângulo sujeito-rival-objeto, Pedro-João-Sra. Rosémilly, no caso. Mas esse livro sutil contém a sua própria solução em relação ao problema que analisamos.

Pedro e João são irmãos. João é loiro, ao passo que Pedro é moreno; um prefere a calma e o conforto, o outro tem uma sensibilidade vindicativa. A sua mãe tem o papel de unir, de ser a mediadora entre eles e o pai, assim como entre os dois. Ela "apara as arestas". Maupassant mostra perfeitamente, desde as primeiras linhas do romance, o efeito de espelho produzido pelos dois irmãos: "Quietos! exclamou de repente o pai Roland [...] Seus dois filhos, Pedro e João, que seguravam, um a bombordo, o outro a estibordo, cada um uma linha enrolada no dedo indicador, começaram a rir ao mesmo tempo".[1]

Os dois filhos, se estão um do lado oposto do outro, um do lado esquerdo e o outro do lado direito, reagem exatamente da mesma maneira, no mesmo momento. A reciprocidade é perfeita até

---

[1] Guy de Maupassant, *Pierre et Jean*. Paris, Folio, 1982, p. 61.

no detalhe da linha enrolada no dedo indicador. Esses duplos são o emblema perfeito da rivalidade. Eles mostram que a reação de um acarreta a contrarreação do outro, que a natureza humana em geral traz uma espécie de dialética. Se um deles ama, o outro ama também. Se nas sociedades primitivas, por exemplo, os duplos são proscritos, banidos, isso ocorre porque revelam, mais do que outros, o significado dessa rivalidade intrínseca.[2] Evidentemente, o triângulo perfeito – baseado numa relação dual, pode-se dizer, corroborando a ideia de Borch-Jacobsen –[3] da rivalidade mimética não demora a aparecer: uma viúva charmosa de 23 anos, a Sra. Rosémilly, entra em cena para atiçar e evidenciar essa rivalidade "inata" dos dois irmãos. Mas Maupassant, especialista da psicologia humana, explicita que a rivalidade existe antes do surgimento do objeto:

> Mas uma onda de ciúmes, desses ciúmes adormecidos que crescem praticamente invisíveis entre irmãos ou entre irmãs até a maturidade e que explodem no momento de um casamento ou de uma felicidade vivida por um deles, mantinha-os despertos numa inimizade fraterna e inofensiva.[4] Sem dúvida, eles se gostavam, mas se espiavam. [...] Desde que se tornara homem, não se dizia mais [a Pedro]: "Olhe João e imite-o!". Mas cada vez que ouvia repetirem: "João fez isso ou aquilo", ele compreendia bem o sentido e a alusão escondidos nas palavras.[5]

Os grandes autores, os autores realmente fundadores, não compõem apenas sua "musiquinha", como mostrou Céline; eles criam também fórmulas fortes que são extremamente "reveladoras".

---

[2] Cf. René Girard, *La Violence et le Sacré*. [1972] Paris, Grasset, Pluriel, 1985, p. 121 ss.
[3] M. Borch-Jacobsen, *Le Sujet Freudien*. Paris, Aubier Flammarion, 1982.
[4] Esse é um dos sentidos de "os homens são irmãos": serão irmãos tanto para se gostarem quanto para se espiarem e se preocuparem?
[5] Guy de Maupassant, *Pierre et Jean*, op. cit., p. 63-64.

Do "algo que coloquei na cabeça" de Claudel a essa ordem "imite-o", esse é todo o processo mimético que é, ousemos dizer novamente esta palavra, "profetizado".

Compreende-se bem que, nos dois exemplos, os dois personagens masculinos, o de Claudel, o de Maupassant, encontram-se por assim dizer em porosidade de ser; "esperam" o objeto que lhes será dado para desejar; o ser vem em primeiro lugar, o objeto é escolhido depois.

Dessa maneira, não era preciso dar a ordem a Pedro para que imitasse o seu irmão: a imitação está na raiz da sua relação com João! A rivalidade mimética só busca um pretexto para explodir:

> Juntos num mesmo esforço, deixaram cair os remos e depois foram para trás e puxaram com todas as suas forças; e uma luta começou para mostrar o vigor de cada um. Foram vagarosamente para a vela, mas a brisa caíra e o orgulho viril dos dois irmãos despertou repentinamente com a perspectiva de se enfrentarem.[6]

Maupassant procura mostrar que o orgulho dos dois irmãos, o seu "orgulho viril", como escreve, está na origem de sua luta. Trata-se, portanto, de uma característica comum de todos os homens: o fato de serem irmãos, duplos antinômicos, só acentua esse fenômeno. Os irmãos se "enfrentam" como dois leões que, numa jaula muito pequena, querem demarcar o território. Posta dessa maneira, a luta relativa à jovem viúva não é senão a continuação da rivalidade essencial, o aspecto sexual da rivalidade não passa de uma ramificação dessa rivalidade e não o seu tronco: "Os dois filhos, de volta, ao encontrarem essa bela viúva instalada na casa, logo começaram a cortejá-la, menos por desejo de agradá-la do que por vontade de

[6] Ibidem, p. 69

se suplantar".[7] Os dois irmãos, duplos miméticos perfeitos, ficam hipnotizados um pelo outro. Aqui também o objeto vem em segundo lugar; o que vem em primeiro é o desejo de ser o outro. Aqui também, como para Tennessee Williams, trata-se praticamente de apoderar-se do outro sendo ele. Suplantar o seu irmão revela bem a prioridade: o irmão vem antes do objeto, seja ele qual for. Compreende-se claramente a diferença entre a inveja e o desejo mimético... Se a inveja sempre existiu, é o desejo mimético que mostra uma das características dominantes do comportamento humano. No triângulo mimético, o interesse pelo modelo precede o interesse pelo objeto. Não falta algo, um objeto, mas falta ser.

Um dos filhos, Pedro, chega a ter instantes de lucidez a respeito desse ciúme:

> - Então, fiquei com ciúmes de João, pensava. Isso é execrável. Agora tenho certeza disso, pois a primeira ideia que me ocorreu foi a do seu casamento com a Sra. Rosémilly. Mas não gosto dessa idiota razoavelzinha mas feita para enojar-se do bom senso e da sabedoria. Trata-se, portanto, de ciúme gratuito, da própria essência do ciúme, aquele que existe porque existe! É preciso cuidar disso![8]

Embora Pedro tenha um pouco de má-fé ao julgar a Sra. Rosémilly, o seu julgamento não pode ser mais claro em relação a essa essência do ciúme. O coração do ciúme está na inveja, inveja ou desejo mimético desenfreado, para ser mais exato "em-diabrado". Acredita-se que se tem inveja do outro pelo que este possui, o que não é verdade. O que torna a inveja mimética é exatamente o fato de ser "gratuita", de preexistir ao desejo do objeto. Maupassant sabe usar

---

[7] Ibidem, p. 65.
[8] Ibidem, p. 87.

bem esses "pequenos fatos" ligados uns aos outros que constroem a meticulosa *mise en abîme* dos bons romances. Se Pedro passeia na baía do porto de Havre, os dois faróis que ele vê não passam da representação dos dois irmãos: "À sua direita, acima de Sainte--Adresse, os dois faróis elétricos do cabo de Hève, semelhantes a dois ciclopes monstruosos e gêmeos, lançavam sobre o mar seus olhares longos e poderosos".[9]

Os dois faróis são monstruosos porque são gêmeos, ou monstruosos porque são ciclopes? A metáfora dos olhares aplicada ao raio luminoso dos faróis ressalta essa ideia de que Pedro e João são uma só pessoa, da mesma maneira que Otto Rank pensava que Don Juan e Leporello não eram senão um dividido em dois. A imagem é particularmente boa: "Provenientes de dois postos vizinhos, os dois raios paralelos, semelhantes às caudas gigantes dos cometas [...] E dominando todos os outros, tão altos que, de tão longe, achava-se que era um planeta, o farol aéreo de Etouville mostrava a rota de Rouen".[10]

Os dois raios são paralelos e, portanto, parece que se seguem. Ao escolhermos o raio da esquerda, por exemplo, o da direita parece copiá-lo; mas a escolha do da esquerda é arbitrária, percebe-se que se escolhermos o da direita, teremos a mesma sensação. Essa metáfora é exemplar. No desejo mimético, não há aquele que é copiado e aquele que copia; o que ocorre é uma espécie de osmose em que um segue o outro e vice-versa – segundo aquele que tem a vantagem do momento.

Contudo, a verdadeira história de Pedro e João aparentemente não é a que destacamos. O drama ganha forma quando uma inoportuna herança é destinada apenas a João, deixando o seu irmão mais desamparado ainda. De fato, certo Marechal, grande amigo

[9] Ibidem, p. 87 e 88.
[10] Ibidem, p. 88.

da família, doou toda a sua fortuna para João. Todos os familiares, primeiramente, ficam contentes com a sorte (Pedro combate os seus "instintos ruins"), depois uma dúvida nasce no espírito de Pedro. Por que o Marechal não legou a sua fortuna de forma igual para os dois? O drama atinge o seu ápice quando o leitor descobre, ou melhor, confirma a sua impressão de que João na verdade é filho desse Marechal. A mãe de Pedro e João, Sra. Roland, é adúltera, o seu marido sempre a entediou por não ter nem educação nem fineza; o Marechal foi a sua única paixão. Durante vários capítulos, Pedro tortura mentalmente sua mãe à medida que as dúvidas aparecem em sua mente. Aos poucos, o leitor vê a decomposição da fachada da Sra. Roland, que desmorona no capítulo sete. João, tanto por amor à sua mãe quanto por gostar de tranquilidade, por egoísmo perdoa-a imediatamente.

Podemos propor inúmeras explicações para esse desfecho: "psicológicas", freudianas, marxistas, até girardianas.

Não há mais rivalidade, pois os duplos se mostram falsos duplos, falsos irmãos, meios-irmãos; por conseguinte, não cobiçam mais a mesma pessoa e, logicamente, um se apaga; à diferença do conto africano, no qual os três filhos são do mesmo pai e colocam, portanto, a questão da herança, da luta. Isso é doloroso para aquele que é espoliado, mas Maupassant parece querer mostrar que, ao revelar a não fraternidade, a corrida para obter os favores da Sra. Rosémilly não tem mais razão de ser. Pode-se afirmar, seguindo o nosso raciocínio, que a dor de Pedro poderia estar presente somente pela verossimilhança dos fatos.

Esse dinheiro que "cai do céu" nos ombros inconscientes de João lembra muito um sinal diferenciador. De fato, a partir do momento que Pedro só se interessa pela conduta passada da sua mãe, a rivalidade entre os dois irmãos, que têm cinco anos de diferença mas são gêmeos de alma, passa para o segundo plano. A cabeça de Pedro está totalmente ocupada por sua investigação torturante. Quando vê seu irmão adulterino cortejar a viúva encantadora, ele só tem um sobressalto do velho ciúme. O tempo em que ele e seu irmão ficavam disputando a força, simetricamente, remando, ficou para trás; a única coisa que importa é o sofrimento moral da sua mãe:

> [A Sra. Roland] não ousava falar com Pedro [...] e depois o seu olhar indeciso, que divagava mirando em frente, percebeu, no meio das algas, o seu filho João que pescava com a Sra. Rosémilly. [...] As suas silhuetas destacavam-se com bastante nitidez, pareciam ser únicas no meio do horizonte, adquiriam nesse vasto espaço do céu [...] algo de grandioso e simbólico.
> Pedro os observava também, e um riso seco saiu bruscamente dos seus lábios.
> Sem voltar-se para ele, a Sra. Roland disse-lhe:
> – O que é que você tem?
> Ele continuava com seu riso sarcástico:
> – Estou me instruindo, aprendendo como as pessoas se preparam para ser cornudas.[11]

Pedro realizou uma "transferência" de ciúmes: "Pedro observava sua mãe, que tinha mentido. Ele a observava com uma raiva exasperada de filho traído, roubado no seu afeto sagrado, e com o ciúme próprio de um homem que foi cego por muito tempo e que enfim descobre uma traição vergonhosa".[12]

Ele tinha ciúmes do seu irmão, e agora a única coisa que importava para ele era o que poderiam considerar como "a honra" da sua mãe. Uma leitura de tipo complexo de Édipo é, portanto, bem possível. Esse novo ciúme tão forte mostra como o anterior era artificial. Pedro disputa com seu irmão o amor de sua mãe. Quem tem vantagem? Ele sofre e pune sua mãe pelas suspeitas que ela

---

[11] Ibidem, p. 165.
[12] Ibidem, p. 145.

despertou nele. Se tivessem o mesmo pai, estariam num plano de igualdade; tendo pais diferentes, Pedro tem medo que o seu irmão esteja em vantagem. Evidentemente, o que lhe importa não é a honra, mas o lugar que ocupa no coração de sua mãe. As suas dúvidas se justificam dado que o leitor saberá que João é um filho do amor, da paixão (embora exista bem pouco amor em João), enquanto Pedro não passa de um filho de um casamento sem vida. Contudo, sente-se o quanto falta de essencial nessa leitura: o fascínio dos irmãos, um pelo outro. Édipo não tem muito a ver com isso. Ser cornudo, ciumento, não significa, como acredita Freud, imaginar-se no lugar do outro infiel, pensar de certa maneira: "eu, no lugar dele, não hesitaria em 'sucumbir à tentação'". Ser ciumento é uma espécie de roubo de ser: roubam o meu lugar, a existência que tenho em uma relação. Pedro, que está "se preparando para ser cornudo", vive o maior ressentimento, o ressentimento nietzschiano: ele não tem mais direito à existência, ele é empurrado para fora do círculo da sedução.

Numa perspectiva marxista, esse dinheiro, recebido por herança, torna João um burguês (muito rapidamente ele adquire a segurança e o egoísmo burgueses), enquanto o seu irmão, o seu igual, não tem nada. Sendo rico, João pode se casar com a viúva rica, as suas duas fortunas são equivalentes. Pedro é eliminado *ipso facto*. Pedro só pode lutar com João retomando esse privilégio que lhe foi tão injustamente dado. Um tem o poder, de maneira totalmente aleatória, em detrimento do outro, contra o outro; a luta das classes, a luta dos irmãos, se desenrola nessa base: o interesse de um é contrário ao interesse do outro.

Pedro deve ir embora, ele é convocado como médico num navio chamado Lorraine. Nessa rivalidade mimética dos dois irmãos, um deve ceder o lugar para o outro. Pode-se considerar que se trata aí de um sacrifício. Pedro é sacrificado no altar da "fraternidade"; aliás, ele próprio se autossacrifica. Ele deseja ir para bem longe do porto do Havre, longe do seu ciúme, longe da sua mãe, e quando lhe sugerem com meias palavras que vá como médico de bordo em um transatlântico, ele nem tem que responder, e tacitamente se apaga. Depois que as rivalidades são ultrapassadas – a de ser o melhor no remo, a de ser o mais sedutor para a Sra. Rosémilly, a de ser o preferido da mãe –, um dos dois duplos deve partir. Longe da Mãe, Pedro se afasta no mar, o mar redondo, o do globo, o perfeito que não o traiu;[13] ele é extirpado de um lugar onde só poderia viver no ressentimento e na impossibilidade de ser. Esse dinheiro oferecido para João, nós o denominamos acima de sinal. De fato, como na história de Abel e Caim, um dos dois irmãos, o culpado de ter cedido à rivalidade mimética, forma a dinastia caimita. João é o filho culpado, pois nasceu de uma ligação adúltera. Contudo, é ele que é recebido em todas as partes, é ele que se casa e funda uma família. Ele chega a viver no apartamento que o seu irmão cobiçava. Os filhos nascerão com o sinal. Esse sinal não é senão o da riqueza, símbolo do século XIX; esse sinal representa muito mais: a fundação de uma linhagem burguesa.

Identificamos facilmente a Regra desenvolvida nesse conto de Maupassant: ela gira em torno do duplo. Nesse conto também, a sexualidade enquanto tal é secundária; é a denúncia do outro enquanto eu mesmo que se realiza. O inferno é mais uma vez esse outro diferente de mim; contudo, é esse outro eu que rouba o meu ser. Nessa mesma perspectiva, Otto Rank continua no caminho começado com intuições também essenciais: o tema do dom-juanismo está ligado ao do duplo.

---

[13] Em francês, há um jogo de palavras com "mère" (mãe) e "mer" (mar). (N. T.)

capítulo 7
rivalidade máxima e dom-juanismo, comentário sobre o livro de Otto Rank: A Lenda de Don Juan[1]

A rivalidade máxima é esse caso extremo em que, numa relação triangular usual, o sujeito fica cada vez mais fascinado por seu rival até chegar a esquecer o seu objeto. Enquanto no mundo da aprendizagem, seja ele qual for, o objeto é tão importante quanto o sujeito, quanto mais entramos no universo da rivalidade, mais o objeto desaparece: só conta o rival, que fascina e hipnotiza o sujeito. O triângulo se apaga em benefício da simples linha que representa uma relação dual entre sujeito e rival. Para os freudianos, essa relação é a base de uma homossexualidade latente, embora o componente sexual não faça, em termos concretos, praticamente, parte do jogo. Esse desejo sexual triangular, mesmo tornando-se linear, não deixa de conservar o seu fim sexual subjacente. De fato, o sujeito, embora sempre deseje uma mulher, age assim cada vez mais por causa do

---

[1] Otto Rank, *The Don Juan Legend*. Trad. e edit. por David G. Winter. Princeton, New Jersey, Princeton University Press, 1975. David G. Winter explica que Rank reescreveu completamente esse livro e incorporou-o àquele sobre o tema do Duplo (1914) para uma versão francesa, publicada em 1932 por Denoël e Steele sob o título: *Une Étude sur le Double*. Preferimos trabalhar a partir da versão inglesa do livro, muito mais rica e inovadora do que a francesa.

seu rival, virtual ou real. Se gosta de uma mulher é porque o seu rival a deseja; ele precisa da apreciação do duplo. Esse é o caso em *O Eterno Marido*, de Dostoiévski. Nesse romance, Pavel Pavlovitch sempre se vê numa relação a três; sua mulher o engana com seu rival, ele o percebe, mas isso desencadeia nele um verdadeiro "amor de ódio" pelo cortejador principal da sua mulher, Veltchaninov. O eterno marido, para Dostoiévski, é o eterno cornudo. René Girard mostrou como o herói precisava de *test-proof*, precisava testar a sua conquista junto ao elemento masculino.

Wilhelm Stekel, em *Onanisme et Homosexualité*, cita dois casos do mesmo tipo de homossexualidade dita "latente". Um inventor extraordinário fazia questão de que sua mulher sempre agradasse aos outros homens: "Sua preocupação principal é, portanto, saber que sua mulher agrada. Se um homem lhe diz: 'Sua mulher está deslumbrante, hoje', ou se algum estranho pergunta: 'Quem é essa bela mulher?', como já aconteceu com ele no baile, ele fica inexplicavelmente feliz".[2]

Mais adiante, a mesma ideia é desenvolvida de forma diferente:

> Um homem de 61 anos se apaixona por uma empregada do escritório, deixa a sua mulher e se divorcia, embora já tenha sido avô várias vezes. Durante seu casamento, ele tem uma depressão, e a análise mostra que ele se apaixonara pelo irmão da sua jovem mulher e que transferira essa inclinação para ela.[3]

Assim é esboçado um novo esquema em que se encontra, consecutivamente: a heterossexualidade antes da crise, no universo da

---

[2] Wilhelm Stekel, "Homosexualité Latente". In: *Onanisme et Homosexualité, la Parapathie Homosexuelle*. Traduzido do alemão por P. E. Morhardt. [1951] Paris, NRF Gallimard, 1967, p. 237.
[3] Idem, "Dépression et Homosexualité". In: *Onanisme et Homosexualité, la Parapathie Homosexuelle*, op. cit., p. 692.

aprendizagem; depois, no mundo da crise, a heterossexualidade se integrando nas relações triangulares da rivalidade mimética; enfim, no estágio próximo da rivalidade máxima, deseja-se mostrar a importância crescente do rival.

Uma leitura de *Don Juan*, de Otto Rank, antigo colaborador e "filho espiritual" de Freud,[4] permite colocar a questão do dom-juanismo. Rank propõe duas vias de pesquisa: a primeira se inscreveria numa perspectiva "clássica" freudiana; a segunda abordaria sobretudo as relações entre homossexualidade e dom-juanismo.[5]

Assim, numa primeira versão estritamente edipiana, mais conforme ao "dogma freudiano", Rank explica o fenômeno do dom-juanismo como a vingança de um homem ultrajado que tenta conquistar inúmeras mulheres para se recuperar da afronta de não ter podido possuir a única desejável: a mãe. O rival, o adversário, é o pai, mortal inimigo.

Otto Rank confessa a sua preferência pela versão de *Don Juan* musicada por Mozart e decide comentá-la.[6] Rank lembra o significado

---

[4] Otto Rank foi apresentado a Freud por Alfred Adler em 1906. Freud o ajudou a retomar os seus estudos, mas o dissuadiu de tornar-se médico. Ele apresentou uma tese de doutorado em literatura alemã em 1912: *La Légende de Lohengrin*. Problemas surgiram nas relações entre Freud e seu filho espiritual quando Rank publicou *Le Traumatisme de la Naissance* em 1924 (reeditado pela Petite Bibliothèque Payot, Paris, 1976). Os membros do grupo se separaram. Entretanto, Freud reconheceu que Otto Rank havia realizado o progresso mais importante desde a descoberta da psicanálise. Vindo do próprio Freud, o elogio não era pequeno. Freud rejeitara sobretudo o estilo, o trabalho desordenado de Rank. A última versão inglesa do livro que utilizamos foi revista por Rank e publicada por volta de 1934 (com notas de Winter).
[5] Rank lembra que, em seu *Don Juan* (1834), Karl von Holtei introduz a homossexualidade na estranha figura do escultor Johannes; por outro lado, numa passagem de *Mein Leben*, Richard Wagner afirma que a corte assídua feita à sua mulher por Holtei era um biombo atrás do qual Holtei realizava as suas tendências homossexuais, deslocando o seu desejo pelo marido para a esposa (Otto Rank, *The Don Juan Legend*, p. 89, nota 2). Notemos aqui que o genial cineasta rabelaisiano Federico Fellini filmou, em seu *Casanova* (uma espécie de "primo" de Don Juan), uma cena homossexual que acabou cortando na montagem.
[6] Otto Rank foi um dos primeiros a trabalhar num registro "interdisciplinar". Ele faz, segundo o caminho traçado em 1913 por Sigmund Freud em *Totem e Tabu*, um paralelo

do termo "ego ideal" que Freud empregava na sua introdução sobre o narcisismo em 1914; esse ego ideal que é de fato uma representação das exigências, das reivindicações internas, elas próprias ligadas às externas, da sociedade.[7]

Resumamos o argumento de Rank: o pai é o princípio de inibição que só pode ser ultrapassado pela destruição ou por um "golpe de Estado". O "poeta" cria o primeiro ego ideal na pessoa do herói que deseja substituir o pai. O duplo necessário de Don Juan, Leporello, o covarde, é a representação da culpa que reconhece, na estátua do comendador, a famosa "Imago" do pai. Don Juan e Leporello são a cisão em dois de um mesmo personagem. Leporello faz o papel de uma espécie de duplo de Don Juan. Don Juan e Leporello são uma única pessoa, Leporello faz o papel de superego covarde de Don Juan. De fato, o verdadeiro contraditor, o oponente, o ego ideal de Don Juan, é a estátua do comendador, o pai, na explicação edipiana de Rank. Rank observa corretamente que Shakespeare separa com frequência um único caráter em dois personagens, que parecem individualmente incompletos enquanto não são reunidos novamente para que reencontrem a sua unidade primeira. Rank diz também que encontramos esse procedimento em inúmeros grandes autores, como Cervantes, Balzac, Goethe ou Dostoiévski, assim como em toda literatura "psicologizante" moderna.[8]

A estátua do comendador é a concretização e a extensão do ego ideal, da consciência e do sentimento de culpabilidade (Rank diz que a lista

---

etnológico entre a estátua do comendador e o costume canibal de comer os mortos. "O ato parricida de comer o pai é perpetrado para que esse pai não se vingue; a sua carne, representando a sua força, por identificação, se torna a carne daqueles que a comem" (*The Don Juan Legend*, op. cit., p. 67). O canibalismo se interpreta como outra forma de percepção do corpo, como um recipiente, a carne comida ocupa de certa forma o lugar do outro, ou pelo menos está ligada a ele; trata-se de comer o corpo de um "modelo" para apropriar-se das suas qualidades, assim como para evitar que ele retorne à terra para atormentar os vivos.
[7] Otto Rank, *The Don Juan Legend*, p. 53. (Tradução do autor.)
[8] Ibidem, p. 50.

não é exaustiva). Assim, o demônio da morte, que ressurge da tumba para devorar o culpado, não é senão a personificação das angústias da consciência. Don Juan se identifica com o pai para possuir a mãe. O caráter de Don Juan é, portanto, uma tensão entre uma sensualidade desenfreada e tendências à autopunição e à culpabilidade.

Numa primeira explicação, Otto Rank estabelece um sistema de identificações. Primeiramente, Don Juan é o "ego ideal" do poeta. Esse ego ideal identifica-se, por sua vez, com a imagem do Pai, por quem nutre sentimentos opostos. Don Juan quer ser o Pai. Ele o ama e admira, mas também o detesta e inveja porque esse mesmo Pai possui a Mãe. Por causa dessa tensão, Don Juan se divide em dois, num novo "ego ideal" e no seu servidor, medroso e culpado pela tentativa de identificação. Em seu estudo, Rank é influenciado principalmente por duas obras de Freud: *Totem e Tabu*, para as referências "etnológicas", e *Psicologia das Massas* (1921). Neste último, Freud escreve que os indivíduos de uma multidão, de uma massa, renunciaram ao seu narcisismo para se identificar com o chefe, que se torna assim o seu "ego ideal". Rank continua "mostrando" que o primeiro ideal de uma criança é o seu pai, que, pelo jogo da identificação, se torna o "ego ideal". É preciso matá-lo para ocupar o seu lugar, mas o assassinato do pai, em vez de trazer a realização de um desejo, não traz senão remorso.[9] Rank conclui a sua análise mostrando que a tragédia de Don Juan – e, definitivamente, a sua morte – provém da sua identificação completa com o pai tirânico. Don Juan é portanto perseguido pela multidão crescente daqueles que querem vingança, da mesma maneira que o pai original, o pai fundador, *primal father,* era perseguido pela horda dos irmãos. Don Juan estaria no centro de um sistema de represálias ligado a essa identificação com o pai absoluto.[10]

A identificação é, portanto, o cerne ao redor do qual se formam as várias tramas. Poderíamos também desenvolver esse tema de

---

[9] Ibidem, p. 54-55.
[10] Ibidem, p. 88.

uma dupla identificação contrária: ser o pai e não sê-lo, ser o seu contrário. Don Juan se coloca enquanto homem só diante da ordem, ordem fundadora. Ele ocupa, portanto, o lugar do pai ao mesmo tempo que se situa no seu exato contrário. Continuando o trabalho empreendido por Freud, Rank coloca o primeiro edifício das relações triangulares, das relações de identificação.

A relação entre a multidão e o chefe lembra também a dialética do senhor e do escravo, de Hegel: Hegel descreve uma luta em que a morte está em jogo, aquele que se submete se torna o escravo.[11] Existe uma espécie de luta pela existência em que Don Juan ocuparia o primeiro lugar. Otto Rank mistura várias lutas: a luta de Don Juan com a estátua do comendador é a que ele realiza para continuar a conquistar novas mulheres. Os dois combates estão intimamente ligados: ser o pai, o Pai, significa proceder a uma revanche definitiva, sair de uma condição de escravo para investir na de Mestre. Existe de fato uma espécie de luta mortal. Sozinho, ele combate o Pai, ele se opõe a Deus. Ele não quer rivais, e é por essa razão que ele passa de uma mulher para outra; o seu único rival é o próprio Pai criador. Essa luta, ele a perderá, mas não se tornará escravo: será engolido na tumba do comendador. Dois combates se desenham: um no qual Don Juan se dessolidariza dos outros homens, despreza-os, ridiculariza a sua escravidão; no outro combate, ataca o próprio Deus.[12] O fascínio exercido por Don Juan é aquele que exercem os "espíritos fortes", por assim dizer, sobre os escravos.

A primeira interpretação "freudiana" do mito se resume da seguinte forma: Don Juan multiplica as conquistas para vingar-se de certa maneira por não ter tido a primeira delas: a mãe, roubada, guardada, preservada pelo pai. Isso explica essa identificação

---

[11] Ver a apresentação e análise feita por Alexandre Kojève, antigo professor de Sartre, em *Introduction à la Lecture de Hegel*. [1947] Paris, Gallimard, 1985, p. 20 ss.
[12] Sabe-se que Freud pensava que Deus não era senão uma imagem do pai. Cf. *Un Souvenir d'Enfance de Léonard de Vinci*. Paris, NRF Gallimard, 1997, p. 156: "O Deus pessoal não passa psicologicamente de um pai elevado às alturas".

contraditória com o pai. Don Juan quer se tornar o pai, aquele que possuía a mãe, ao mesmo tempo que se opõe a essa figura que o proibia de viver completamente uma relação de intimidade e exclusividade com a mãe.

Paralelamente, Rank ressalta a dimensão homossexual de Don Juan. Para Rank, Don Juan afasta os homens para possuir as mulheres. Existe nesse procedimento uma espécie de submissão ao desejo "assediador" do clã dos irmãos. A transformação do desejo de Don Juan tem certa ligação com o dos irmãos que, numa visão mais girardiana, parecem designar os futuros objetos a serem cobiçados. Sem os irmãos, ele desejaria as irmãs? A questão está aí. Há uma espécie de relação de continuidade entre a presença obsessiva dos irmãos e a escolha de novas mulheres. Para Rank, é aí que reside o componente homossexual de Don Juan. É nessa nova interpretação do mito que Rank é, sem dúvida, o mais inovador. Existe, portanto, para Rank, uma relação de troca, de substituição entre o clã dos irmãos e o clã das irmãs. Procurando *mille e tre* mulheres, pode-se compreender que sua busca está em outra parte, que ele está "acertando outras contas". Será que ele está sempre buscando a mãe ideal que lhe escapou, ou estará se imiscuindo numa relação de proximidade com o clã dos irmãos, assumindo assim seja uma homossexualidade latente (Freud), seja um fascínio pelos mediadores, os irmãos (Girard)? Ultrapassando uma problemática estritamente edipiana, vê-se que Rank vai muito mais longe do que o seu mestre: ele coloca o dom-juanismo sob a luz de múltiplas identificações e, ao mesmo tempo, prepara um novo caminho, que Girard usará mais tarde: o do desejo mimético. Don Juan só deseja quando o clã dos irmãos lhe mostra de certa forma os múltiplos objetos a serem desejados.

Rank descreve uma relação triangular: Don Juan/o pai/a mãe (objeto); o pai se torna o rival cujo lugar é preciso ocupar. Mas esse pai é um modelo específico. Ele representa os valores da sociedade tradicional, ele representa o respeito do ser humano, a fidelidade. Ele é a Regra, a Lei, o Modelo, o exemplo extraordinário a ser imitado, o superego, ou simplesmente o Modelo tão perfeito que é impossível copiar totalmente. Ele é o exemplo a ser seguido por toda a terra, que, caso se afaste, sentirá o mais violento remorso. Mas um insolente desafia essa Lei. Em vez de ser o sujeito respeitoso do Modelo, ele se institui a si mesmo como Modelo e, já que só pode haver um único mestre – "nunca servirás a dois senhores..." –, o rival se torna o Modelo e entra assim no contágio mimético, não querendo mais aceitar o seu papel de "simples" sujeito.

A mediação externa se torna brutalmente interna. A luta mortal começa... e os poetas não dão razão a Don Juan – mas podem agir de outra maneira? –, ele é engolido na tumba. Rank se oporia dizendo que o Modelo é o Pai, pois, na infância, o filho considera o pai como Deus, ele o vê como invulnerável e engrandecido por todos os poderes. É só posteriormente que o filho se decepciona com o Pai que perdeu a sua maiúscula, quando o filho percebe defeitos na armadura paterna.[13] Acrescentaremos que a imagem do pai pode muito bem ser a de um tio, padrinho, amigo dos pais: trata-se, portanto, de um jogo de identificações. Percebe-se que as estruturas do complexo de Édipo propriamente dito são ultrapassadas.

René Girard ressalta que o assassinato do pai só pode, por definição, se produzir uma única vez, e acrescenta que os pais são os únicos que pertencem à mediação externa. De fato, os pais se alegram com os sucessos de seus filhos; teoricamente, não estabelecem relação de rivalidade com eles. Se o complexo de Édipo explica o sentimento de culpa (visto que é preciso matar a figura do pai carinhoso), é preciso verificar as razões da repetição do assassinato. Numa visão freudiana do complexo de Édipo, o garoto sofreu tanto com esse pai que lhe roubava a atenção, o amor da mãe, que não cessa de reproduzir até o fim da sua vida essa vontade de ser, por sua vez, o pai.

---

[13] Freud fala da decepção que sente quando o seu pai lhe diz que fora insultado por um passante na rua. O passante fez cair o chapéu do pai de Sigmund Freud e o chamou de judeu. Freud, ansioso, perguntou ao seu pai o que fizera para reagir à afronta; este respondeu: "nada". O pai, ego ideal, pegou dignamente o seu chapéu e continuou o seu caminho.

Don Juan realiza assim um sonho, propriamente dito, de criança. Ele mata o Pai e toma definitivamente o seu lugar. Por outro lado, percebeu-se que os irmãos também têm um lugar primordial na escolha das vítimas de Don Juan. Esses irmãos seriam então substitutos reduzidos do Pai – que reapareceria de novo, curiosamente, na estátua do comendador?

O assassinato do pai seria uma espécie de assassinato fundador que abre a via da rivalidade? Se a sociedade caimita funda-se no assassinato de Abel, a edipiana só pode existir a partir do assassinato do pai. Compreende-se assim que se trata, tanto no caso do assassinato do Pai quanto no do assassinato de Abel, do mesmo processo de transgressão e de assassinato do duplo perfeito, do Modelo que se tornou rival.

Borch-Jacobsen, numa nota sobre *O Eu e o Id*, de Freud, lembra que, muito cedo, a criança não pode distinguir entre o sexo do pai e o da mãe; pensa, então, que os dois são como ela:

> [...] "Le Moi et le Ça", em *Essai de Psyichanalyse*, página 243. Uma nota remete aqui a uma pré-história mais complexa: "1. Talvez fosse mais prudente dizer: com os pais." Haveria, portanto [...] "duas identificações primárias, com o pai e a mãe" [...] Primeiramente: a identificação se daria, de fato, em relação ao portador do pênis, portanto, também em relação à mãe, visto que a criança não conhece a diferença anatômica dos sexos – ou melhor, conhece um único sexo, o do pai [...].[14]

A identificação se dá, portanto, tanto com a mãe quanto com o pai. Aproximamo-nos assim da teoria de Stekel, dizendo, ao

---

[14] Mikkel Borch-Jacobsen, *Le Sujet Freudien*. Paris, Aubier Flammarion, 1982, p. 263-64.

introduzir certas nuances, que a criança se funde com o membro mais forte da família. Dessa maneira, o papel da sexualidade, o do complexo de Édipo, é consideravelmente diminuído em benefício do papel da identificação.

Don Juan identifica-se com o *primal father*. Ele é perseguido pela horda dos irmãos. Don Juan, que fazia primeiramente parte do grupo dos irmãos que lutam juntos contra o Pai, ocupa o lugar de todos os irmãos e, por isso, substitui uma mulher por uma multidão de mulheres. A grande quantidade de conquistas é uma compensação dos inúmeros irmãos: "O poeta criou uma horda de mulheres a partir de uma horda de irmãos".[15] A expressão é esclarecedora e mostra bem essa relação de causa e consequência: é a partir dos irmãos que nasce essa horda de mulheres.

Os elementos da massa estão ligados entre si através de uma ligação libidinal: é sempre o herói que tem a mulher. O pacto concluído entre o clã dos irmãos faz com que a mesma mulher seja possuída por vários irmãos.

Nesse esquema, o papel do pai desaparece, em benefício do papel do clã dos irmãos. Enquanto Rank enfatizava a destituição transcendente do pai, cabe à massa, ao clã dos irmãos, explicar a homossexualidade "latente" de Don Juan. Primeiramente, observemos que essa identificação com o pai é o contrário de uma identificação, visto que Don Juan escolhe evidentemente valores que são opostos aos do Comendador; trata-se de uma identificação inversa, é claro, sempre ligada diretamente ao pai. Esses irmãos parecem, por outro lado, sair do chapéu de um mágico. Passa-se de um complexo de Édipo à rivalidade entre os irmãos pela posse da mãe (tentando manter o mesmo esquema); e, é preciso deixar claro, não se trata da mesma coisa. Isso pode ser compreendido se admitirmos que esse famoso, demasiado famoso, complexo de

---

[15] Otto Rank, *The Don Juan Legend*, op. cit., p. 89.

Édipo é repetitivo e que o traumatismo da luta com o pai pela posse da mãe se repete cada vez que um irmão aparece. Esse complexo de Édipo, consequentemente, não deve mais se chamar Édipo, mas rivalidade mimética.

Quem são, portanto, esses irmãos, senão rivais? Retomamos assim a tese girardiana: essa "homossexualidade latente" aparente não passa de um desejo mimético levado ao extremo. Contudo, isso só é visível em casos extremos, como este. De fato, essa rivalidade com o comendador é tão forte que Don Juan chega a ficar cego por essa "Imagem" que se multiplica nessa massa de rivais; ou melhor, é o inverso que se produz: essa massa de rivais tem uma cara só, a rivalidade, a vontade de ser diferente, um Outro contraditório, mas perfeito; realização transcendente da "falta de ser".

Freud ficava surpreso por ser sensível ao encanto das coquetes, ele que sabia se analisar. Para René Girard, a coquete, ao voltar o seu desejo para si mesma, faz nascer o do outro, por imitação. Ela "capitaliza o desejo", provocando assim o nascimento da inveja.[16] Ela própria se mostra como objeto de desejo a ser copiado. O obstáculo, nesse caso, é esse desejo que não "nos" deseja, ou pelo menos que demonstra não nos desejar. Trata-se de um apelo de falta? Como a coquete não demonstra um desejo explícito por seu cortejador, ela cria um apelo de vazio, uma falta, e essa falta, essa imagem da rejeição, não tem outra solução a não ser a satisfação. A coquete oferece, à nossa falta de ser, o seu pleno ser. Ela se desdobra, "se enche" de um desejo de um outro imaginário que nos obriga a entrar em rivalidade com ele. Observemos que esse outro, por seu caráter imaginário, não é masculino nem feminino: ele é apenas e simplesmente desejo. Um desejo pleno que desafia um desejo vazio. Dessa maneira, todos os rivais vão lutar para conquistar essa coquete alimentando-a com seus desejos desdobrados.

[16] René Girard, *Des Choses Cachées depuis la Fondation du Monde*, op. cit., p. 392-95.

Stekel compreendeu bem que a violência, a rivalidade estavam na base das relações humanas. Se o vocabulário não é girardiano, a ideia é:

> [...] o sentimento de culpa tem uma função importante no sentido de acentuar a volúpia. [...] Rank foi o primeiro a dizer "que aumentamos a nossa volúpia criando resistências internas". O que obtemos facilmente e ridicularizando (sic) não pode ser uma volúpia. Nós todos buscamos o combate eterno. Nós todos temos uma natureza combativa e precisamos da luta. A nossa civilização não nos dá a ocasião de combater o nosso meio ambiente; ela nos impinge, ao contrário, lutas interiores. Criamos para nós mesmos resistências artificiais para poder vencê-las e aumentar assim o significado da vitória.[17]

O que quer então dizer esse "nós todos temos uma natureza combativa"? Essa "natureza combativa" oferece muitos pontos em comum com esse instinto freudiano, *deus ex machina*. Em vez de utilizar o termo vago *natureza*, ou *instinto*, seria mais útil descrever as suas características. Com quem buscamos o combate? Com o pai pela linhagem freudiana? Com o rival? Ou, de uma maneira mais geral, com o Modelo, quando este perde o seu lugar de Modelo? Não é, mais precisamente, o próprio desejo mimético que gera a violência, visto que dá ao outro o desejo do mesmo objeto, construindo assim as fundações da violência? Temos aí certa coerência e não precisamos mais recorrer a instintos, supostas naturezas combativas.

Stekel introduz um fato "novo", um fato social: o combate nos é recusado. Não se pode mais combater os nossos rivais de maneira aberta e desenfreada; as convenções sociais nos impedem de

---

[17] Wilhelm Stekel, *Onanisme et Homosexualité: la Parapathie Homosexuelle*, op. cit., p. 121.

fazê-lo. Enfim, Don Juan extrovertido não existe mais, a revolta deve ser reprimida em nós mesmos: "A nossa civilização não nos dá a ocasião de combater o meio natural; ela nos impinge, ao contrário, lutas interiores". Que não tenhamos mais a ocasião de combater o meio ambiente, isso só podemos supor. A terceira edição do livro de Stekel que citamos é de 1923, dez anos antes do advento de Hitler como chanceler do Reich. Stekel queria sem dúvida dizer que a polidez, a cultura, a educação, obrigam o indivíduo a controlar as suas violências. Mas, nessa perspectiva, todas as sociedades comportam regras, rituais para domar a violência; sendo assim, o fenômeno não é novo. Não, a violência está em todas as partes, tanto nas microssociedades e na família quanto em grandes grupos. De qualquer maneira, Stekel descobre que o homem encerra em si mesmo os seus combates. Mas o que acontece quando ele age dessa maneira?

O combate se desenrola então entre ele e ele. Mas quando tentamos nomear os beligerantes desse combate interno, percebemos que pertencem menos ao que há de interno do que ao que há de externo no homem. Freud diria talvez que se trata aí de uma luta entre o eu e o ego ideal; mas esse ego ideal não é uma unidade – um Pai único – mas múltiplo; ele representa as diversas identificações e contraidentificações. Essa luta é uma luta de influências e de desejos contraditórios. Da transgressão nasce a "volúpia", mas a volúpia se ganha em relação ao rival ou rivais, ou contra o rival ou rivais. Somente a reflexão, o remoer propriamente interior tornam internos esses outros rivais cerceadores e castradores de desejo. O superego deve se tornar plural; ele é um conjunto, mais ou menos heterogêneo, de egos ideais.

Se o ego ideal, que condena e tenta comandar as ações, não passa de um vago amálgama das outras instâncias dirigentes não presentes na consciência, o que é o inconsciente? Sabe-se que, para Freud, a censura representa essa fronteira intransponível entre o consciente e o inconsciente. Somente a análise permite elucidar, através de um terceiro (o analista), os eventos escondidos no inconsciente.

A censura é um dos elementos centrais da teoria freudiana. De fato, enquanto sujeito, se o inconsciente existe, não posso ter acesso a ele, por definição. A psicanálise permite obter uma espécie de desenvolvimento da imagem negativa – no inconsciente – em imagem positiva – o consciente:

> Mas, para que essa explicação seja clara, é preciso primeiramente que substituamos o significado descritivo da palavra *inconsciente* por seu significado sistemático; em outras palavras, é preciso reconhecer que a consciência ou a inconsciência de um processo psíquico não passa de uma das propriedades – e esta não é necessariamente unívoca – desse processo. Quando um processo permanece inconsciente, a sua separação da consciência constitui talvez um indício do destino que sofreu, e não o próprio destino. Para ter uma ideia exata desse destino, nós reconhecemos que cada processo psíquico [...] existe primeiramente numa fase ou estado inconsciente para passar em seguida para a fase consciente, mais ou menos como uma imagem fotográfica, que começa sendo negativa e só se torna a imagem definitiva depois de ter passado para a fase positiva. Da mesma maneira que toda imagem negativa não se torna necessariamente uma imagem positiva, todo processo psíquico inconsciente não se transforma necessariamente num processo consciente.[18]

Utilizando a imagem do papel fotográfico, Freud não ressalta essa fronteira da censura, base da teoria do inconsciente. A imagem

---

[18] Sigmund Freud, "Théorie Générale des Névroses", capítulo 9, "Résistance et Refoulement", p. 275-76. In: *Leçons d'Introduction à la Psychanalyse*. Paris, Payot, 1998.

passa lentamente do negativo do inconsciente para o positivo da realidade dos fatos. Pode-se e deve-se desenvolver uma reflexão sobre a natureza, a existência do inconsciente. Sartre recusa o inconsciente, pois o inconsciente reduz essa famosa liberdade, me força a agir apesar de mim. Se o inconsciente existe, ele incita o meu livre arbítrio, me empurra, me força a agir. René Girard, por sua vez, coloca a questão do interesse de recorrer à teoria do inconsciente. Os rivais, os modelos estão presentes. O ser humano não domina todas as razões que o levam a agir e até mesmo Sartre concorda com isso em *O Ser e o Nada*. Na passagem ao ato, há passagem ao existente, à realidade. Sou eu que ajo quando copio o desejo do meu rival; sou eu que ajo quando aprendo, me elevo, para imitar o modelo. Qual é o significado do inconsciente nessa ótica? O rival é real e é combatido realmente; ele é de fato fonte de combate. Dessa maneira, o mito de Don Juan é particularmente rico: ao mesmo tempo que desvenda a força determinante dos irmãos, dos duplos, ele permite postular a existência do inconsciente segundo Freud.

Don Juan é a representação dessa pesquisa do "combate eterno". Ele representa essa rivalidade mimética levada a um ponto extremo, um ponto em que sempre deve haver outras conquistas, conquistas designadas por outros homens, cada vez mais numerosos. O dom-juanismo mostra o fim da exploração do campo das heterossexualidades: ele revela o papel do duplo, dos duplos multiplicados ao mesmo tempo que coloca o Outro diferente de mim, o Outro como eu, no centro das buscas sexuais. O dom-juanismo abre a via de sexualidades do Mesmo: o que denominamos geralmente as homossexualidades.

identidades, violência
e homossexualidades

> Homossexual [...] a palavra é composta de um prefixo grego e de uma raiz latina, e o seu significado mais evidente é "de um mesmo sexo" (como homogêneo significa "de uma única espécie"). Essa definição é perfeitamente adequada se falamos de uma relação ou de um ato sexual: uma relação sexual que aproxima dois parceiros "de um mesmo sexo" é efetivamente uma relação homossexual. Mas o que é um "homossexual"? É alguém "de um mesmo sexo"? Por extensão de uso, pode-se supor, um "homossexual é aquele que pratica atos 'homossexuais'". Mas quantas vezes é preciso se entregar a essa prática para tornar-se um – uma, duas, dez, quatrocentas? E o que pensar da pessoa que comete o ato em sonho mas nunca concretiza a sua ambição? Ele/ela é um(a) "homossexual"?[1]

Os últimos casos de heterossexualidade que acabamos de estudar se situam no limite da homossexualidade. Reencontramos, então, esse contexto de rivalidade máxima no qual, para René Girard, a homossexualidade intervém. Ao atravessar essa fronteira do mundo da heterossexualidade, caímos no da homossexualidade. Segundo um efeito de espelho, é possível descrever, como foi feito para as heterossexualidades, os campos da rivalidade mimética. Estávamos no mundo da rivalidade máxima, é preciso descrever toda a gama de sexualidades para ir até a rivalidade mínima. Fazendo

---

[1] John Boswell, *Christianisme, Tolérance Sociale et Homosexualité: les Homosexuels en Europe Occidentale des Débuts de l'Ère Chrétienne au XIVème Siècle*. Paris, NRF Gallimard, 1985, cap. 2, "Definições", p. 68.

assim, distanciamo-nos das teorias de René Girard, para quem a homossexualidade se situa sempre no paroxismo da crise mimética.[2] Busca-se aqui demonstrar que isso não significa nada, e que a gama das heterossexualidades comporta a sua correspondência exata nas homossexualidades. Ao escolher essa perspectiva, são colocadas em questão todas as teorias estabelecidas ou "paralisadas" das sexualidades. A homossexualidade, no singular, compreendida na sua totalidade, como num conjunto único, enquanto funcionamento simples de um tipo de pessoa, é impossível de ser demonstrada. Se é possível admitir certas verdades em algumas análises, pode-se aceitar que se queira limitar a homossexualidade a um grupo "homogêneo". Utilizando a teoria do desejo mimético, pode-se ir muito além na percepção dos comportamentos humanos.

Para René Girard, a homossexualidade é o caso da rivalidade extrema, que se torna tão forte entre o sujeito e o seu rival que o objeto (a mulher) desaparece; os dois rivais ficam cegos pelo desejo do outro. Se, num primeiro momento, os dois procuram conquistar a mesma pessoa, a sua luta se intensifica tanto que um só é capaz de ver os progressos "galanteadores" do outro, e vice-versa. Nesse estágio, só resta uma rivalidade entre os dois homens. Quem será o mais forte? Como a questão é sexual, um rival chega a desejar dominar sexualmente o seu "companheiro".

E aqui – também aqui, poderíamos dizer – Girard tem razão em relação a Sartre quando este último, em *Saint Genet, Ator e Mártir*, comenta o que Mignon diz em *Nossa Senhora das Flores*: "Um homem que sodomiza outro é um super-homem". Para Sartre, esse super-homem não passa de um homossexual que se ilude, de alguém que, no limite, é duplamente homossexual. Não, aí há violência. A reflexão de Mignon apresenta um exemplo de rivalidade mimética extrema. Dois homens se encontram e lutam para saber quem será

---

[2] Cf. René Girard, *Coisas Ocultas desde a Fundação do Mundo*. Trad. Martha Gambini. São Paulo, Paz e Terra, 2009, p. 385 ss.

o mais forte. O mais fraco se submete sexualmente. É essa forma de homossexualidade que René Girard descreve em *Coisas Ocultas desde a Fundação do Mundo:* "Entre certos macacos, quando um macho se reconhece vencido por um rival e renuncia à fêmea que disputava, ele se coloca, em relação a esse vencedor, em posição 'de oferecimento sexual'".[3] Esses mesmos códigos são encontrados em algumas revistas em quadrinhos eróticas em que há dois grupos rivais que se enfrentam. O vencedor é aquele que consegue sodomizar o outro. Encontra-se aí também o significado de alguns insultos. Quando um vagabundo diz a outro "vou te enrabar" – desculpem a crueza da expressão –, trata-se exatamente da mesma ideia. Deve-se concluir que todos os vagabundos são homossexuais, ou que a homossexualidade está na base de todas as relações violentas entre pessoas do mesmo sexo? Não existe em toda comunidade militar um forte componente homossexual? Não será Mishima, cuja fantasia maior era com o martírio de São Sebastião, quem nos contradirá. Girard devolve a certa homossexualidade uma violência que se quis castrar.

Essa figura está no extremo do que René Girard chama de mediação interna. Quando a rivalidade dá lugar à aprendizagem, René Girard emprega a expressão de mediação externa. Entre as duas mediações, as estruturas do desejo são idênticas àquelas da heterossexualidade. Mas, enquanto no caso da heterossexualidade dois rivais disputam uma mesma mulher – e isso será uma diferença em relação às teorias girardianas sobre a homossexualidade –, no caso da homossexualidade dois rivais disputam um objeto do seu próprio sexo. O que aconteceu com esse deslocamento do desejo?

A aprendizagem, no universo da mediação externa, se opõe à homossexualidade que René Girard acaba de descrever – esta se encontra na crise. A imitação do outro, de involuntária e problemática, passa a ser desejada: o sujeito procura realmente se identificar com o seu "instrutor", o seu "mestre". Os homens do povo Sambia,

---

[3] Ibidem, p. 385.

habitantes das montanhas da Nova Guiné, praticam esse tipo de homossexualidade até o seu casamento (que pode esperar até que tenham 28 anos).[4] Melhor que isso – ou pior, segundo a sua "crença" sexual –, a homossexualidade é obrigatória para o jovem que quer se tornar um verdadeiro homem; é através do seu sexo que os solteiros adultos transmitem a sua força aos "futuros iniciados".

---

[4] Isso nos lembra uma reflexão citada por Roger Peyrefitte em um dos seus livros: "Até 21 anos, essas coisas não são muito importantes". Cuidado com a maioridade!

capítulo 8
ritual, homossexualidade e iniciação

René Girard usa a expressão homossexualidade ritual para designar a reprodução ritualizada dos esquemas de guerra e de rivalidade. René Girard liga a homossexualidade ritual a certo canibalismo (no sentido de ser necessário apropriar-se da força ritual do outro). A reflexão é certa. Veremos que o que Genet reproduz não está distante do exemplo descrito acima. Mas a homossexualidade ritual não é exclusivamente isso; ela pode ser também, simplesmente, o contrário: a antirrivalidade, a aprendizagem. É o que descobrimos lendo textos de Gilbert H. Herdt.

Gilbert H. Herdt descreve a iniciação dos rapazes do povo sambia. O sêmen masculino é visto como uma espécie de leite da sabedoria, cultura, conhecimento, força. É pela felação que os rapazes do povo sambia vão poder adquirir as qualidades dos mais velhos. Na relação triangular, sujeito-modelo-objeto, pode-se dizer que o mais velho representa o modelo que designa o objeto do desejo: o ser guerreiro. Não há nenhum vestígio de rivalidade em tudo isso; há, ao contrário, o aparecimento da aprendizagem. Para Herdt, num capítulo voltado para as atividades homossexuais e a ingestão do esperma, a felação ritual é um dos ritos mais importantes, mais significativos. A felação pertence sem dúvida alguma à ordem da aprendizagem, da iniciação.[1]

---

[1] Gilbert H. Herdt, *Guardians of the Flutes: Idioms of Masculinity.* Nova York, Columbia University Press, 1987, p. 232.

Aí temos um rito de passagem: o da infância à idade adulta. A mulher, se for respeitada, como a terra, por ser portadora de frutos, não representa valores positivos para o rapaz. O futuro iniciado deve evitar qualquer contato com o sexo feminino durante a sua iniciação.

A iniciação em si mesma compreende cinco fases. Num primeiro momento, aterroriza-se o futuro iniciado; depois, ele é açoitado. Assim, ele muda de voz, muda de pele, morre e renasce segundo todo rito de iniciação. De criança protegida, mas também maculado por sua mãe, pela presença das mulheres, ele se torna um homem. Em seguida, ele deve beber substâncias que causem vômito e diarreia, para rejeitar assim tudo o que pertencia à mãe (o leite, a presença) e, de forma mais geral, ao universo feminino. Depois, ele não deve beber mais nenhum líquido – a não ser o esperma, que vai lhe proporcionar crescimento e vigor. Segundo um princípio semelhante, sem que ele saiba, fazem o seu nariz sangrar; o sangue, símbolo do sangue da menstruação, é assim evacuado. Posteriormente, flautas são mostradas ao rapaz, para que aprenda a felação, e uma parte de seus pelos do púbis é cortada; esse ato significa o pacto de manter a homossexualidade secreta e nunca revelá-la às mulheres. A felação, apesar da "publicidade" feita aos ritos anteriores na "casa dos homens" – *club house* dos homens do povo sambia –, pratica-se na penumbra, de forma privada, com pudor.[2] O futuro iniciado é estritamente homossexual, *fellator,* até a adolescência; o iniciado se torna *fellated*. Durante esse período, ele é solteiro e vive na "casa dos homens". A partir dos dezesseis anos, ele pode se casar e tornar-se bissexual, caso não viva com a sua mulher – dessa maneira ele tem relações com a sua mulher e com rapazes da casa dos homens –, ou estritamente heterossexual, caso ele more sob o mesmo teto que a sua mulher – se continuasse a ser *fellated*, ele poderia macular o jovem *fellator* por causa do sangue da menstruação da sua mulher.

[2] Ibidem, p. 222 ss.

O povo sambia acredita na identificação: as coisas que se parecem têm as mesmas qualidades. Certas árvores são femininas ou masculinas segundo as semelhanças que têm com um sexo ou outro. Para tornar-se um verdadeiro homem sambia, o iniciado deve identificar-se com o outro, tornar-se o outro: esse caçador corajoso, esse homem poderoso. É o esperma que faz o ser humano crescer. Para remediar a perda do sêmen, o adulto bebe a seiva do alburno (que se assemelha ao esperma, tendo, portanto, as mesmas propriedades). Compreende-se facilmente por que o rapaz deve evitar a companhia das mulheres durante a sua iniciação (caso contrário, ele será severamente punido): em vez de se tornar um verdadeiro homem, ele poderia captar elementos femininos. Para Herdt, o corpo do menino é visto como um recipiente vazio muito sensível às influências;[3] no contato com os homens, ele se viriliza; mas, se convivesse com mulheres, ele adquiriria as suas maneiras e não poderia se tornar um caçador valente. A mãe é a primeira influência primordial; o pai, uma influência secundária em todos os sentidos do termo. Observa-se uma grande diferença entre o perigo de identificação das meninas com os meninos e destes com as meninas. Para as meninas, não há risco, pois elas se baseiam tanto na influência materna quanto nas leis biológicas, nas leis da natureza. Para os meninos, talvez por terem que alimentar o clã e tornar-se guerreiros para defendê-lo, trata-se de um elemento vital em que toda a feminidade deve ser excluída. No ritual descrito por Herdt, as crianças devem ser separadas dos homens. Mas só a separação não basta. Os meninos devem ser livrados, expurgados – *wiped clean* – de todo caráter feminino. Herdt afirma ainda que essa "virilização" se realiza na dor, no sofrimento. A passagem iniciática é difícil e árdua; trata-se de um "*hard-won path to manhood*" [caminho arduamente conquistado para a virilidade].[4]

A felação tem o mesmo efeito nas mulheres e nos homens (as moças tampouco devem abusar dessa prática, sob pena de

---

[3] Ibidem.
[4] Ibidem, p. 217.

"virilização". "*Ce qui se ressemble s'assemble*" [os semelhantes se atraem]. É preciso preservar o rapaz da feminidade, ele deve ficar rodeado por homens e, dessa maneira, assimilar a sua virilidade. Os fatores biológicos, se são suficientes para a moça, podem se mostrar insuficientes para o rapaz.[5]

Essa mesma percepção do corpo como "poroso", sensível às influências, foi descrita por Catherine Benoît em seu estudo sobre Guadalupe: "O corpo é vivido como um receptáculo possível da doença, do mal. A pele é um envelope permeável suscetível às influências externas e, inversamente, o interior do corpo não deixa de influenciar o mundo exterior [...]. O corpo é um receptáculo para entidades surreais".[6]

Esse trabalho meticuloso permite compreender que os jardins, as casas, os hábitos de vida em Guadalupe são o fruto de pesquisas de proteção contra as influências externas. O corpo, mas também a mente, são infinitamente "porosos".

Bronislaw Malinowski descreve bruxas voadoras que se infiltrariam no corpo daquele sobre quem elas lançaram uma maldição. São denominadas *mulukwausi*, bruxas voadoras; elas comeriam os olhos, a língua e as vísceras (*lopoouia*) de um corpo. Essas bruxas atacam ao mesmo tempo os órgãos que se conectam com o exterior, como os da comunicação (olhos, língua...), assim como os órgãos externos; isso mostra claramente a relação de causa e efeito entre o

---

[5] Temos aí um significado da inquietação de um provérbio das Antilhas: "*Cé pa tout pantalon qui ni na n'hom-me adan*", "há homens sem virilidade". Marie Thérèse Julien Lung-Fou, *Contes Créoles, Contes, Légendes, Proverbes, Devinettes et Autres Histoires Fantastiques*. Fort-de-France, Martinica, Édition Désormeaux, 1979. De fato, se o povo sambia se mostra mais inquieto em relação às influências que os rapazes poderiam sofrer, parece que isso se deve simplesmente ao rigor das condições de vida. O homem deve ser forte para poder proteger a sua família contra todas as agressões de que ela pode ser vítima.

[6] Catherine Benoît, *Les Frontières du Corps: Perception Populaire du Corps à la Guadeloupe à travers les Représentations et les Pratiques Liées à la Maladie, à l'Espace Habité (Case et Jardin de Case) et à l'Exercice des Thérapeutiques Traditionnelles*. Paris, Ecole des Hautes Études en Sciences Sociales, 1989. (Tese de Doutorado.)

que é exterior e o que é interior, *the outside and the inside*. O que acontece no exterior, o que se percebe está imediatamente ligado à nossa interioridade, à nossa intimidade. Malinowski conta também que basta essas bruxas tocarem ou baterem em alguém para que ele fique doente. Às vezes, também, elas atacam um indivíduo comendo um dos seus órgãos, o que leva à morte do sujeito.[7]

Essas bruxas ficam penduradas em alguns lugares altos e esperam encontrar uma vítima. Quando os corpos são velados, elas observam uma falha no ritual que lhes permitiria apoderar-se do corpo do morto. Aqueles que velam o corpo sabem que o ar *is infested with these dangerous witches*.[8]

Todos esses relatos apresentam um mesmo aspecto: um corpo sensível às influências, às pressões externas. Para quem está acostumado a reconhecer o processo mimético, o ritual sambia apresenta todos os aspectos desse processo. A criança é vista como um recipiente, pois, "por mimetismo", ela copia as atitudes, gestos, desejos daqueles com quem convive. Os habitantes do povo sambia têm a intuição extraordinária de construir, em forma de ritos, barricadas para orientar o desejo mimético. Se o menino deve se identificar com alguém, é preciso que seja com um homem, de preferência um caçador perigoso.[9] Ele deve "mudar de pele", pois, tendo convivido com mulheres, foi impregnado por elas, copiou-as sem perceber; ele deve esvaziar-se da outra-fêmea, para tornar-se o outro-macho. É ainda por identificação que o adolescente deve beber o esperma masculino: para apoderar-se dele e tornar-se um homem adulto. Um dos maiores temores dos homens do povo sambia consiste em dar a vida a um ser hermafrodita.[10] Gilbert

---

[7] Bronislaw Malinowski, *Argonauts of the Western Pacific*. Primeira publicação em 1922. Nova York, E. P. Dutton & Co, 1961, p. 242.
[8] Estamos diante da mesma situação presente em *As Criadas*. É preciso que o ritual seja perfeito – portanto, livre de toda rivalidade interna – para conseguir realizá-lo.
[9] Não dizemos que os seus ritos são totalmente eficazes, afirmamos que são formados tendo uma relação com o "processo mimético".
[10] Para René Girard, esse caso de hermafroditismo se refere ao estágio da indiferenciação.

Herdt pensa que estes são os verdadeiros "párias" da sociedade. Nem homem nem mulher, eles teriam nascido de uma má identificação. Se a mulher deve evitar às vezes o homem sambia, o inverso também é válido. A mulher esconde o seu recém-nascido do marido, pois acredita que a força do pai poderia ser nociva tanto para ela quanto para a criança.

Para o povo sambia, a homossexualidade ritual é o componente obrigatório da virilidade. Gilbert Herdt insiste na dureza das condições de vida da tribo. O povo sambia está rodeado de perigos constantes. Um casal que vive na sua cabana pode ser assaltado por inimigos; o homem pode ser morto. A única proteção segura contra todos esses perigos, afirma Herdt, é uma perfeita virilidade. O homem deve ser bastante combativo, bastante poderoso para proteger a sua família contra toda agressão possível.[11] O ritual de "masculinização" deve ser, portanto, seguido perfeitamente. O rapaz, iniciado, deve ser capaz de enfrentar todos esses perigos.

É surpreendente observar que inúmeras culturas apresentam as mesmas características quando a guerra, a caça, as condições de vida rudes são cotidianas. Bernard Sergent, no seu livro *L'Homosexualité dans la Mythologie Grecque*,[12] estuda os ritos de iniciação masculina. Ele se interessa particularmente por dois povos: os taifalos, povo germânico da família dos godos, e os cretenses. A sua demonstração é construída a partir das fontes vivas: Estrabão de Amasia (século II d.C.), que utiliza ele mesmo Éforo (século IV a.C.), para os cretenses; Amiano Marcelino, historiador do século IV, para os taifalos. Os dois povos têm um costume muito parecido: a iniciação dos rapazes. Nesse caso também, essa iniciação tem o objetivo de fazer o "candidato" se tornar viril, forte, de fazer dele um verdadeiro guerreiro. Um adulto cretense rapta o seu jovem amante e vive de caça durante dois meses; Sergent explica: "Eles julgam que é digno

---

[11] Gilbert H. Herdt, *Guardians of the Flutes: Idioms of Masculinity*, op. cit., p. 204.
[12] Bernard Sergent, *L'Homosexualité dans la Mythologie Grecque*. Paris, Payot, 1984, p. 15 ss.

ser amado, não o rapaz mais belo, mas aquele que se distingue por sua coragem e correção".[13]

O adolescente que não fosse raptado sentiria vergonha disso e julgaria não ser digno de ser instruído. O adulto ensina para o adolescente a guerra, a caça. Este último recebe três presentes: um boi (que ele sacrifica para Zeus, o mais poderoso dos deuses), uma taça "poterion" para beber vinho, um equipamento militar (o que mostra o alcance da iniciação). As mulheres não têm o direito de participar desse ritual. Para os taifalos é a mesma coisa: o adolescente vive, dorme com um adulto que só deixará quando for capaz de matar um javali sozinho.

Poderíamos multiplicar os exemplos; F. E. Williams relata as práticas do oeste do rio Fly, que nasce na Nova Guiné central e se joga no Golfo de Papua: acredita-se que a sodomia propicie o crescimento dos rapazes.[14] Todas essas iniciações são guerreiras; esse é um dos seus pontos comuns. Nessas condições, é possível ficar do lado de Henri-Irénée Marrou:

> A essência da pederastia helênica [...] é formar uma corporação de guerreiros. A homossexualidade grega é de tipo militar. [...] Para o amor grego, tampouco seria difícil encontrar paralelos, menos distantes de nós no espaço ou tempo: penso no processo dos Templários, nos escândalos que vieram a público em 1934 na Hitlerjugend[15] e nos costumes que, certificam-me, se desenvolveram durante a última guerra em alguns exércitos.[16]

---

[13] Ibidem, p. 36.
[14] F. E. Williams, *Papouans of the Trans-Fly*. Oxford, Clarendon Press, 1936.
[15] Juventude Hitlerista, em alemão. (N. T.)
[16] Henri-Irénée Marrou, *Histoire de l'Éducation dans l'Antiquité*. 6. ed. Paris, Le Livre de Poche, 1965, p. 62-63. Citado por Bernard Sergent.

Apreciemos a nuance introduzida por esse "certificam-me"... Numa perspectiva semelhante, John Boswell, dando provas de uma "erudição impecável", ressalta:

> A literatura germânica nos dá a entender que a homossexualidade era familiar e admitida, até mesmo institucionalizada. Como na maioria das sociedades militares em que a coragem, a força e a agressividade física eram apreciadas, os povos germânicos achavam que a passividade era vergonhosa num guerreiro. Nenhum homem podia ser sexualmente passivo e continuar a gozar do respeito concedido a um combatente adulto.[17]

Compreende-se aqui o *double bind*,[18] essa dupla indicação contraditória na homossexualidade. A homossexualidade guerreira é precisamente iniciadora e formadora. O mais jovem deve ter o papel chamado de "passivo", o que não contradiz o caráter institucionalizado da homossexualidade. Se o guerreiro adulto tivesse um papel "passivo", mais de submissão (como os macacos mais velhos, que ficam em posição de oferenda homossexual quando reconhecem a sua derrota, a sua inferioridade), ele não poderia mais levar adiante o seu papel de formador viril, pois teria uma posição de docilidade.

Aqui reencontramos a ideia expressa por Mignon em *Nossa Senhora das Flores*, de Jean Genet: um homem que possui outro homem é uma espécie de super-homem. O combatente, aquele que representa a força por excelência, é portanto aquele que pode dominar sexualmente outro homem. Essa literatura germânica mostra certa forma de homossexualidade iniciadora. Não se trata aí, absolutamente, de uma homossexualidade de igualdade, uma homossexualidade em que dois homens, ou duas mulheres, se encontram e em que os

---

[17] John Boswell, *Christianisme, Tolérance Sociale et Homosexualité...*, op. cit., cap. 7, "Le Haut Moyen Âge", p. 239.
[18] Duplo vínculo, expressão cunhada por Gregory Bateson. (N. T.)

papéis passivos ou ativos fazem mais parte da fantasmagoria de certos heterossexuais defensores de uma categorização protetora do que de uma realidade de papéis.

A guerra, a violência, a luta estão intimamente ligadas à homossexualidade (reconhecida ou reprimida). A iniciação guerreira toca levemente no contexto de rivalidade aguda que René Girard descreve. Nos dois casos, o meio é a luta, a rivalidade. A diferença reside na maneira de abordar essa violência. Quando o ritual não existe, esta não é "canalizada". Há tanta violência no ritual quanto na luta das rivalidades, mas, no primeiro caso, a violência é guiada, canalizada e permite resolver o conflito mimético. Para que a cerimônia tenha êxito, é preciso que a rivalidade seja extrema. Para tanto, em alguns ritos, o transe é necessário, a violência chega então ao seu apogeu. Só o sagrado permite fazer explodir "a bolha da violência mimética"; quando há ritual, essa violência é explorada, desviada. A rivalidade mimética descreve um círculo, tendo como dois extremos a homossexualidade ritual, tal como foi descrita, e a violenta, não controlada. Observaremos que as duas são irmãs, a violência é subterrânea. Como sempre, o ritual é somente o meio de ter acesso à paz, à conciliação, e é por essa razão que o ritual perfeito e a violência máxima se tocam: os dois têm ligação com o mimetismo.

Se a iniciação guerreira pertence ao mundo da violência, os contextos, os sentidos são opostos aos da rivalidade máxima: a homossexualidade do povo sambia, entre um mais velho e um mais novo, se dá no mundo da aprendizagem, da mediação externa: o guerreiro mais velho é um modelo que o jovem deve encontrar, copiar. Nessas homossexualidades rituais, homossexualidades "formadoras", há um tipo de iniciação entre os guerreiros mais velhos e os futuros, tema que se aproxima da iniciação pela felação dos jovens rapazes na sociedade sambia. Os dois homens rivais não buscam mais a dominação, mas um procura compartilhar o seu saber, assim como a sua alma, com o outro. Dessa forma, se há uma relação de conivência com as teorias girardianas da homossexualidade, o sentido é oposto: não se trata de dois rivais que esquecem o objeto da sua luta, mas de uma relação de educação em que a homossexualidade, no mundo da mediação externa, tem uma dimensão formadora, reveladora. Os solteiros adultos do povo sambia permitem que os mais novos se tornem caçadores, os cretenses ensinam os seus amantes a usar as armas. O contexto é o da iniciação, que é, sobretudo, moral – embora o elemento sexual se mostre como primordial aos olhos dos ocidentais dos séculos XX, XXI...

Verificamos que foram analisadas várias formas de homossexualidade: a da rivalidade extrema e a da aprendizagem, o seu exato contrário. Portanto, devemos falar de homossexualidades, no plural. Compreende-se bem que não se trata dos mesmos processos de identificação.

Posteriormente, Gilbert H. Herdt explica que "several notorious men cannot turn their backs on [homosexuality]".[19] Reconhecemos aí outra forma ainda de homossexualidade, mais clássica, terceira grande categoria, a mais igualitária, sem dúvida, entre dois adultos do mesmo sexo. Esse tipo de homossexualidade já não é ritual e social, ela é mais pessoal, mais íntima. Trata-se de outra forma de homossexualidade, completamente diferente da primeira, que é uma homossexualidade "iniciadora". Essa homossexualidade dá a imagem do mesmo. Grandes romancistas multiplicaram essas imagens do mesmo num fogo de artifício, num jogo de espelhos miméticos fabuloso; Jean Genet é sem dúvida aquele que foi mais longe nessa direção, por imitação, por artifícios, por jogos de semelhantes.

Genet usa a gemeidade. Genet joga com o duplo quando descreve certos caracteres homossexuais, certos caracteres "míticos". Jogando com os duplos, ele joga com uma violência espelhada, uma violência própria à busca do Mesmo.

---

[19] "Vários homens notáveis não podem ignorar [a homossexualidade]." (N. T.)

capítulo 9
Genet: imitação, artifício e homossexualidade

Querelle dizia aos seus amigos que era vítima de cartazes! Sou vítima de cartazes e vítima da vítima de cartazes.[1]

Um cartaz tão bonito: um fuzileiro naval vestido de branco. [...] Ele desprezava a morte. Aos dezoito anos![2]

Ser vítima dos cartazes é ser vítima do Outro, é querer adaptar a sua vida em função de um modelo fictício, receptor de fantasmas, de culturas e de medos. Genet conhece o poder da imagem. Querelle, marinheiro, assassino, quer aperfeiçoar a sua aparência até torná-la ideal. A maneira particular de colocar a sua boina na cabeça é meticulosamente estudada. Querelle briga com outro marujo por uma questão de uso sacrílego da boina: "Uma ira violenta e súbita apoderou-se dele quando viu, na cabeça de um marujo de bombordo, a boina colocada de uma maneira que, acreditava, pertencia apenas a ele. Sentiu-se roubado ao reconhecer esse jeito de usar a boina [...]."[3]

Esse roubo contra a sua pessoa é a revelação do processo mimético: isso merecia punição. O que está em jogo é sempre ser, não ter.

---

[1] Jean Genet, *Querelle de Brest*. In: *Oeuvres Complètes*, Paris, NRF Gallimard [1953], 1980, t. III, p. 274.
[2] Ibidem, p. 312.
[3] Ibidem, p. 227.

Roubam de Querelle o que o torna particular: um sinal próprio. Se Querelle tivesse plena consciência de imitar um belo assassino loiro, ele se perguntaria qual é a sua verdadeira identidade. O marujo é narcisista até certo ponto. Ele gosta de si e se admira enquanto realização de certa perfeição. Desdenhando o seu desejo por si mesmo, Querelle atiça o desejo do tenente Seblon. Tudo entre eles se resume num "jogo" de olhares e desejos. Desejo de Querelle por si mesmo, desejo calado, não dito, silencioso, reservado, de Sablon por seu marujo. Temos mais uma vez aí o princípio da coquete que capitaliza desejos e centraliza em si mesma os desejos dos outros. Narciso feminino ou masculino, homem ou mulher, a evolução do desejo é sempre idêntica.[4]

> Querelle não se acostumava com a ideia, nunca formulada, de ser um monstro.[5]

Ele é monstruoso por ser a reunião de vários outros. Essa fusão, para ser perfeita, não é menos enganosa. Querelle, duplo monstruoso do simples marujo George Querelle, monstro admirado, desejado por esse terceiro excluído, esse *voyeur* excluído da cena desejante: Seblon.

É delicado empregar a palavra "narcisismo" em relação a Querelle. O desejo que ele manifesta por si mesmo não é, de fato, senão a "parte saliente da imagem", o Querelle, "Anjo do Apocalipse"; não é, portanto, de forma alguma, George Querelle. Querelle não gosta de si mesmo, mas "admira" essa imagem monstruosa que o apavora e atrai; não se trata de narcisismo, ao contrário, trata-se de uma vontade de fugir de si mesmo para atingir o Outro, diabolicamente engrandecido. Ele se coloca como modelo monstruoso, como duplo monstruoso para atrair, ao mesmo tempo que os recusa, amantes potenciais perdidos numa construção em espelhos.

---

[4] Ver a análise extraordinária que René Girard faz da coquete em *Coisas Ocultas desde a Fundação do Mundo*, op. cit., p. 420-23.
[5] Jean Genet, *Querelle de Brest*. In: *Oeuvres Complètes*, op. cit., p. 211.

Genet devolve ao nome o seu poder de identificação mágica. O nome dito por outros retorna ao seu proprietário carregado por aquilo que os outros veem nele e, insensivelmente, esse novo nome o modifica. Gil, operário da construção em Brest, matou. Os jornais lhe dão uma nova identidade: "Os jornais falavam de um assassino que se chamava Gilbert Turko. Gil afastou o jornal e desviou um pouco os olhos do papel para ter em si mesmo, na intimidade da sua consciência, a imagem desse nome. [...] Gil fez o seu nome (que era novo por ser o de um outro)".[6]

Gil é aos poucos vencido pelo poder dos outros em relação ao seu nome. Ele não pode "jamais de fato se acostumar com o seu nome". Aí está o gênio revelador dos grandes escritores. Genet mostra o poder criador do olhar do outro. Eu não existo antes de obter existência pelo Outro. No caso de Gil, essa existência é nova, ele se tornou o assassino, sendo que antes ele não passava de um simples operário da construção. Gil adivinha a natureza dessa usurpação pelos jornais: "Primeiramente, ele acreditou que se tratava ao mesmo tempo de um outro e só dele". Gil é vencido pelo valor "do que está escrito", Gil se torna o ato pelo qual os jornais se apropriaram da sua vida. Ele cede e resvala numa nova identidade: "[...] esqueceu-se de si até sentir náusea, até sentir o seu coração afundar, praticamente desejando deitar sobre o seu nome e nele adormecer".[7]

Genet mistura homossexualidades do Mesmo e, ao mesmo tempo, postula o funcionamento dos direitos à existência. Ele utiliza o ritual para desviá-lo melhor. Multiplica os espelhos vertiginosamente.

O tenente Sablon tem um sonho que é semelhante a um ritual sacrificial, próximo, aliás, daquele de *De Repente, no Último Verão*:

> Estávamos num estábulo (uma dezena de cúmplices desconhecidos). Quem de nós (não sei

---

[6] Ibidem, p. 373.
[7] Ibidem, p. 374.

quem) o mataria? Um rapaz aceitou. A vítima não merecia a morte. Nós ficamos vendo o assassinato acontecer. O carrasco voluntário enfiou a forquilha várias vezes nas costas esverdeadas do infeliz. Acima da vítima havia um espelho, justamente para permitir-nos ver empalidecer os nossos rostos. Estes empalideciam à medida que as costas do assassinado se cobriam de sangue. O carrasco golpeava desesperadamente. [...] A vítima – inocente – embora sofresse de forma atroz, ajudava o assassino. Ela indicava os golpes que ele devia dar. Ela participava do drama, apesar da reprovação desconsolada dos seus olhos. Ainda noto a beleza do assassino e o caráter de maldição que o revestia.[8]

O sonho está carregado de identidades, sangue, sacrifício e sentido.

Sablon descreve os sacrificadores que, apesar de não se conhecerem, são cúmplices. A escolha do carrasco parece aleatória, visto que todos são justamente "cúmplices"; isso é acentuado pelo emprego do artigo indefinido, o assassino é indefinido. Todos participam da mesma cerimônia. A vítima também é aleatória: ela "não merecia a morte", ela é "inocente". Genet não se esquece de descrever o sofrimento físico do "infeliz", mas a dor é secundária, a vítima indica os golpes que devem ser dados, ela faz o seu papel de vítima até o fim. Ela não é culpada e aceita participar do assassinato coletivo.[9] Os golpes são dados nas costas da vítima, mas, apesar disso, ela lhe dirige uma "reprovação desconsolada com os seus olhos", expressa num reflexo do espelho. De fato, a contradição é somente aparente,

---

[8] Ibidem, p. 313.
[9] Ao contrário de Jó que se recria e se nega a participar do mecanismo vitimário e denuncia a impostura dos seus "amigos". Cf. René Girard, *La Route Antique des Hommes Pervers*. Paris, Grasset, 1985.

e mostra a unidade dos perseguidores: o sacrificado, de costas, aceita morrer. Enfim, para mostrar que se trata de um ritual em que todos os participantes (inclusive a vítima) são próximos e trabalham para um mesmo objetivo, Genet estabelece uma correspondência de sangue, portanto, de violência, entre todos. À medida que a vítima perde o seu sangue, os outros atores do drama empalidecem, ou seja, eles também parecem se esvaziar da sua violência mimética. O assassino é, consequentemente, o braço vingador, mas purificador, dessa "maldição". O consentimento, a unidade do conjunto dos homens presentes impede um retorno da violência; nenhum dos participantes desejará vingar a vítima inocente. Todos são semelhantes, todos vivem de um mesmo desejo.

O espelho, o idêntico são figuras homossexuais na obra de Genet. "Pela primeira vez, Querelle beijava um homem na boca. Tinha a impressão de que o seu rosto se chocava num espelho que refletia a sua própria imagem."[10] É por isso que deve haver resolução de conflitos do mesmo numa crise sacrificial. Esse duplo é intrigante e causa obsessão; ele está carregado ao mesmo tempo de muito erotismo e de muita violência. Beijar outro homem significa também beijar a si mesmo; beijar a si mesmo é, como no conto da região de Bassa, escolher a si mesmo, querer o mesmo que o outro é preferir a guerra à paz. E quando Querelle encontra Gil é sob o signo "sagrado" da gemeidade. Querelle se prepara para encontrar o outro assassino, Gil. Ambos são assassinos "por nenhuma razão", são irmãos;[11] mas essa fraternidade é ao mesmo tempo incestuosa e gemelar. Querelle se lembra de que ele também matara alguém fazia cinco anos:

> Querelle hesitou. Tinha diante de si a imagem subitamente concreta do que ele havia sido cinco anos antes. [...] Enfim, espontaneamente e mais para ridicularizar o morto que podia

---

[10] Jean Genet, *Querelle de Brest*. In: *Oeuvres Complètes*, op. cit., p. 362.
[11] Ibidem, p. 329.

> atormentá-lo, ele pegou no bolso da sua calça um cachimbo e colocou-o entre os dentes da sua vítima.[12]

Aqui também Genet copia um rito de passagem. Sabe-se que os faraós eram enterrados com inúmeros objetos pessoais. O cachimbo entre os dentes lembra a moeda dada antigamente ao morto para pagar o atravessador do Estige. Enfim, quando Querelle briga com o seu "verdadeiro" irmão, Robert, amante de Lysiane,[13] o leitor acredita que está vendo, uma vez mais, um remanejamento do assassinato fundador, o assassinato de Abel por Caim. Aliás, caso o leitor tenha dúvidas em relação ao significado da luta dos irmãos, Genet recorre à Bíblia:

> Fazia cinco minutos que os dois irmãos brigavam. [...] Mais do que querer brigar, eles pareciam fugir um do outro, evitavam-se com muito talento. O acordo cessou. [...] A rua se tornava uma passagem da Bíblia em que dois irmãos, dirigidos por dois dedos de um só Deus, se insultam e se matam por duas razões que são uma só. [...] Parecia que Querelle brigava consigo mesmo. [...] Os dois irmãos se pareciam cada vez mais. [...] O combate entre eles estava mais para uma luta de amor na qual ninguém ousava intervir.[14]

Genet prefere desviar esse assassinato fundador e satura o seu texto de sinais que denunciam o Mesmo: acima de tudo os dois irmãos se parecem, se unem cada vez mais. Um vive através do outro, um ama através do outro, um ama o outro através de um objeto terceiro. O sinal colocado em Caim para impedir que o primeiro que passasse o matasse foi "o estabelecimento de um sistema diferencial

---

[12] Ibidem, p. 339.
[13] Querelle e o seu irmão são, evidentemente, gêmeos.
[14] Jean Genet, *Querelle de Brest*. In: *Oeuvres Complètes*, op. cit., p. 297.

que desencorajasse, como sempre, a rivalidade mimética e o conflito generalizado".[15] Em *Querelle*, a diferenciação não é produzida, esses "dedos de Deus" unem. Isso é, para Genet, um processo puramente homossexual, um retorno ao mesmo. "Os duplos são idênticos" e se desejam sexualmente.

Genet mostra magnificamente que os Mesmos não se encontram senão na violência. Recusar o Outro, na sua diferença fundamental, significa entrar num mundo essencialmente violento e sacrificador.

Mas, dentro dessa homossexualidade "gemelar", há um assassinato: o do duplo. Se Querelle não mata o seu irmão "de sangue", ele mata esse outro ele mesmo que adotou por um espaço de tempo os traços de Gil, o jovem operário. Há assassinato do duplo nesse paroxismo de rivalidade entre dois seres. A traição, para Genet, é tanto trair o outro quanto trair a si mesmo, é dar-lhe a sua mais perfeita imagem, criar uma imagem que ficará para sempre, no assassinato e na traição; trair significa sair de si, romper essa linha violenta infinita na qual eu busco a mim mesmo. Traindo, Genet realiza uma transgressão sagrada.

É todo o tema do duplo que se coloca: se peço ao outro que me imite, o que mais temo é que me imite bem demais: que pegue o meu lugar, que roube o meu ser, que se torne o meu duplo perfeito. René Girard retomou a teoria de Gregory Bateson do *double bind*, da dupla imposição, da injunção contraditória, e descreve o comportamento do modelo que pede que o imitem, mas que não quer de forma alguma que essa imitação vá muito longe, temendo que, conforme a expressão popular, o mestre supere o aluno. Para Gregory Bateson essa atitude pode ser uma fonte de esquizofrenia.[16]

---

[15] René Girard.
[16] "A hipótese do *double bind* [duplo vínculo] consiste em ver a origem da esquizofrenia infantil numa rede de relações contraditórias entre a mãe e o filho". Gregory Bateson et al. *La Nouvelle Communication*. Paris, Seuil, 1981, p. 31. Ou seja, a mãe pede o amor do filho, afaga-o, depois o rejeita; a criança fica *confusa*, desconcertada, por essa atitude composta de sinais contraditórios que podem levá-lo à doença mental. Ver também Gregory Bateson et al., "Toward a Theory of Schizophrenia". In: *Interpersonal Dynamics*, Warren

René Girard pensa que esse *double bind* está na raiz das relações que o modelo tem com o sujeito. O modelo, assim como o sujeito, emitem sinais contraditórios. Também é possível distinguir o duplo vínculo[17] proveniente do modelo daquele que provém do sujeito. René Girard, ao empregar os termos "rede de imperativos contraditórios" a propósito do *double bind*, deixava subentender que essa multiplicidade de imperativos não poderia se limitar ao modelo. Se o modelo se debate numa "luta de atitudes", pode-se facilmente compreender que o sujeito se submeta a essas mesmas vontades contraditórias. Não é necessário dizer que o *double bind* e o seu par causam estragos não somente dentro da família, mas também no cotidiano das relações humanas.

O sujeito quer imitar da melhor forma possível o seu modelo, mas, se imitar bem demais, ele se perguntará qual é a sua própria existência. Ele pensará que não tem mais personalidade. Ele desejará, a partir desse momento, reconquistar uma personalidade que parece escapar dele.

Na verdade, para que a imitação do modelo permaneça no espaço da mediação externa, parece que esse modelo deve ser afastado, moral ou fisicamente, do sujeito. Um cristão, mesmo copiando Cristo, se ele tentar se adaptar aos preceitos divinos, ele não poderá ter uma relação de rivalidade com o Filho de Deus – no máximo contrariará alguns dos servidores da Igreja... Se o sujeito sentir que o seu modelo pode se "desconstruir", que está muito próximo dele, a relação de aprendizagem dará lugar à relação de rivalidade, portanto, de traição.

Se Don Quixote copia o cavaleiro perfeito, ele não pode entrar em rivalidade com ele, a imagem é perfeita demais, "magnificamente" longínqua demais. Em compensação, no caso de pesquisadores que

---

G. Bennis et al. (eds.), Homewood, Illinois, Dorsey Press, 1964; Gregory Bateson, *Vers une Écologie de l'Esprit*, t. II, cap. "Vers une Théorie de la Schizophrénie". Paris, Seuil, 1980.
[17] Para simplificar, nós nos limitaremos a utilizar a tradução de *double bind* por duplo vínculo.

trabalham sobre um mesmo tema, por exemplo, embora um tenha progredido mais do que o outro, à medida que as perspectivas se aproximam, os dois pesquisadores de repente vão perceber diferenças importantes que não lhes permitirão mais se frequentarem.[18]

Por outro lado, o modelo pede para ser imitado, mas se preocupa muito ao sentir que o sujeito o imita bem demais. Enfim, por um lado, o modelo pede para ser copiado, reconhecido e seguido, mas até certo ponto; por outro lado, o sujeito, se, primeiramente, deseja jurar obediência, não deseja, ao fundir-se no Outro, não ter mais a impressão de existir. Essa é, portanto, toda a problemática do duplo que se coloca aqui.

É aqui que a traição aparece. Como o sujeito copia o seu modelo, ele o trai para se construir, para ter a sensação, a ilusão, de existir por si mesmo; o modelo trai, sacrifica o sujeito que imita, ao sentir que este último se aproxima demais dele. Essa é também toda a tragédia dos discípulos-traidores, e talvez seja também a tragédia da criança que, depois de ter imitado os seus pais, se afasta deles, se afirma e talvez os traia para melhor reencontrá-los quando serão velhos e não mais um perigo para ele – o *double bind* ultrapassa, amplia a teoria do complexo de Édipo.

Se Genet é o exaltador da traição, se a eleva às alturas na sua literatura, é porque é a solução necessária para o problema criado pelos duplos: eu traio o que me imitou, como traio aqueles que imitei quando a gemeidade se torna evidente demais. Trair é sair de si quando o mesmo é escolhido. Para Genet, traímos por amor. É preciso amar ou odiar intensamente para ser capaz de trair. Trair,

---

[18] Para esse efeito, pode-se ler a correspondência de Freud com Jung, com Wilhelm Fliess, com Wilhelm Stekel, assim como a biografia de Freud escrita por Ernest Jones, *La Vie et l'Oeuvre de Sigmund Freud*. A história de Freud é a de uma série de "traições"; cada um dos colaboradores, seguidores de Freud, queria de certa maneira "voar com suas próprias asas". Pode-se perguntar, por exemplo, se os respeitáveis pesquisadores que se interessam pela rivalidade mimética, depois de René Girard, escaparão desse fenômeno. O conhecimento de certas fraquezas permite livrar-se delas? Aí reside todo o princípio da análise.

para Genet, seria de certa forma uma profissão de fé, e sem dúvida alguma a fé tem algo a ver com essa traição. A traição é sacrilégio, portanto ela participa do sagrado. "[...] na tentação de traição só se vê uma riqueza, talvez comparável à exaltação erótica: quem não conheceu a tentação de trair não sabe nada do êxtase."[19]

Aqui, trair significa sair de si, passar para o outro lado; é assim que no seu último livro, *Um Cativo Apaixonado*, Genet define esse ato. Dar-se ao Outro:

> A tentação de passar "em frente" já é a angústia de só possuir a certeza única e linear – certeza, portanto, incerta. Conhecer o outro, que se vê como mau por ser inimigo, permite o combate assim como o enlaçamento vivo do corpo dos combatentes e dos jogos das duas doutrinas, de tal modo que às vezes uma é a sombra da outra, às vezes o seu equivalente, ou ainda, o sujeito e o objeto de novas fantasias, de pensamentos complexos.[20]

Dessa maneira, "passar em frente" não é mais escolher a si mesmo. Tudo parece claro aqui, mas essa clareza é somente aparente, pois esse sujeito que passa para o outro já havia se identificado com aquele que parece trair. Quem trai? De fato, o sujeito se funde no outro que ele torna perfeito para melhor traí--lo depois. Esse é o caminho da traição que Genet propõe. Em *O Diário de um Ladrão*, ele descreve perfeitamente esse processo de autoperdição repetido. Armand é um amigo de Genet. Um antigo companheiro de Genet, Stilitano, propõe ao escritor trair Armand, roubando-o. Genet fica confuso com o sabor amargo dessa traição. Se Genet trai Armand é porque este é um pouco

---

[19] Jean Genet, *Un Captif Amoureux*. Paris, Gallimard, 1986, p. 85.
[20] Ibidem.

ele mesmo: "Armand me absorvia". Essa passagem para o Outro seria então um pouco um retorno a si. A mesma identificação aparece em *Querelle de Brest*: Querelle acha que vê em Gil, assassino como ele, um "pequeno Querelle", esse outro ele mesmo o fascina, e Querelle só pode santificar essa semelhança "dando" seu amigo para a polícia. Por causa dele, ou graças a ele, Gil conhecerá então o encanto sacrificial da decapitação: "Querelle sentia de fato amizade, amor por Gil, que lhe correspondia. Não queremos dizer que Gil já suspeitasse para que direção (esse fim sacrificial e necessário) Querelle o conduzia".[21]

Querelle concluiu um pacto com o Diabo. Ele escreve:

> Sei executar um tipo de pacto (não formulado) com o Diabo, a quem não abandono nem a minha alma nem o meu braço, mas algo tão precioso quanto: um amigo. A morte desse amigo santifica o meu roubo. [...] A prisão de Gil causou, portanto, uma grande tristeza para Querelle [...].[22]

Mesmo comportamento reiterado ritualmente em *O Milagre da Rosa*:

> Ele estava cumprindo pena no exílio quando Divers o entregou e foi condenado pela quarta vez. O tribunal o condenou ao exílio. Portanto, é por causa de Divers que Harcamone esperava ser decapitado. Quando eu soube disso, fiquei surpreso ao perceber que não sentia nenhuma aversão por Divers.[23]

Essa traição copia, portanto, o sagrado convencional. Genet emprega todo um vocabulário, assim como uma rede de referências religiosas.

---

[21] Jean Genet, *Querelle de Brest*. In: *Oeuvres Complètes*, op. cit., p. 395.
[22] Ibidem, p. 389.
[23] Jean Genet, *Miracle de la Rose*, edição original, p. 171.

"Haverá alegria na casa do Pai",[24] escreve. Ele deseja enganar o seu leitor, ou acredita sinceramente na organização do seu ritual? Copiemos o ritual, ele parece nos dizer, sempre ficará algo dele.

É possível propor outra leitura. Genet exaltava a marginalidade e, quando decide traí-la, ele retorna ao seio dessa sociedade rejeitada. Compreende-se, então, a sua atitude ambígua com a polícia e particularmente com o inspetor que o fascina, Bernardini: "Um dia ele me pediu que lhe 'entregasse' amigos. Ao aceitar, eu sabia tornar ainda mais profundo o meu amor por ele [...]".[25]

Pode-se interpretar da mesma maneira o seu desejo de escrever na língua do opressor, da sociedade que ele despreza, para corromper, sim, mas também para ser reconhecido: "Desejo o seu reconhecimento, a sua sagração".[26]

Mas essa interpretação comporta em si mesma a sua própria contradição. Se Genet quer "entregar" os seus amigos à polícia é por causa do fascínio confuso que ela desperta nele. Essa polícia não é a da ordem, mas a que, de tanto estar próxima dos delinquentes, se identifica com eles. O ladrão e o policial formam um par de gêmeos, sendo que um é estritamente necessário para que o outro exista:

> Pelas distâncias morais que provocam, os crimes fazem surgir feitiços: um desses gêmeos é o assassino, o outro é o agonizante, quando o seu irmão é guilhotinado [...] Eu invejava o inspetor Bernardini. Ele podia puxar de uma estante um assassinato ou um estupro, alimentar-se, saciar-se, e voltar para casa.[27]

---

[24] Idem, *Journal du Voleur*. In: *Oeuvres Complètes*. Paris, Gallimard, 1949, p. 33.
[25] Ibidem, p. 222.
[26] Ibidem, p. 306.
[27] Ibidem, p. 224.

As traições genetianas são sacrifícios, sacrifícios de "gêmeos", de duplos. Lembremo-nos das palavras de Cocteau sobre a amizade particular de Genet: "Genet organiza ao redor daqueles que ama uma espécie de beleza abstrata que excita a sua sexualidade moral. Ele os deixa cansados, atormentados, até que se mostrem dignos dele. Em seguida, ele os abandona [...]".[28]

Esse abandono é como uma traição. Genet formata um amigo como um modelo: quando este atinge um estado de perfeição, ele o sacrifica. Fazer de um rival, de um outro, um Modelo, um "grande Outro", significa recusar a rivalidade mimética. A traição permite conservar essa horda de amigos como cavaleiros protetores. Os gêmeos rivais são um só numa mesma devoção. Entretanto, a partir de uma perspectiva mimética, a rivalidade máxima está associada à morte, ao Diabo; fazer um "pacto com o Diabo" significaria, portanto, restabelecer os duplos monstruosos: restabeleceria a violência.

A traição é colocada sem que haja contradição na defesa da lealdade; pois a traição para Genet, repitamos, é o sacrifício exemplar dos duplos monstruosos: "Deve-se ser leal, e a traição aparece como um mal que deriva da morte".[29] Isso mostra, uma vez mais, que o Diabo, o Mal, reivindicado por Genet, não é senão a aparência deste, um invólucro. Ao copiar as formas dos rituais religiosos, Genet copia a essência também. O sacrifício é portador de paz, o acesso ao mundo da mediação externa. Quando em *Pompas Fúnebres* Genet sacrifica, mentalmente, por desejo de repouso, o seu amigo comunista Jean Décarnin para o exército alemão, que Erik representa, ele se protege decidindo a sua dor, recriando-a.

Genet fascina porque mostra esse poder do Outro, esse poder dos cartazes, esse poder mimético do outro prometeico que, através do seu olhar, da sua presença, do seu ser, me dá existência, me recria

---

[28] Jean Cocteau, *Le Passé Défini*. Paris, NRF Gallimard, 1983, p. 402.
[29] Jean Genet, *Pompes Funèbres*. In: *Oeuvres Complètes*, Paris, Gallimard, 1953, t. III, p. 167.

em cada encontro. Ele leva o fenômeno ao seu paroxismo, desenvolvendo ao infinito o tema do duplo: se existo pelo outro, qual é minha própria existência quando eu me fundo, de forma voluptuosa e vertiginosa no Outro? Daí a importância dessa *rede de imperativos contraditórios*, desses *double binds,* nos quais cada um se protege; em que o modelo pede para ser imitado mas sem ser fagocitado pelo Outro; em que o sujeito quer imitar o modelo, mas tenta desesperadamente manter a sua própria existência. O paroxismo da imitação é o surgimento dos duplos, é quando a imitação foi até o mesmo, é quando Sebastien é comido por seus perseguidores no fim da peça de Tennessee Williams.

A mitologia do duplo para Genet é espelho do Anjo monstruoso, Anjo do Apocalipse, Anjo homossexual caindo no seu outro ele mesmo. Genet liga a homossexualidade a um jogo de busca de outro eu: busca impossível. Essa busca inconfessável que só atinge o seu apogeu com a traição desse outro eu que eu não soube encontrar, achar, "re-conhecer". O encontro impossível, quando escolho a mim mesmo como objeto do meu desejo.

Mas ser homossexual significa escolher a si mesmo? Não é sempre o Outro que busco, o Outro na sua diferença, mesmo quando fisicamente ele ou ela é do mesmo sexo que eu? A denúncia dos duplos, duplos sexuais, é a mesma que a da homossexualidade? Na homossexualidade ritual, a do jovem caçador com o guerreiro, a do jovem soldado com o mais velho, é o outro que é buscado, o outro que me guia no meu próprio desenvolvimento.

É todo um florilégio de identificações, de encontros, que descreveremos para melhor apreender, captar todas essas formas múltiplas de homossexualidades.

De Freud a Stekel temos o esboço das identificações triangulares que não são exploradas, que são colocadas em questão, em transformação.

capítulo 10
Freud: Leonardo da Vinci

Esta é a resposta de Freud para uma mãe que estava preocupada com tendências homossexuais do seu filho:

> A homossexualidade evidentemente não é uma vantagem, tampouco é algo de que se tenha que ter vergonha; não é um vício, não pode ser classificada como uma doença. Nós a consideramos como uma variação da função sexual produzida por uma interrupção do desenvolvimento sexual. Vários indivíduos, altamente respeitáveis, de tempos antigos e modernos, foram homossexuais e, entre eles, há alguns dos homens mais importantes (Platão, Michelangelo, Leonardo da Vinci, etc.) [...]. Perguntando-me se posso ajudá-la, a senhora deseja sem dúvida perguntar se posso suprimir a homossexualidade e substituí-la por uma heterossexualidade. A resposta é que, de maneira geral, não podemos prometer isso. Em certo número de casos, conseguimos desenvolver os germes enfraquecidos das tendências heterossexuais que existem em todo homossexual; na maioria dos casos, isso não é mais possível. Tudo

depende da natureza e da idade do sujeito.
O resultado do tratamento é imprevisível.[1]

Essa carta, de 9 de abril de 1935, é calorosa e deseja reconfortar a sua leitora. Já em 1921, Freud e Rank se opunham a Jones, Ferenczi, Abraham – os eminentes membros do Comitê criado em torno do próprio Freud – a respeito da homossexualidade. Os membros do Comitê pensavam que era impossível aceitar um analista homossexual no seio da sua instituição. Por exemplo, Jones achava que a homossexualidade era um "crime repugnante".[2]

Freud esboça a sua concepção da homossexualidade: esta corresponde a uma interrupção do desenvolvimento sexual. Freud dá uma explicação mais precisa a respeito em outra passagem:

> A gênese da homossexualidade masculina é, numa grande série de casos, a seguinte: o rapaz se fixou em sua mãe, no sentido do complexo de Édipo, de uma maneira inabitualmente longa e intensa. Mas enfim chega, quando acaba a puberdade, o momento de trocar a mãe por outro objeto sexual. Ocorre então uma mudança súbita; o rapaz não abandona a sua mãe, mas identifica-se com ela, transforma-se nela, e começa nesse momento a buscar objetos que possam substituir para ele o seu eu, que ele possa amar e cuidar, como a experiência que teve com a sua mãe. [...] O que é surpreendente nessa identificação é a sua extensão, ela muda o eu numa de suas partes eminentemente importantes, o caráter sexual, segundo o modelo do

---

[1] Ernest Jones, *La Vie et l'Oeuvre de Sigmund Freud*. Paris, PUF, 1969, t. 3, "Les Dernières Années, 1919-1939", p. 223.
[2] E. James Lieberman, *La Volonté en Acte, la Vie et l'Oeuvre d'Otto Rank*. Paris, PUF, 1991, p. 212.

que até então fora objeto. Assim, o próprio objeto é abandonado.[3]

Pode-se observar, primeiramente, que para que haja "uma mudança súbita", é preciso que tenha havido escolha sobre o outro sexo, o que não é, parece, o caso. Freud coloca a homossexualidade como interrupção do desenvolvimento sexual (que se dirigiria de si a um outro "como" si mesmo, depois ao outro em toda a sua diferença sexual). Percebe-se que, se Freud não emprega a palavra *mimetismo*, utiliza o termo *fixação na mãe*. De tanto copiar o desejo de sua mãe por seu pai, o garoto na puberdade chega a se identificar com o seu modelo, a mãe, em vez de escolher objetos sexuais ligados a uma identificação com o pai. Ele copia a sua mãe até tornar-se ela; subentende-se que ele escolhe a si mesmo primeiramente e depois é que deseja alguém do seu próprio sexo, tornando-se assim homossexual.

É difícil compreender as razões dessa passagem de fixação que iria do pai para a mãe. No caso da homossexualidade, tal como Freud quer defini-la, essa fixação tende tanto para o lado da mãe que a criança sente o começo de uma identificação com a mãe, em vez de identificação com o pai. Há uma passagem de identificação, mas Freud não explica por quê. Como a criança não quer abandonar a sua mãe, ela se transforma nela. Ele poderia também, nessa lógica, tornar-se o pai e, dessa maneira, ter a mãe *ad vitam aeternam* como objeto. É difícil compreender as modalidades dessa passagem do papel de objeto ao de modelo, pois parece que é possível também adotar outras interpretações. A criança poderia identificar-se totalmente com o pai, até querer encontrá-lo sempre em outros homens (nesse caso, ele seria um homossexual superviril?). O homossexual que Freud tenta descrever se assemelha a um aspecto da homossexualidade em que o garoto se torna superfeminino, pois quer ser a mãe e escolher os mesmos objetos

---

[3] Sigmund Freud, *Psychologie des Masses et Analyse du Moi: l'Identification*. In: *Oeuvres Complètes*. Paris, PUF, 1991, vol. XVI, 1921-1923, p. 46. O livro foi publicado com o título *Massenpsychologie und Ich-Analyse* [Psicologia das Massas e Análise do Eu], em 1921, um ano depois de *Jenseits des Lust-Prinzips* [Além do Princípio de Prazer].

sexuais que ela. Essa homossexualidade estaria mais próxima de uma transexualidade, pois o menino na adolescência quer mudar de sexo. Isso lembra mais uma antecipação do filme *Psicose*, de Hitchcock, do que uma teoria aplicável a todos os homossexuais. Imagina-se com muita dificuldade esse tipo de homossexual entre os guerreiros viris do povo sambia, ou entre os guerreiros cretenses. Constata-se, então, que há múltiplas sexualidades, múltiplas homossexualidades.

Freud tenta desenvolver outros sistemas de identificações. Ele dá o exemplo de uma criança que, ficando muito infeliz com a perda do seu gato, decide tomar o lugar do animal. A criança começa a andar de quatro, não quer mais comer à mesa, etc. A mãe, o objeto, fica perdida, visto que a criança se identifica com ela. Se há uma identificação com a Mãe, a identificação com o Pai tem a mesma importância em relação à formação da sexualidade.

Freud, num estudo publicado em 1910, *Leonardo da Vinci e uma Lembrança da sua Infância*, explicou o papel confuso da projeção, do desejo contraditório do sujeito. Da Vinci gostava do luxo, como seu pai:

> A escolha decisiva da homossexualidade só surge, sabe-se, quando chega a puberdade. Quando essa escolha foi feita por Leonardo, a identificação com o pai não tinha mais nenhuma importância para a sua vida sexual, mas continuou em outros campos não relativos à atividade erótica. Sabemos que gostava de pompa e de roupas bonitas, tinha empregados e cavalos [...] Mas se, por um lado, a imitação do pai foi prejudicial para ele como artista, por outro, a sua revolta contra ele foi a condição infantil das suas realizações, talvez tão grandiosas quanto, como pesquisador.[4]

---

[4] Sigmund Freud, *Un Souvenir d'Enfance de Léonard de Vinci*. Paris, NRF Gallimard, 1997, p. 152-54. Pode-se compreender essa passagem como uma concessão para o trabalho de "dessexualização" feito por Jung? Poderíamos afirmar que esse deslocamento

Freud desenvolve aqui um tema fundamental: trata-se novamente do *double bind*, da injunção contraditória. Leonardo da Vinci "identifica-se" com o seu pai copiando o seu luxo, mas essa "forte influência" incomoda a sua sensibilidade de artista. Essa noção de "resistência" resume toda a ideia do duplo vínculo num amplo sentido (proveniente do sujeito ou do modelo). Da mesma forma que o fenômeno do duplo vínculo proveniente do modelo se mostrava, para René Girard, como "extremamente banal, o mais banal de todos, talvez, e o próprio fundamento de todas as relações entre os homens",[5] o que vem do sujeito não é senão o seu duplo, o seu reflexo. Esse *double bind* pode explicar a homossexualidade de Leonardo da Vinci: o artista genial se identifica com o pai, porém, ao mesmo tempo, recusa tão completamente sua imagem que se recusa a escolher os objetos sexuais do seu pai, ou seja, as mulheres. Leonardo é um filho ilegítimo, mesmo que tenha sido criado na casa do seu pai; isso pode acentuar o fenômeno no qual o filho se sente excluído mesmo vivendo no seio da casa paterna. Mas não se deve criar um impasse em relação à própria ambiguidade do *double bind*, do "ama-me, não me ames", do "eu te amo, não te amo": tudo isso parece ter um equilíbrio instável, daí a dificuldade de uma "fixação" definitiva.

Não é essa teoria que Freud escolheu, interessando-se mais em transcrever, interpretar um sonho de Leonardo criança.

O famoso artista, em seu berço, foi visitado por um abutre. Essa ave de rapina obrigou-o, com a cauda, a abrir a boca e bateu várias vezes nos dentes. Freud interpreta essa lembrança, depois de ter colocado em questão a veracidade do fato, como uma metáfora da felação. Pouco tempo depois, a interpretação se complica. Essa cauda, símbolo em muitas línguas do órgão masculino, estaria ligada, de fato, não ao pai, mas à mãe: para os antigos egípcios, o abutre é uma figura

---

do desejo sexual corresponde a um tipo de simbolização, sendo o luxo, consequentemente, uma imagem paterna.
[5] René Girard, *La Violence et le Sacré*, op. cit., p. 219.

da mãe.⁶ A cultura egípcia era estudada pelos romanos e gregos – mas era estudada por jovens italianos que nasceram em 1452? Freud acrescenta que a substituição da mãe pelo abutre indica que o pai esteve ausente para o filho e que este se sentiu só com a sua mãe. Freud resolve a dificuldade da passagem de uma simbologia masculina para outra, feminina, pelo fato de que a criança, no caso aqui masculina, pensa que a mãe tem um pênis como ela, visto que – já falamos disso – a criança não distinguiria entre a mãe e o pai.

Apesar de tudo, é difícil aceitar imediatamente tudo o que Freud propõe. Primeiramente, se a mãe tem um pênis, ela oferece assim mesmo um modelo sexual masculino? Em seguida, se é possível compreender facilmente que a cauda do abutre representa o órgão masculino e que o sonho representa então uma felação, a continuação da interpretação é mais árdua. A passagem de uma cauda de abutre, símbolo do pênis, para uma simbologia da mãe, sob o pretexto de que o pai esteve ausente, parece difícil. Pode-se muito bem não recorrer a essa passagem simbólica e pensar que Leonardo queria reproduzir um sonho ao mesmo tempo traumatizante e criador de prazer. Pode-se muito bem admitir, ao contrário, que, como o peso social era forte, Leonardo evoca um sonho que seria, sem nenhuma dificuldade, a realização de um desejo que seria inaceitável formular claramente. Freud, por outro lado, ainda duvida da realidade desse sonho, que lhe parece ter sido repensado na idade adulta como idealização de uma lembrança de infância.⁷

---

⁶ "Nos pictogramas sagrados dos antigos egípcios, *mãe* se escreve de fato com a imagem do abutre. Esses egípcios veneravam também uma divindade materna representada pela cara de um abutre, ou por várias caras, sendo pelo menos uma delas a de um abutre. O nome dessa deusa se pronunciava *Mout*; a semelhança de som do nosso *mutter* seria somente fortuita?" Sigmund Freud, *Un Souvenir d'Enfance de Léonard de Vinci*, op. cit., p. 98. Essa questão de semelhança de sons deveria ser colocada em inúmeras línguas. Teríamos os mesmos resultados? *Mère*, em francês, *mother*, *mummy* em inglês, *madre*, em espanhol, *mamma*, em italiano, mamãe, em português, e até *mama-haha*, sogra, em japonês...

⁷ Sigmund Freud, *Un Souvenir d'Enfance de Léonard de Vinci*, op. cit., p. 90.

Mas Freud insiste em associar homossexualidade e fixação da infância a um elemento feminino:

> Em todos os nossos homossexuais masculinos houve, na primeira infância, esquecida mais tarde pelo sujeito, uma ligação erótica muito intensa com uma pessoa feminina, geralmente com a mãe, suscitada ou favorecida por um acréscimo de afeto da própria mãe e reforçada mais tarde, na vida da criança, por uma passagem do pai para segundo plano. [...] Pareceria, portanto, praticamente que a presença de um pai forte daria ao filho, em matéria de escolha de objeto, a decisão certa em favor do sexo oposto.[8]

A citação é extraordinária, pois Freud amplia consideravelmente o princípio do complexo de Édipo quando afirma que para "todos" os homossexuais há uma ligação erótica muito forte com uma pessoa do sexo feminino, em geral a mãe. Dizendo isso, Freud subentende que a mãe pode ser substituída por uma pessoa do mesmo sexo, que poderia ter o mesmo papel; sendo assim, é evidente que o pai pode ser uma simples figura passível de ser substituída por alguém do mesmo sexo (um tio, por exemplo). Não se trata mais, portanto, de complexo de Édipo *stricto sensu*. Essa passagem responde antecipadamente ao argumento proposto contra o assassinato do pai, ou contra o desejo pela mãe, nas sociedades em que, por exemplo, o pai não é único, mas múltiplo – cada adulto masculino é chamado de pai pelas crianças. Acontece o mesmo no que inúmeros etnólogos dos anos 1970 chamaram de "sociedades matriarcais" – quer tenham efetivamente existido ou não.[9]

---

[8] Ibidem, p. 117-18.
[9] Aliás, a melhor crítica de Freud não foi feita pelo próprio Freud... em suas notas ou observações?

Pode-se, apesar de tudo, contestar vários pontos. Se a criança teve uma ligação erótica intensa com um elemento feminino, por que não quer reiterá-la na idade adulta, da mesma maneira que em certas brincadeiras sexuais entre um homem e uma mulher pode haver novas "mamadas" sensuais? Além disso, a presença de um pai demasiadamente autoritário pode muito bem ser interpretada de maneira contraditória: a criança poderia negar-se a ser esse pai e optaria por ser mais feminina e teria, portanto, como objetos sexuais pessoas do seu próprio sexo.

Há uma reticência à identificação – *double bind* compreendido num sentido mais amplo –, a criança deseja identificar-se com o modelo – o pai, para Freud –, mas é freada no seu impulso. Aí também há *double bind* na identificação com a mãe. O amor pela mãe não pode se desenvolver, ele é reprimido. Nos dois casos, o desejo de copiar o "modelo" é ambíguo: "Pelo recalcamento do amor pela mãe, ele conserva esse amor no seu inconsciente e permanece, portanto, fiel à mãe. Quando ele é o apaixonado que parece perseguir rapazes, na verdade ele está evitando as outras mulheres que poderiam torná-lo infiel".[10]

Por causa da ausência do pai, a criança se torna a sua mãe e se escolhe como objeto, mas nós nos perguntamos qual é a utilidade dessa identificação. Se ele é a mãe, ele seria então desleal em relação a si mesmo? Ele se torna a mãe e o objeto desaparece da relação filho-pai-mãe (objeto). Porém, não ser infiel em relação à mãe não quer dizer se tornar o pai e manter o mesmo amor poderoso pela mãe, amor tão forte que não pode ser substituído? Compreende-se facilmente a ideia do filho que, nunca querendo trair a sua mãe, recusa-se a substituí-la por outras conquistas femininas e, portanto, na perspectiva freudiana, freia o seu desenvolvimento sexual; mas e o objeto, onde está? Quem ele tenta imitar: o pai ou a mãe? Leonardo da Vinci imita o pai, mas isso não lhe convém. Ele também imita a mãe, identificando-se com ela. Mas pode-se supor

---

[10] Sigmund Freud, *Un Souvenir d'Enfance de Léonard de Vinci*, op. cit., p. 119.

que essa identificação tampouco é satisfatória. Tudo que se pode concluir a respeito da sexualidade do pintor é que ela é – tal como Freud a apresenta – ambígua, contraditória.

De fato, nenhuma explicação da homossexualidade de Leonardo da Vinci está livre de contradições. Identificar-se com a mãe implicaria ser completamente feminino, e as descrições de Leonardo da Vinci, mesmo as citadas por Freud, contradizem isso: "Razoavelmente alto e de proporções harmoniosas, seu rosto era dotado de uma beleza perfeita; possuía uma força física pouco comum, suas maneiras e o trato com os outros eram encantadores, ele dominava a palavra, era alegre e amável com todos". O próprio Freud parece encantado. A interpretação do sonho do abutre (na verdade, um milhano) não é muito convincente – Freud acredita nisso de fato? Não deixamos de ver, entretanto, o esboço de um verdadeiro questionamento sobre as fixações de infância, os mimetismos fundadores, por assim dizer. Wilhelm Stekel continua o trabalho de Freud e começa a colocar as fundações de um jogo de identificação. Se a homossexualidade sempre é vista como uma sexualidade inacabada, os teóricos desenvolvem em suas próprias explicações os elementos que as contradizem.

E se propuséssemos o princípio das identificações múltiplas e mais ou menos contraditórias?

capítulo 11
Stekel e sua teoria da homossexualidade

Se Freud associava a homossexualidade em parte à ausência do pai, à identificação, à fixação com um elemento feminino, Stekel enumera, posteriormente, outras situações e elabora, em seu livro *Onanisme et Homosexualité*, uma "psicogênese da homossexualidade":

> Podemos, portanto, admitir que a homossexualidade aparece da seguinte maneira. Um homem que apresenta uma vida instintiva anormalmente vigorosa é levado, desde a sua infância, a cercear seus instintos com inibições. Em função desse despertar precoce do instinto sexual e das manifestações desse instinto, ele é presa de um conflito. O processo de recalcamento e sublimação das forças instintivas começa, nesse sujeito, de forma mais precoce do que nos outros. Por alguma razão é o elemento homossexual que aumenta, enquanto que a repulsa, o ódio e a ansiedade impedem os instintos heterossexuais de se desenvolverem.[1]

A explicação parece ser parcelar, truncada e aplicável somente a poucos homossexuais. O que é interessante é o aparecimento desse "despertar precoce" da sexualidade. Estamos aqui próximos da

---

[1] Wilhelm Stekel, *Onanisme et Homosexualité*. Paris, NRF Gallimard, 1951, p. 201.

ideia, esboçada na introdução, da hipersexualidade que se fixaria num objeto: essa "sexualidade precoce" tem necessidade de encontrar extravasamentos, receptáculos. Como escolhe objetos sexuais muito cedo, a criança os escolhe no seu entorno mais próximo: crianças do mesmo sexo que o dele (ou dela). Em seguida, a criança reproduziria na vida adulta as sensações agradáveis. Será útil recorrer a sentimentos como "a repulsa, o ódio e a ansiedade"? Tudo isso é seriamente desprovido de prazer e alegria.

Por outro lado, seria importante definir melhor as formas, as funções, as causas desse "instinto". Stekel parece dizer que o sujeito apresentaria "inicialmente" um desejo indiferenciado que eventos contingentes fariam pender mais de um lado do que de outro. Gostaríamos de ter mais detalhes sobre esse "por alguma razão". De fato, essa psicogênese da homossexualidade está diretamente ligada à teoria de uma bissexualidade primitiva proposta por Stekel:

> Todo ser humano apresenta primitivamente disposições bissexuais. Não há exceções à regra. O homem normal possui até a puberdade uma disposição bissexual. O heterossexual recalca em seguida a sua homossexualidade e sublima uma parte na amizade, no nacionalismo, nas tendências sociais, nos grupos, etc. Quando não há essa sublimação, surge a parapatia.[2] Como os seres humanos não podem dominar completamente a sua homossexualidade, existe neles uma disposição para a parapatia. Quanto mais enérgico for o recalcamento, maior será a reação neuropática, podendo chegar à paranoia (teoria da paranoia de Freud). Quando a

---

[2] "Denomino parapático o ser que não conseguiu dominar os instintos associais que ele considera imorais. Entendo por instintos associais todos aqueles que são banidos pela sociedade por serem tidos como contrários à civilização. Isso nos mostra que a parapatia varia conforme o país." Ibidem, p. 198.

> heterossexualidade é recalcada, surge a homos-
> sexualidade.³

A explicação é interessante, há recalcamento da bissexualidade primitiva nos heterossexuais, que não poderiam mais assumir tendências ao mesmo, à homossexualidade, sem dúvida por causa do peso de condicionamentos sociais. Portanto, Stekel pensa que "a homossexualidade deriva da bissexualidade. Ela se deve a certas fixações que geralmente acontecem – mas não sempre – na primeira infância".⁴

Apesar de tudo, essa bissexualidade primitiva é suspeita visto que não explica e tampouco mostra a formação do desejo. De fato, a criança e o adolescente experimentam o seu corpo com aqueles ou aquelas que estão próximos. Seria antes um desejo indiferenciado à espera de fixação num determinado objeto.

A partir de uma reflexão em que há uma espécie de berço de uma bissexualidade original (antes do pecado da diferenciação?), Stekel apresenta vários casos de homossexuais, mas perde o aspecto inovador e fundador dessa primeira bissexualidade para propor histórias de homossexualidades dolorosas, de homossexualidades mal assumidas; ele volta a dar, assim, esse aspecto propriamente doentio a seu sujeito.

No capítulo "A Família do Homossexual", Stekel esboça a descrição de alguns tipos de pais que podem suscitar tendências homossexuais em seus filhos:

> Se a mãe é forte, dominadora, então a criança
> pensa: "Eu gostaria de ser a mãe, eu gostaria de
> dominar e conquistar". O amor pela mãe pode

---

³ Ibidem, p.186.
⁴ Ibidem, p. 202.

acentuar esse processo de identificação e transformá-lo integralmente em energia dirigida para determinado objetivo. Desde os primeiros anos, a criança imitará a sua mãe, se comportará de maneira feminina, brincará de boneca, de cozinha, gostará de usar roupas femininas [...] O efeito pode ser o mesmo se um pai brutal oprimir a mãe que a criança vê sofrer: o seu pai lhe parecerá um exemplo horrível. A "vontade de poder" da criança pode mudar de rumo e se tornar uma "vontade de moral". A criança prefere não dominar se para tanto ela tiver de se tornar como o pai; escolhe, então, ser como a mãe. Se a criança preferir o pai tirânico, ela pode se tornar homossexual, passiva, uma mulher fraca submetida a um homem poderoso.[5]

Essas descrições podem ser transpostas em relações triangulares. Stekel descreve três triângulos diferentes. No primeiro, a mãe é forte, e a identificação, em vez de realizar-se com o pai (e dessa forma a criança deseja a mãe antes da puberdade, depois outros objetos do sexo feminino), realiza-se com a mãe. Para Stekel, a criança se comporta então de maneira feminina. No segundo caso, é o pai que é forte, mas a identificação não pode se realizar, porque ele é demasiadamente forte, brutal. O pai é causa de repulsa para a criança, que escolhe nessas condições ter a mãe como modelo. Stekel não diz nada em relação ao tipo de homossexualidade (a criança é feminina ou não?). Num terceiro caso, sempre no mesmo esquema, "a criança prefere o pai tirânico", e se torna então uma mulher fraca. Já há uma distinção que se deve fazer aqui: no segundo caso, a criança prefere não ter o pai como modelo; no terceiro caso, prefere ter o pai como objeto (portanto, não como modelo). As teorias de Stekel causam certa vertigem, pois, apesar de multiplicar as

[5] Ibidem, p. 385.

identificações, ele sempre retoma o mesmo ponto: a homossexualidade. Seria possível introduzir as mesmas possibilidades de identificação para terminar em casos de heterossexualidades.

Podemos propor várias críticas ao que foi esboçado por Stekel. No seu primeiro exemplo, em que a mãe é forte, o filho, se a imita, também deveria copiar essa força viril curiosamente transferida para um elemento feminino. Esse filho que "gostaria de dominar e conquistar" faria, afinal de contas, o contrário. Nesse primeiro caso, em que a mãe é forte, em que a criança a copia e quer dominar, é difícil ver como essa dominação leva a criança a preferir bonecas – a não ser que a criança queira dominar, por compensação, as bonecas; ela deveria antes copiar os elementos viris da mãe, aqueles que a impressionam. Nesse caso também, pode-se imaginar que a criança recusa essa mãe demasiadamente forte e se identifica com um pai, um pai mais fraco. Se a criança "prefere" um pai brutal, se ela se identifica com ele, em vez de se tornar a mãe doce, é difícil compreender por que ela assume os traços, a máscara de uma mulher fraca; por "lógica" a criança deveria ser viril. Nesse mesmo caso, se a criança recusa a brutalidade do pai, se escolhe ser a mãe, ela fica então afeminada? No segundo caso, se o filho recusa o pai tirano (deve-se dizer que essa rejeição nunca é completa, ela é sobretudo ambígua) e prefere se tornar esse antipai, ser delicado, essa "vontade de moral" poderia também incitá-lo a ser muito delicado com as mulheres, quase feminino, tendo, porém, com elas uma relação de semelhança, de cumplicidade. O terceiro caso é ainda mais duvidoso. Esse filho que prefere o pai tirano, com quem ele se identifica? Com a mãe, se depois buscar homens do tipo do seu pai? Por que ele não busca, enquanto homem que se identifica com um pai tirano, outros homens, estabelecendo aí uma relação ainda homoidêntica com o homem no que ele tem de mais viril e duro? Enfim, com esse homem poderoso que submeteria uma "mulher fraca", nada é dito sobre o seu caso. Deve-se afirmar que ele também é homossexual, mas de um tipo "duro"? Qual foi o seu percurso "mimético"? É preciso acrescentar uma reflexão sobre o emprego da palavra "passivo", que subentenderia que somente os homossexuais femininos teriam uma relação sexual na qual assumiriam o papel da mulher. Tudo isso é, apesar dos pesares, muito "falocrata" e supõe que a mulher sempre se submete ao homem; além disso, nada prova que o desejo secreto desses homossexuais "duros" não seja ser sexualmente dominados por outros homens.

Constatamos que todos esses esquemas não são muito convincentes e, sobretudo, que podem se multiplicar infinitamente. É possível desenvolver as mesmas teorias em relação à homossexualidade feminina. Mas, da mesma maneira que o analista vai tratar mais precisamente de homossexuais masculinos afeminados, existe a tendência de citar somente homossexuais muito masculinas, as famosas *dikes,* "caminhoneiras", de São Francisco – mas elas pelo menos, ao contrário de outras mais reservadas, declaram em alto e bom som a sua diferença e fazem reivindicações sexuais. É evidente que os campos das homossexualidades são muito mais amplos do que isso. Acrescentemos que há, nos casos citados, um lado doentio, infeliz, "de baixa autoestima". Evidentemente, esses homossexuais vão se consultar pois não se sentem muito contentes com a sua condição, o que vai orientar toda uma interpretação da parte do analista. Evidentemente estamos bastante longe do "Gay is beautiful", dando continuidade ao "Black is beautiful". Temos a impressão de que não podemos erigir como sistema, e de forma absoluta, casos de indivíduos bem particulares, a fim de explicar a homossexualidade, colocada ao mesmo tempo com um "H" maiúsculo e no singular.

Retomemos os exemplos de Stekel e desenvolvamos a sua lógica através de um quadro "mimético" mais universal.

No primeiro exemplo, no qual a mãe é forte, o filho copia o desejo da mãe pelo pai, certo, mas também pela população masculina; a partir daí, essa identificação pode ser "indireta" ou "direta", uma cópia fiel ao original. De forma indireta, a criança será afeminada, copiando por assim dizer um desejo contido homossexual da mãe; de forma "direta", ele será viril, copiando assim os traços poderosos e dominadores da mãe. Por efeito contrário, essa virilidade da mãe requer uma feminidade, a criança se coloca assim como objeto, servindo de receptáculo para a forma que a sua mãe representa.

Chegamos assim a casos muito mais complexos, mesmo sendo da mesma linha. No caso de uma mãe forte, mas homossexual, o filho pode perfeitamente se identificar com a mãe e copiar o seu desejo por mulheres; a criança terá assim uma sexualidade de "lésbica", aparentemente heterossexual, mais profundamente uma cópia de homossexualidade. Esse também é o sentido da brincadeira da cantora Madonna ao dizer que é um homossexual homem no corpo de uma mulher.

No exemplo do pai hiperautoritário, existem várias possibilidades. No triângulo filho-pai tirano-mãe fraca, a criança, se recusa o pai, decide identificar-se com a mãe e copia a sua doçura e o seu desejo pelos homens; mas, se essa identificação é total, a criança buscará homens viris. Por outro lado, ela pode muito bem identificar-se com o pai numa espécie de rivalidade tal como René Girard a descreve na sua concepção de homossexualidade: dois homens lutam tanto que chegam a esquecer a rivalidade para submeter o outro sexualmente. Percebe-se esse vocabulário pré-girardiano, "identificação", "imitação"; falta no sistema de Stekel o mecanismo mimético para sair do antro edipiano.

Contudo, é possível manter certa articulação edipiana se tomarmos o famoso complexo de uma maneira metafórica. Dessa forma, é possível substituir o Pai pelo modelo ou pelo rival, conforme o nível em que nos encontramos na escala da rivalidade mimética. Primeiramente, o assassinato do pai pode muito bem ser concebido aí também como um assassinato simbólico, ou seja, como a afirmação de si, o assassinato moral do modelo que se tornou rival. Poderíamos, de acordo com essa perspectiva, propor várias figuras "de identificação". Por exemplo, uma identificação com o modelo em que o sujeito deseja o objeto do modelo. Portanto, para certas homossexualidades masculinas, a criança, no caso de uma mãe forte e de um pai fraco, identifica-se com a mãe e por isso copia dela

o desejo que ela tem pelos homens. No exemplo dado por Stekel do pai hiperautoritário, a criança também vai se identificar "conscientemente" com a sua mãe; ela não quer se parecer com esse pai que ela despreza. Mas, aí também, encontra-se esse conceito primordial, o da contraimitação que se deve ao *double bind* do sujeito. O sujeito ama – mesmo de maneira secreta – ao mesmo tempo que detesta esse modelo. Assim, a atitude ambígua da criança é evidente.
O filho gostaria de ser como o seu pai hiperautoritário, mas não pode assumir isso, pois a sua sensibilidade o proíbe.

Stekel desenvolve toda uma série de identificações, uma infinidade de triângulos de identificação. Assim, Stekel discute também a respeito do amor desmedido pela mãe, presente em inúmeros homossexuais, fixação já "apontada" por Freud. Ele pensa que um amor direto pela mãe pode perfeitamente em alguns casos absorver todo o amor pelo sexo feminino; por fim, ele dá a palavra às mães, citando o caso em que uma mãe possessiva não queria que o seu filho tivesse outras paixões a não ser ela. Porém, ainda nesse caso, essa possessividade não está livre de problemas; a criança procura a mãe ao mesmo tempo que quer evitá-la. Tanto Stekel quanto Freud[6] notam corretamente que as tendências heterossexuais no homossexual existem, mas são recalcadas.

Stekel descreve um caso muito interessante de identificação de um menino com a sua irmã:[7]

---

[6] "É característico do método dos freudianos ortodoxos que Sadger – o mais inventivo de todos os alunos de Freud e, de qualquer maneira, o aluno praticamente mais analisado – não mencione sequer o meu nome no seu livro sobre a teoria dos distúrbios sexuais. Ele obedece fielmente ao anátema que Freud pronunciou contra mim. Ao escrever a psicogênese da psicanálise, ele chega ao ponto de falar de Freud e de si mesmo. Contudo, ele sabe muito bem que Freud não tinha, antes dos nossos próprios trabalhos, nenhuma ideia dessa psicogênese." Wilhelm Stekel, *Onanisme et Homosexualité*, op. cit., nota I, p. 379.
[7] "Todos esses exemplos nos afastam, felizmente, do complexo de Édipo compreendido num sentido estrito; não se trata de possuir sexualmente a mãe, mas de copiar o seu desejo. Os pais, se são figuras importantes para a formação da personalidade dos seus filhos, não são as únicas; é o que prova esse caso de identificação com a irmã. Diremos ainda que essa identificação marcante pode ser acrescida por outras. No caso de uma mãe só viril, a

> A análise evidenciou uma fixação nítida pela mãe e por uma irmã mais velha, assim como tendências ascéticas e masoquistas. Aos seis anos ele se apaixonou por uma menina de catorze anos (imago da irmã). [...] Essa irmã explicou-lhe uma vez que ela tampouco havia encontrado companhia de que gostasse e pediu-lhe que vestisse roupas de menina e que brincasse com ela como uma menina. O irmão satisfez o desejo da irmã, com quem fez brincadeiras sexuais.[8] [...] A razão da identificação com a irmã, ou melhor, o desejo de ser, sentir e se comportar como uma menina para satisfazer o gosto da irmã, foi [...] bruscamente recalcado no inconsciente com toda a libido ligada a esse desejo. Entretanto, esse processo psíquico só progrediu lentamente, de modo que o elemento heterossexual ainda pôde se manifestar no doente [sic][9] aos catorze anos [...].[10]

Há, portanto, aqui uma passagem do objeto ao sujeito, a criança se submete ao desejo da sua irmã, depois o torna seu tornando-se o sujeito: a irmã. Nesse caso, não se trata mais de complexo de Édipo, visto que é a irmã e não a mãe que está no centro da fixação erótica. Nesse caso, a *libido* não se fixou definitivamente, o desejo está em movimento... A irmã aparece primeiramente como objeto, visto que o menino se apaixona por meninas (imago da irmã). De objeto, a irmã passa a ser modelo de identificação, sem que as razões sejam claramente compreendidas. Ele ainda gostava

---

criança masculina pode muito bem copiar da sua mãe o desejo por homens copiando os traços viris da sua mãe.
[8] Será que não se atribui importância demasiada a essas brincadeiras sexuais da infância que, afinal, não passam de explorações sadias e ingênuas do corpo do outro?
[9] Evidentemente não aprovamos essa terminologia que, aliás, pode ser compreendida como uma vontade de não chocar os leitores bem-pensantes da época.
[10] Stekel, *Onanisme et Homosexualité*, op. cit., p. 611.

de meninas quando se vestia de menina, tornando-se assim lésbico? Então qual é o problema?

Stekel relata outro caso de deslocamento de identidade:

> Primeiramente, o paciente parecia querer encontrar um marido para a sua irmã, buscava pretendentes, chamou intermediários e introduziu candidatos em sua casa. Na última hora, entretanto, ele sempre encontrava um meio de impedir uma ligação séria. [...] Esse doente [sic] se torna totalmente homossexual depois do casamento da sua irmã Lucia. Ele havia sempre confessado a sua fixação por sua irmã, mas também gostava do seu cunhado, que morou por muito tempo na casa e que, portanto, pertencia, à família [...].

Num primeiro momento, o relato de Stekel nos ensina – estamos "traduzindo" – que o sujeito tentava se confundir com uma espécie de eu ideal desejado por sua irmã. Ele queria ser alguém que a sua irmã desejasse. Pode-se expressar isso através do triângulo sujeito-ego ideal (diferente da irmã)-irmã (objeto). Para conquistar a sua irmã, o irmão se torna o que ela espera que ele seja. Depois há um deslocamento: o antigo objeto se torna o modelo e o sujeito tenta fundir-se no modelo. Esse modelo gosta de um homem. O sujeito copia o desejo do modelo, deseja esse homem; depois, por extensão gosta de homens em geral. Chegamos, então, a esse triângulo irmão-irmã (modelo)-objeto cunhado (depois homens). Observemos que estamos bem distantes de um complexo de Édipo, mas, ao contrário, que estamos muito próximos do desejo mimético: inveja, "instinto" diria Freud, cópia do desejo do Outro. Observamos ainda que é possível multiplicar ao infinito os triângulos das sexualidades para cada indivíduo encontrado, tendo ele frequentado um analista ou não.

Evidentemente certos fatos são mais marcantes que outros e podem até influenciar muito toda uma vida. Aliás, Stekel vai nessa direção:

> Os memoriais mostram, por outro lado, que ao contrário das afirmações iniciais do doente [sic], segundo as quais ele sempre teria sido homossexual, o recalque total da heterossexualidade vem da idade de dezenove a vinte anos. Vê-se aí claramente que uma sexualidade pode desviar da sua direção primitiva sob a influência de traumas.[11]

Poderíamos, aliás, distinguir dois tipos de identificação: uma que é pura cópia e outra que agiria por escolha contrária, numa espécie de identificação indireta. Ou copia-se o modelo diretamente, de forma idêntica, ou copia-se o modelo opondo-se diretamente a ele e sendo um contramodelo, da mesma maneira que na escultura há contraformas. De tanto "não querer" ser esse modelo, essa figura rechaçada, a pessoa torna-se a sua exata oposição – numa espécie de adolescência revoltada. Ser o "contrário exato" do outro significa ser tão dominado, estar tão submetido ao desejo mimético, à violência, quanto se houvesse identificação direta com o modelo. Essa não seria uma explicação que se poderia dar a respeito da "bicha louca", do "homem deliberadamente afeminado", aquele que se recusa sistematicamente a se dobrar ao esquema do macho dominante, à imagem social que o macho deve representar?

Didier Eribon começa o seu livro *Réflexions sur la Question Gay* pela evocação do passeio do barão De Charlus e do sr. De Vaugoubert, em *A Prisioneira*.[12] O sr. De Vaugoubert fala de si e dos outros homens no feminino. Para Didier Eribon, o sr. De Charlus fica incomodado por causa da imagem que o sr. De Vaugoubert dá da

---

[11] Ibidem, p. 615.
[12] Didier Eribon, *Réflexions sur la Question Gay*. Paris, Fayard, 1999, p. 11 ss.

homossexualidade. Na verdade, nem um nem outro pertencem a uma época em que se pode fazer um *coming out*. Pode-se dizer que o sr. De Vaugoubert, aristocrata, privilegiado, só reproduz mimeticamente o oposto do "verdadeiro" macho? Como a pressão social é muito forte, a maior parte do tempo ele assume um eu social e acredita ser ele mesmo, ser enfim homossexual, sendo uma espécie de antimacho.

Essa identificação é de fato a conclusão, a consequência do *double bind* no sentido mais amplo; ou seja, as "resistências" descritas por Freud se apresentam de tal maneira que as escolhas são feitas num espírito de contradição. A criança decide não ser esse pai, esse modelo tirano. O comportamento muito afeminado de certos homossexuais parece uma consequência da dupla imposição, num sentido mais amplo sujeito-modelo e inversamente. Decide-se ser o que o outro não é, seu contrário, por revolta, por afirmação da "sua" personalidade. Isso não passa, afinal, de uma posição de escravo sob os traços do mestre, visto que não há nenhuma liberdade nessa atitude superafeminada. Durante a revolução sexual dos anos 1970, ser muito afeminado era rebelar-se contra a massa opressora. Nos anos 1980, certas pessoas seguiram outros modos. As "bichas" jogam o jogo da sociedade e "contraimitam" a imagem do homem viril. Evidentemente, deve-se levar em conta considerações genéticas, mas por enquanto não se pode falar de homossexualidade hereditária; aliás, mesmo que existisse certa porcentagem de homossexualidade hereditária, essa porcentagem (tanto parte do ser, quanto parte de uma sociedade) seria sempre regida pelos mesmos desejos e contradesejos miméticos. Esses traumas não são senão os grandes feitos, as más ações, do jogo mimético.

Os esquemas de Stekel são demasiadamente redutores para serem corretos. A realidade parece criar em geral tipos mistos, graus de identificação que, além do mais, *a priori* não têm nada de definitivo – o que torna as escolhas "irrevogáveis" são jogos de repetição. Reproduz-se o que deu prazer, como se determina uma atitude contra uma sociedade crítica para proteger-se melhor. Além disso, ocorrem modificações com o tempo, os humores, o cansaço, a lassidão, a alegria. É claro que o homem "durão" não o é ao longo de todo o dia, ele tem momentos de retraimento, de abandono, de "feminização", longe do olhar dos outros. Ele precisa descansar desse papel de homem infalível que quis adotar. Pode-se até pensar que, quanto mais forte for, quanto mais duro consigo mesmo, com seu sistema de identificação, mais terá necessidade de se abandonar ao se sentir seguro, ou seja, longe dos olhares julgadores, niveladores e redutores nos quais ele próprio se fechou. Essas identificações totais parecem raras, a identificação é, assim que se torna evidente demais, sempre freada. Há identificação e ao mesmo tempo reticência diante de uma identificação definitiva. O *double bind* está na origem dessas identificações, e é por isso que elas são complexas. Vemo-nos ao mesmo tempo na situação "desejo ser você" quanto na situação "quero tornar-me eu e não ser você". Dessa forma, essas identificações flutuam.

Por outro lado, é preciso considerar os fatores exteriores, elementos contingentes, níveis sociais, peso dos condicionamentos. Por exemplo, se a mãe for homossexual, os homens ao seu redor muito provavelmente serão homossexuais, e a criança pode também copiar o seu desejo, ou responder a uma abordagem.

Uma das fraquezas desses sistemas de Freud e Stekel reside na sua rigidez: a relação triangular da família age como se um dos dois pais não existisse mais num determinado momento. A criança se identifica com a mãe e deixa o pai. É muito mais correto e lógico aceitar sentimentos mesclados, como essa reticência em relação à identificação descrita por Freud em *Leonardo da Vinci e uma Lembrança da sua Infância*. Além disso, os elementos contingentes participam da formação da sexualidade. Os encontros, os "acasos" direcionam uma sexualidade num sentido ou outro.

Stekel pressentia essas objeções e ampliava suas definições. Ele reconhecia, por exemplo, a influência oculta do pai numa identificação com a mãe, constatava que uma mãe viril fazia "nascer" um filho feminino ou masculino:

> Esses são alguns exemplos imediatos. Eu os ressaltei para mostrar que com frequência se diz que os homossexuais têm uma mãe enérgica e poderosa, enquanto, em casa, o pai faz o papel da mulher. O contrário também acontece. Na verdade, nenhuma regra geral é válida em matéria de psicogênese da homossexualidade. Cada caso exige uma solução individual. [...] Agora, eu gostaria de expor, usando um caso que observei, como a homossexualidade pôde ser provocada por uma mãe enérgica. Falarei em seguida de outro caso, em que o contrário foi constatado.[13]

Stekel admite aí um elemento fundamental: "nenhuma regra geral é válida em matéria de psicogênese da homossexualidade". Ou seja, para cada caso é possível inventar uma explicação freudiana *ad hoc*. Essa honestidade "assinala" uma fraqueza do sistema, não sistema, de Stekel. Tudo é possível, pois há todo tipo de identificação. Não se pode jamais falar de homossexualidade simples e única. Como não se pode falar de heterossexualidade no singular. Vemos assim a seguinte teoria fundamental: há tantas sexualidades, triângulos de identificações (modificáveis e não definitivos) quanto indivíduos.

Vê-se assim com clareza a filiação, a continuidade entre as reflexões de Freud, em seguida de Stekel e por fim de Girard.

Freud, o primeiro, no seu texto *Leonardo da Vinci...* observa que temos todos um componente homossexual "normal" que nos permite ter relações de amizade, relações desinteressadas com pessoas do nosso sexo.

Stekel usa esse componente homossexual para integrá-lo na heterossexualidade. Primeiramente, a criança dirige as suas curiosidades

---

[13] Wilhelm Stekel, *Onanisme et Homosexualité*, op. cit., p. 385 e 393.

para elementos do seu sexo, depois ela se interessa pelo outro sexo. É difícil decidir se se trata de uma constatação social ou psicológica. Na primeira parte do século XX, era mais fácil para rapazes, por exemplo, participarem de jogos sexuais com companheiros, dado que as moças eram menos "acessíveis". Provavelmente um rapaz cercado por irmãs terá uma "iniciação diferente". Para Stekel o desejo é um instinto indiferenciado: "Não existe um instinto da reprodução, mas simplesmente um instinto sexual".[14]

Observamos que os termos "instinto sexual" reaparecem a cada dificuldade, enquanto a rivalidade mimética permite descartá-los. Independentemente do lugar, da importância do desejo sexual, ele está sempre submetido ao desejo mimético. Trata-se de copiar o desejo sexual de uma irmã, de uma mãe, de um Outro, adaptando-se a ele ou rejeitando-o; ou, melhor ainda, de reunir num casal antinômico os dois componentes. Cada elemento do casal se encarrega dos diversos "traumas" ou acidentes do jogo mimético. A tendência bissexual do ser humano descoberta por Stekel não passa de uma porta aberta para a compreensão do desejo na sua maleabilidade mimética. No início, há um desejo, que se estabelece em seguida quando é guiado pelo olhar, o discurso, o comportamento do Outro.

Além disso, termina-se a leitura de Stekel com uma sensação de vertigem, pois, ao desenvolver vários exemplos de fixações sexuais, não se pode deixar de pensar que todos os caminhos levam a Roma, que todos os caminhos levam à homossexualidade. Nada é de fato convincente. Contudo, a importância dessas múltiplas fixações é fundamental, pois elas valorizam a exatidão das teorias do desejo mimético. Não é mais simplesmente o pai ou a mãe que a criança copia, mas outros adultos, outras crianças que vão se mostrar determinantes. Há, portanto, esse tipo de desejo indireto que aguardaria um Outro para ganhar forma. Dessa maneira, não se pode empregar nenhuma terminologia negativa em relação a

---

[14] Ibidem, p. 184.

homossexualidades, restando apenas uma multiplicação dos triângulos miméticos, todos defensáveis.

Por outro lado, Stekel multiplica os triângulos de identificação e mostra que não se pode falar de uma única psicogênese da homossexualidade, nem de homossexualidade simples, mas de uma multiplicidade de homossexualidades, de uma multiplicidade de identificações.

Com o aporte do *double bind*, da injunção contraditória, acrescentada à teoria do desejo mimético, René Girard vai ainda mais longe do que Freud e Stekel. Ele mostra que existe uma espécie de logística, de topologia homossexual do desejo: "Toda rivalidade sexual é [...] estruturalmente homossexual",[15] ou seja, sempre existe um mediador para o desejo do mesmo sexo, sem que exista de fato homossexualidade; ou seja, desejo essa mulher guiado, conduzido pelo desejo que um amigo, um rival, tem por essa mulher.

Para René Girard, a homossexualidade só aparece no ápice da rivalidade no campo do desejo heterossexual. Quanto mais o sujeito se aproxima – primeiramente do modelo, depois do rival –, mais há possibilidade de identidade, de violência. Quanto mais quero o mesmo objeto que o meu rival, mais eu me torno ele. Vemos aqui todo o trabalho de um Jean Genet sobre a identidade, sobre o duplo; Querelle luta consigo mesmo, com o seu irmão. Ele luta quando alguém usa a boina da mesma maneira que ele. Essa homossexualidade está fundamentalmente ligada à identidade, ao Mesmo.

Pode-se novamente estabelecer um paralelo com as teorias de Freud, que quer associar narcisismo e homossexualidade. No desenvolvimento "normal" do indivíduo, a criança se interessa primeiramente por seu corpo, por seus órgãos genitais (período do

---

[15] René Girard, *Coisas Ocultas desde a Fundação do Mundo*. São Paulo, Paz e Terra, 2009, p. 385.

narcisismo), depois por um outro ele mesmo, para abordar o desconhecido: esse Outro, aquele ou aquela, diferente de si.

Contudo, não se pode aceitar a explicação freudiana na sua totalidade, pois ela pressupõe que a conclusão lógica do percurso sexual é a heterossexualidade. Para Freud, a homossexualidade representa – mesmo que ele não queira introduzir um julgamento moral – um estado de não acabamento, de incompletude. Na verdade, não há mais incompletude no campo homossexual do que há no campo heterossexual. Os "sujeitos" encontram-se todos no mesmo funcionamento, que é o do desejo mimético. É preciso sair definitivamente dessas categorias de sexualidades que só existem, na realidade, para constranger o indivíduo, submetê-lo e eventualmente excluí-lo de uma sexualidade dominante. Pode-se manter essa intuição freudiana da identidade. A identidade é aquilo que busco quando estou sob o jugo da rivalidade: eu me torno o outro. A identidade é também esse jogo, *joculum,* com um outro eu mesmo que me fascina. Mas a homossexualidade representa algo diferente do outro eu mesmo; também é o Outro que me ensina, o Outro que me engrandece, o Outro que é essencialmente diferente de mim.

Não há *homossexualidade latente* para René Girard, mas só um desenvolvimento extremo do mimetismo tal como foi possível descrevê-lo em *O Eterno Marido*, de Dostoiévski. Temos, portanto, que lidar com uma multiplicação dos triângulos miméticos na escala da intensidade da rivalidade.

Contudo, é preciso ir além da teoria da homossexualidade segundo René Girard e levar os jogos dos triângulos miméticos aos seus entrincheiramentos, à sua própria lógica. Identifica-se uma homossexualidade da aprendizagem (no povo sambia, por exemplo). Em seguida, quando a rivalidade aparece, dois homens vão mimeticamente desejar um mesmo objeto (com a particularidade de que esse objeto será do mesmo sexo que eles). Quanto mais o primeiro deseja o objeto do segundo, mais o segundo se excita no seu desejo. Enfim, encontra-se essa rivalidade máxima, rivalidade do mesmo absoluto, em que a violência está no seu paroxismo e o objeto desaparece, só conta o rival do mesmo sexo.

Vê-se a complexidade dos triângulos miméticos, das possibilidades combinatórias sexuais, da sutileza das sexualidades, de sua modificação, alteração no tempo. O que é totalmente extraordinário é essa violência latente que geram as sexualidades e particularmente as homossexualidades. Parece que há até entre alguns, que o reconhecem, um acordo intelectual de princípio que não se distingue muito de uma "reserva" (a palavra é quase eufemística). Para outros, ela provoca uma aversão não dissimulada. Essas atitudes são inaceitáveis, pois restringem o outro de uma maneira mais ou menos subterrânea, mas real. Merecem que nos detenhamos mais tempo, pois permitem desvendar outros aspectos do universo das sexualidades, do universo das exclusões.

capítulo 12
homossexualidade: de exclusão em exclusão

Não, vocês bem sabem, os costumes sobre os quais vocês falam não são nem permitidos, nem perdoáveis, nem confessáveis. Contra vocês haverá ao mesmo tempo a razão natural e a Revelação. [...] A Revelação nos ensina ainda que esse vício é especialmente detestado por Deus. É desnecessário evocar Sodoma, o morte moriatur [?] do Levítico, o começo da Epístola aos Romanos, o Neque fornicatores, neque adulteri, neque masculorum concubitores.[1]

Isso basta. Eu nego ao indivíduo o direito de ser juiz e uma das partes em seu próprio caso.[2]

Releio a minha carta e ela me parece muito dura. Leia-a friamente como a consulta de um médico. E não fique desesperado. Não há doença mortal para as almas. Você pode se curar.[3]

---

[1] Paul Claudel e André Gide, *Correspondance*. 4. ed. Paris, Gallimard, 1949, p. 365, nota.
[2] Ibidem, "Lettre de Paul Claudel à André Gide", n. 160, com data de 9 de março de 1914, Hamburgo, p. 220.
[3] Ibidem, fim de carta. Claudel, de acordo com o seu costume, arrepende-se da sua severidade e intolerância depois de refletir, o que, aliás, não faz com que mude seu piedoso conselho. Como observava Gérald Antoine, o caro grande homem tinha mais compaixão por Arthur Rimbaud: "Claudel não acabava de dizer para Jacques Rivière, a respeito dos costumes de Rimbaud: 'O que importa? É a mensagem e não o homem que me interessa.' Compreendamos que isso vale tanto para Gide quanto para Rimbaud ou qualquer pessoa: o erro imperdoável do primeiro é deixar o homem invadir e corromper a mensagem". Gérald Antoine, *Paul Claudel ou l'Enfer du Génie*. Paris, Robert Laffont, 1988, p. 169. Pode-se, contudo, contestar a opinião de Gérald Antoine. Na verdade, a mensagem de Rimbaud é de revolta, revolta que ocorre também contra a sexualidade dominante. As obras eróticas de Rimbaud e de Verlaine existem, mas é verdade que se pode considerar essa obra, em geral comum, uma obra marginal.

Belo começo, esse comentário de Claudel sobre um livro de Gide. Paul Claudel, para condenar a homossexualidade, refere-se aos livros santos. É no Gênesis (cap. 19) que se conta a destruição de Sodoma como castigo aos costumes depravados dos seus habitantes. A expressão *morte moriatur* é extraída do Levítico 20,13: *Qui dormierit cum masculo coitu femineo, interque operatus est nefas, morte moriatur; sit sanguis eorum super eos* ("O homem que se deita com outro homem como se fosse uma mulher, ambos cometeram uma abominação; deverão morrer, e o seu sangue cairá sobre eles"). O começo da Epístola aos Romanos 1,27 é redigido da seguinte forma: "Igualmente os homens, deixando a relação natural com a mulher, arderam em desejo uns para com os outros, praticando torpezas homens com homens e recebendo em si mesmos a paga da sua aberração". Quanto ao último texto citado de forma fragmentária e inexata por Paul Claudel, trata-se de uma passagem da Epístola aos Coríntios 6,9-10: "Nem os devassos, nem os idólatras, nem os adúlteros, nem os depravados, nem as pessoas de costumes infames, nem os ladrões, nem os avarentos, nem os bêbados, nem os injuriosos herdarão o Reino de Deus", Primeira Epístola.

Nós falávamos, na introdução, da reação dos militantes revolucionários de 1968 na Sorbonne. Os estudantes queriam fazer a revolução, mas havia limites, apesar deles. As reivindicações dos homossexuais não podiam ser reveladas sem prejudicar o movimento. O famoso: "É proibido proibir" sofria ali uma enorme restrição e era questionado, embora o valor, a abrangência fossem de outra ordem. Guy Hocquenghem lembra que os verdadeiros revolucionários, os bem-pensantes, portanto, heterossexuais, proibiram as reivindicações homossexuais temendo que todo o movimento perdesse credibilidade. Lembremos o seu comentário:

> Quando Maio de 68 aconteceu e a ocupação da Sorbonne já estava organizada, amigos tentaram criar um Comitê de Ação Pederástica. Fizeram uma tiragem de alguns milhares de panfletos, prepararam oito cartazes. No dia seguinte, sete

haviam sido rasgados. O comitê de ocupação da Sorbonne se preocupava com a presença de homossexuais na área dos banheiros.

Isso poderia "desacreditar" o movimento: "no momento em que se acreditava estar no auge de todas as possibilidades, havia ainda aspectos da nossa vida que não se podia mais permitir que aparecessem".[4] Vê-se que o olhar do outro está sempre bastante presente e é escravagista... A única coisa que se pode fazer é constatar essa forte resistência às sexualidades não conformes.

As reações diante dos portadores do HIV também mostram a desconfiança imediata de uma grande maioria de pessoas em relação à sexualidade. O mundo da Aids só despertou tardiamente o interesse dos laboratórios farmacêuticos, da opinião pública. Quanto aos laboratórios de pesquisa, eles tinham razões essencialmente financeiras: a pesquisa da Aids não era suficientemente rentável no início. Mas, no que se refere à opinião pública, não devemos nos enganar: essa doença, muito estigmatizada pela sexualidade, era também marcada pela imoralidade e exclusão. A doença, apresentada no início de sua divulgação pela mídia como atingindo principalmente os homossexuais e drogados, não provocava interesse. Somente os hemofílicos podiam comover as pessoas; eles haviam contraído a doença a despeito de si mesmos; somente eles eram, portanto, inocentes – o que deixava claramente subentendido que todos os outros eram mais ou menos culpados ou responsáveis. Em 1998 e 1999, quando da discussão na França sobre o PaCS (Pacto Civil de Solidariedade) – esse contrato de união social que permitiria que casais não casados, portanto, homossexuais também, tivessem os mesmos direitos sociais que casais casados – viu-se o ressurgimento de uma antiga espécie política. Essa classe política se erguia como cavalaria, sem medo e sem crítica, disposta a morrer para defender os valores sacrossantos da família subitamente ameaçados,

---

[4] Guy Hocquenghem, *La Dérive Homosexuelle*. Paris, Jean-Pierre Delarge, 1977, p. 32.

nas suas próprias fundações, por forças obscuras e maliciosas. O texto adotado em 14 de outubro de 1999 não representa os progressos sociais prometidos.

Nos Estados Unidos, em 1978, o senador John Briggs, de Fullerton, no condado de Orange, no sul de Los Angeles, tomou a iniciativa de um projeto de lei ("Projeto 6"), especificando que todo professor assumidamente homossexual ou meramente suspeito poderia ser destituído de suas funções nos estabelecimentos do Estado. Briggs seguia o caminho real da cantora Anita Bryant, que, na Flórida, empreendia uma cruzada tendo como lema: "Salvemos os nossos filhos!". Como se os homossexuais, homens ou mulheres, representassem uma ameaça próxima do apocalipse, para as crianças loiras e morenas dos Estados Unidos. A cantora pertencia à Igreja Batista, a mais virulenta contra os gays.

Ainda nos Estados Unidos, o assassinato horrível, em outubro de 1998, de Matthew Shepard, 21 anos, mostra bem toda a violência que a homossexualidade pode provocar. Dois jovens fazendo-se passar por homossexuais levaram-no para uma espécie de terreno baldio, torturaram-no e deixaram-no amarrado numa cerca a uma temperatura próxima de zero – ele morreu em decorrência dos seus ferimentos cinco dias depois. O presidente Clinton fez uma declaração para denunciar esse crime de ódio. Mas, se houve manifestações de apoio, de compaixão, também emergiram – um pouco como na França em relação ao PaCS – demonstrações contra os gays de rara violência, de rara hostilidade, de rara intolerância. *Sites* de internet foram criados a favor de Matthew Shepard e em particular contra ele, contra os homossexuais em geral. Um reverendo americano fanático criou um *site* na internet no qual ele lembra, deformando-as, algumas passagens do Antigo e do Novo Testamento; tudo isso comentado por textos de ódio e exclusão. Houve também inúmeras manifestações homofóbicas – embora em Nova York milhares de pessoas tenham ido ao velório no dia 14 de outubro para rezar por esse rapaz. É fundamental lembrar que o ódio está sempre presente, subjacente, contra aquele ou aquela que é diferente; que é um dever do intelectual, do pensador, do religioso, de cada um de nós estar do lado da compaixão, da solidariedade, e nunca do lado da rejeição, da expulsão daquele que não se adéqua ao que nós gostaríamos que ele fosse, pois trata-se da vida de outros seres humanos.

Que "tara" secreta é essa da homossexualidade, capaz de causar tantos protestos – independentemente do que pensem ou digam certos intelectuais? A homossexualidade sempre cria as mesmas rejeições. Ela só foi aceita em lugares privilegiados, em certas cidades grandes, Paris, Roma, Nova York, São Francisco;[5] em meios privilegiados (artísticos, por exemplo). O relatório Hite nos diz que continua havendo um grande preconceito contra os homossexuais. A maioria das respostas a respeito da homossexualidade refletia essa tendência:

> "A homossexualidade é doentia e repugnante. Ela é contrária às leis da natureza"; "Acho que os homossexuais são pessoas anormais e que a homossexualidade existe por causa deles [...]. Sou contra os casamentos homossexuais, os professores homossexuais, tudo o que pode permitir que uma bicha exiba publicamente a sua anormalidade ou que seja reconhecido pelos outros"; "Sou policial aposentado, e a única coisa que eu gostava de fazer com os veados era espancá-los. Não tenho nenhuma simpatia, nenhuma compreensão, nenhuma tolerância pelos pederastas, veados, bichas, e não quero ter. São todos degenerados, pessoas perigosas".[6]

Deixemos essas aberrações. Entretanto, é necessário lembrar os fatos e, dessa forma, não se iludir a respeito da suposta evolução da

---

[5] A "Parada Gay" de 25 de junho de 1989, em São Francisco, reuniu mais de 275 mil pessoas.
[6] Shere Hite, *Le Rapport Hite sur les Hommes*. Paris, Robert Laffont, 1991, p. 708.

tolerância humana. Sempre é possível temer algumas reações violentas ou histéricas. Por outro lado, descobrimos nesse mesmo livro que 43% das pessoas indagadas confessam ter tido uma experiência homossexual na sua juventude:[7]

> Dada a importância que em geral os homens dão ao fato de ficarem distantes, fisicamente, dos outros homens, nós nos surpreendemos ao constatar que inúmeros meninos, futuros "heterossexuais" na sua maioria, tiveram relações sexuais com outros meninos na infância ou adolescência. 43% dos homens que responderam tiveram relações sexuais, de uma forma ou de outra, com um menino: na maioria das vezes, masturbaram-se ao mesmo tempo, sem encostar um no outro, ou foram masturbados por um parceiro. Mas perto da metade desses homens (20%) se masturbou mutuamente, perto de um terço também praticou a felação, e alguns praticaram o coito anal, como parceiro ativo e/ou passivo.[8]

Entretanto, não há nada, física e "tecnicamente" falando, que seja mais vergonhoso num ato homossexual do que num ato heterossexual. Plagiando um autor famoso, poderíamos dizer que só se trata de um contato de peles e mucosas. Haveria mucosas boas ou más? Zonas erógenas boas ou más? Essa era a pergunta feita por alguns militantes homossexuais nos anos 1970. Lembremos os fatos: a Igreja encoraja o ato de dar a vida, mas sempre condenou o ato da

---

[7] E quantos esconderam isso? Por exemplo, aqueles que tiveram respostas tão violentas a respeito desse assunto certamente não quiseram se lembrar de fatos passados obscuros; embora tudo isso fosse confidencial, tratava-se de uma questão entre eles e sua virilidade. Na verdade, não há nada de extraordinário nisso, essa porcentagem só confirma a tese da bissexualidade das crianças até mais ou menos a adolescência.
[8] Shere Hite, *Le Rapport Hite sur les Hommes,* op. cit., p. 69.

carne feito com o único objetivo do prazer "egoísta" – independentemente de ser perpetrado entre homens, entre mulheres ou entre homens e mulheres: esse é o sentido do *neque fornicatores, neque adulteri, neque masculorum concubitores,* citado por Claudel.[9]

Não se pode mais admitir o argumento de alguns que, para além de toda perspectiva religiosa, sem dúvida por uma presciência apesar de tudo divina, dizem que a única lei natural é aquela que liga o homem à mulher para a procriação. Não há aí nenhuma lei universal, mas simplesmente uma projeção de inquietações e fantasmas, uma vontade de encontrar uma lei natural ilusória para recalcar melhor sexualidades inquietantes. O que a humanidade postula não é somente "crescei e multiplicai-vos", mas também o que ela deixa para trás, obras de arte, obras literárias, obras em geral, atos de humanos no sentido forte do termo. Quem poderia defender a ideia de que um Michelangelo não deu à humanidade o melhor dela mesma? Usar uma pretensa lei natural significa não compreender o que fez o homem. O homem, quando sai de uma regra natural (por exemplo, a lei do mais forte, a lei da sobrevivência) cria a sua própria regra, uma regra humana que ultrapassa e transcende a "natural". O homem não é um ser bondoso, dizia Freud, a sua lei é a lei violenta; ele se torna humano quando faz desse monte de rivalidade e destruição um ser que aceita o outro na sua maior diferença e fragilidade.

---

[9] Aliás, pode-se fazer a pergunta do papel da sociedade e da Bíblia. Embora o grande livro seja universal, ele foi escrito em determinadas épocas e é muito difícil saber se o peso social pôde influenciar certos versículos. Nos estudos de teologia, o exame da "originalidade" dos textos bíblicos, dos vários transcritores, a escolha dos textos chamados de apócrifos, faz parte do programa. Mas parece que esse estudo deve ser afastado do comum dos mortais a quem se pede que aceite a totalidade dos textos bíblicos como se esse conhecimento fosse manchar uma possível fé do crédulo. Por sua vez, René Girard, em *La Route Antique des Hommes Pervers,* "limpa" o prólogo dos diálogos do livro de Jó (p. 40). O prólogo é tão inferior ao diálogo que não pode ter a mesma inspiração. Contudo, já evocamos o problema com o autor e lhe dissemos que era delicado, para um crente, deixar pairar uma dúvida sobre uma passagem da Bíblia sem lançar um certo descrédito sobre toda a Obra. René Girard estava de acordo e lamentava não ter feito de "outra maneira o seu comentário do prólogo".

Por que então esse anátema lançado contra a homossexualidade? Se a homossexualidade incomoda é por causa da má-fé, fenômeno cujo princípio é descrito por Sartre:

> A má-fé tem [...] aparentemente a estrutura da mentira. O que muda tudo é que, na má-fé, eu escondo a verdade de mim mesmo. Dessa forma, a dualidade do enganador e do enganado não existe aqui. A má-fé implica, ao contrário, por essência, a unidade de uma consciência.[10]

Sartre afirma, depois de Stekel, que a má-fé se situa no nível da consciência. Os atos provenientes da má-fé são aqueles que são próximos demais para serem aceitos tais como são. Se há má-fé, também há desdobramento do ser. Vê-se o que se espera que sejamos e é justamente por isso que não se *é* mais:

> Se o homem é o que ele é, a má-fé é definitivamente impossível e a franqueza deixa de ser o seu ideal para se tornar o seu ser; mas o homem é o que é e, de maneira geral, como se pode ser o que é quando se é como que a consciência de ser? [...] a má-fé tem o objetivo de ser inalcançável.[11]

Sartre cita aqui o exemplo do garçom de bar que, de tão aplicado nos seus gestos, parece estar representando o papel de ser um garçom de bar. Ocorre o mesmo com a criança que adquire um ar pensativo diante do seu professor; aos poucos ela se funde na sua atitude de reflexão e não escuta mais nada: "O primeiro ato de má-fé é para escapar do que não se pode escapar, para escapar do que somos. Porém, o próprio projeto de fuga revela à má-fé uma

---

[10] Jean-Paul Sartre, *L'Être et le Néant*. [1943] Paris, Gallimard, 1988, p. 84.
[11] Ibidem, p. 95 e 102.

íntima desagregação no âmago do ser, e é essa desagregação que ela deseja ser".[12]

Sartre estuda *A Mulher Frígida*, de Stekel, e descobre um princípio de má-fé. Stekel observa que essa mulher recusa o prazer e conscientemente pensa durante o ato sexual em outra coisa, nas contas da família, por exemplo. Trata-se para ela de dissimular para si mesma o seu prazer; a mulher frígida aqui tem *má-fé*: "Entretanto, se a mulher frígida distrai dessa maneira a sua consciência do prazer que sente, não é cinicamente e em pleno acordo consigo mesma: é para provar para si mesma que ela é frígida".[13] Aqui também se trata, nessa abordagem desenvolvida por Sartre, de negação do inconsciente, que não seria senão uma "astúcia da consciência". Sartre parece recusar a possibilidade de formular o conceito de "natureza homossexual". Ser homossexual por natureza é ser, de certa maneira, determinado, o que significa, portanto, escapar do campo de sua liberdade. Assim, a atitude de certos homossexuais que querem encontrar o vestígio genético da homossexualidade seria perigosa. Para retomar a terminologia sartriana, o homem não existe jamais "em si" – como esta cadeira existe, de uma maneira compacta –, o homem existe "para si". É através da sua consciência de existir que o homem existe; morto, ele se torna "a presa dos vivos". Há uma unidade psíquica da mesma maneira que existe unidade do ser humano. Se Sartre recusa o "id, o ego e o superego" freudiano, é porque essa trindade, ao cindir o homem, tira a sua unicidade, a sua liberdade. "O homem é totalmente livre ou não o é", escreve.

A principal dificuldade dessa má-fé provém do fato de ser, por definição, fé,[14] e por escapar, consequentemente, à razão. Esse homem que faz o papel de garçom de bar, essa mulher que faz o papel de frígida, os dois têm boa-fé na sua má-fé. Elisabeth Badinter mostrou o incômodo que existe em ser homem, simplesmente, entre o

[12] Ibidem, p. 107.
[13] Ibidem, 90.
[14] Ibidem, p. 104.

homem brando e o homem duro –[15] esse homem duro que é talvez, paradoxalmente, o "último" guerreiro homossexual. Essa identidade que quero encontrar para mim num meio masculino por excelência, devo encontrá-la sendo por definição de "má-fé". Enquanto homem, devo oscilar entre ser um homem brando, inaceitável (há um homem brando numa seleção de rúgbi no "terceiro tempo"...) e um homem duro. Se quero estar do lado dos homens, daqueles que desempenham de má-fé o papel de homem, devo ser duro... mas ao mesmo tempo, se desejo ser um ser humano evoluído, devo antes tender para o lado do "homem brando", aquele que compreende, aquele que aceita a sua parte feminina.

O heterossexual "duro" tem, portanto, por definição má-fé. Ele não tem outras escolhas a não ser "fazer o papel" do homem duro, da mesma maneira que o garçom de Sartre fazia o papel do garçom de bar. O heterossexual intransigente e violento, que nega ao seu corpo toda tendência ao mesmo,[16] não se comporta de forma diferente da mulher frígida. Mesmo levando em conta os possíveis 43% dos heterossexuais que tiveram uma aventura na sua infância ou adolescência, lembremo-nos de que mais da metade das pessoas interrogadas tinha uma opinião muito negativa sobre a homossexualidade. Evidentemente, algumas pessoas, anti-homossexuais e pós-homossexuais, têm, de forma exemplar, "má-fé".

Esses heterossexuais fanáticos, homófobos, estão sempre no "em si", "na inautenticidade". Eles só existem na submissão ao olhar, não do Outro, mas do grupo, do grupo dos "verdadeiros homens". Estão sempre no que a sociedade, a sexualidade dominante fez deles; sempre são objetos, jamais sujeitos. Como sempre são objetos do grupo, a sua "liberdade" nunca pode se desenvolver. Se o(a)

---

[15] Élisabeth Badinter, *XY, De l'Identité Masculine*. Paris, Odile Jacob, 1992.
[16] Além disso, se um macho não mostrar aversão pela homossexualidade, ele próprio pode ser suspeito de ser "invertido". Pode-se ser simpatizante de um clube de rúgbi, de um clube de futebol, sem praticar o esporte, mas ser simpatizante homossexual é altamente suspeito em todos os meios da sociedade.

homossexual é excluído(a) desse mundo, os próprios "verdadeiros homens" se autoexcluem da humanidade obrigando-se a ser sempre a coisa, o objeto do outro, aquele que deve se submeter a todo um código de comportamentos, de usos e costumes.

A rigidez de comportamento, de uma maneira geral, traz problemas. Enquanto a vida muda, a sexualidade e os desejos se modificam ao longo da existência; algumas pessoas parecem ficar imobilizadas numa maneira de ser repetitiva. Cristalizações, permanências, fossilizações de um estado de desejo parecem impedi-las de variar, de evoluir.

Primeiramente, há uma vontade de reproduzir um ato que proporcionou prazer – mesmo que esse prazer se atenue, se apague, perca o seu frescor, a sua vivacidade em relação ao primeiro ato que deu um prazer propriamente "fundador". Reproduz-se no múltiplo o primeiro ato que trouxe essa felicidade frágil, translúcida e passageira.

Em seguida, é o outro, o olhar do outro que enclausura o sujeito num papel, numa determinada atitude, que o enclausura definitivamente numa série de gestos que seguem a "norma" e são estereotipados. Dessa maneira, o homem hipermachista, assim como aquele que se comporta como "bicha louca", se esgotam num mesmo papel (embora os sinais exteriores pareçam opostos). São obrigados, pelo olhar do outro, dos amigos, da sociedade, a repetir com rivalidade – por imitação ou contraimitação, o que dá no mesmo – gestos artificiais, previstos, telecomandados; gestos verdadeiramente mortos.

Pode-se observar de passagem que se fala facilmente de "verdadeiros homens" e não de verdadeiras mulheres. Quem seriam essas verdadeiras mulheres? Mulheres-mães que se realizam numa feminidade da procriação? De fato, se não se ouve a expressão "verdadeira mulher", é sem dúvida porque a mulher se encontra mais ontologicamente na autenticidade e porque não tem que provar que é uma mulher. É porque uma vez mais a mulher é mais forte, mais sensível do que o homem, preso nos seus preconceitos sociais, morais e guerreiros. É sem dúvida assim que se deve compreender a palavra do poeta: "A mulher é o futuro do homem". A mulher é o futuro do homem porque ela está além dessas questões de provas. Não é por acaso que na Argélia são as mulheres que desfilam para parar a guerra, para parar a rivalidade imbecil em que o homem, por não saber ser simplesmente homem, busca pretextos de existências, pretextos guerreiros.[17]

Será um contrassenso aproximar isso de uma anedota narrada por Freud? Freud tinha um amigo estrangeiro e os dois conversavam. Esse amigo chegou a criticar Freud por erros que ele próprio sempre cometia.[18]

Quanto maior for a parte da homossexualidade necessária para a vida social, para as relações de afeto entre as pessoas do mesmo sexo, mais ela será recalcada com violência. Enfim, os críticos fervorosos musculosos dos amigos da Arcádia, da "comunidade gay", dos "caçadores de homossexuais" são de certa maneira as mulheres frígidas da homossexualidade. Em *O Milagre da Rosa*, Jean Genet evoca religiosamente virilidades extremas. Mas os extremos se juntam, o homossexual superafeminado "representa" tanto quanto o heterossexual hipermasculino... e este, se desejar o primeiro, demonstrará isso dando "sinais" opostos:

> A bicha sorria com o máximo de humildade possível, tanto para enganar o guarda da prisão quanto para tentar enternecer Botchako e os seus colegas. [...]
> Dando um só giro, único no mundo, Botchako voltou a subir a sua calça.

---

[17] Contudo o perigo está presente assim que as mulheres desejam retomar, sob pretexto de igualdade, a tocha mimética, reproduzindo então todos os elementos masculinos da rivalidade.

[18] Nessa mesma ordem de ideias, no filme *Deathtrap*, um homem casado vive uma relação homossexual. O casal decide se livrar da mulher importuna. Eles a assustam, ela morre de um ataque cardíaco. Numa das cenas, o homem casado diz, com um ar muito desconfiado a respeito do seu amante, dirigindo-se a um dos personagens: "Isn't he Gay?".

> – Eu enfiaria no seu rabo, sua puta! [...]
> Lou-du-Point-du-Jour [...] fez um gesto. [...]
> Pensamos que esse gesto [...] significava tentar a paz, mas com um sorriso ele disse:
> – Casem-se, vamos! Você gosta dele, tá na cara!
> – Eu, casar com uma bicha?
> A cara de Botchako expressava um nojo exagerado.[19]

Vamos dar uma primeira explicação. A homossexualidade é inquietante porque ela faz surgir os duplos. Ela fala da identidade, do retorno ao mesmo, o que é sempre inquietante em todas as sociedades. De fato, os grandes autores que descreveram homossexuais com frequência ressaltaram o princípio do duplo, da identidade. Jean Genet, em *Querelle de Brest,* descreve Gil como um pequeno Querelle; os duplos se amam, um trai o outro, essa relação vai além do suportável. Lembremos que a primeira vez que Querelle beija outro homem, ele pensa que está beijando a si mesmo – a homossexualidade também está ligada ao narcisismo, segundo Freud. Na sociedade sambia, o único verdadeiro pária, já mencionamos isso, é o andrógeno, o indiferenciado. Em geral, o objeto tabu é sacralizado ou sacrificado, pois não pode de forma alguma contrariar a ordem social. René Girard mostrou a rejeição dos duplos no repúdio dos gêmeos em muitas sociedades primitivas. A homossexualidade representa também uma forma de revelação do retorno ao mesmo e, por essa razão, é fonte de uma inquietação visceral. A homossexualidade mostra o fascínio do homem pelo que lhe é muito próximo. Trata-se de disfarçar a importância do rival, do modelo, que está presente em toda relação, sexual ou não.

Mas uma segunda compreensão dos sinais hipermasculinos parece ser necessária. Virilidade extrema chama virilidade extrema (na mesma perspectiva das palavras de Shakespeare, *"blood will have*

---

[19] Jean Genet, *Le Miracle de la Rose.* In: *Oeuvres Complètes,* op. cit., p. 237-38.

blood"). Existiria uma espécie de contaminação de feminidade no contato com mulheres bonitas, sofisticadas, maquiadas e doces. Seria como se o homem hiperviril tivesse a impressão de "amolecer" no contato com uma mulher. Os guerreiros devem ficar entre guerreiros. A doçura de lençóis perfumados e a ternura de braços femininos os "enterneceriam", a bem dizer. E aí reside o novo paradoxo do homem duro diante do homem brando. O homem brando é aquele que aceita a sua parte feminina, mas também é aquele que é mais "contaminado", "influenciado" por sua parte feminina (revivida, reencontrada no Outro feminino). A observação é interessante pois ajuda a compreender que o mesmo aparece também na heterossexualidade. Compreende-se, portanto, a mentalidade dos campos de guerreiros, a homossexualidade onipresente nos campos de jovens organizados pelos nazistas: para dar novamente à Alemanha força, poder, combatividade, os rapazes deviam reaprender a ter contato com a rudeza, o confronto "viril". Também é possível que esses campos de rapazes fossem glorificados por homossexuais mais femininos porque encontravam nisso uma espécie de ideal da virilidade que não tinham; mais aí esses homens se comportariam antes como mulheres que buscavam se assegurar através de uma virilidade na qual "se aconchegavam", através de uma virilidade complementar de sua feminidade. A propósito, observa-se o número de homossexualidades que isso implica: entre uma homossexualidade que busca a sua diferença (o homem feminino em busca de um homem masculino) e uma homossexualidade que iria na direção do mesmo, da mesma virilidade máxima: entre esses dois extremos há uma infinidade de possibilidades, uma infinidade de triângulos possíveis.

Mudança de significado, novo paradoxo: o afeminado romano, aquele descrito por Cícero no primeiro século antes de Cristo, é aquele que coloca o seu interesse pessoal, as suas "histórias de amor", antes de Roma; aquele que combate pela defesa de Roma rodeado por outros homens é, portanto, extremamente viril.
O máximo dessa virilidade está presente, então, pela lógica, entre os guerreiros de Esparta.

Portanto, é toda essa parte viril de uma certa forma de homossexualidade que tanto incomoda certos homófobos machistas de hoje, aqueles que desejam ser hiperviris. A má-fé evidente. É possível compreender assim as razões da careta exagerada desse Botchako que parece se sentir duplamente viril dominando outro homem.
É com outros homens, só homens, que se adquire essa virilidade (como os jovens caçadores em contato com caçadores adultos da sociedade sambia) e é justamente isso que se rejeita com o máximo de violência, de força.

O paradoxo está ainda presente no século XVIII em que o libertino, o mulherengo é um homem muito refinado, muito delicado, que se lambuza de cremes, se maquia e usa peruca. Ele tem com a mulher uma relação praticamente de identidade. O seu refinamento é espelhado no da mulher: ele se mira e se desenvolve. Ele sempre busca a mulher, mas ousemos dizer que o faz como mulher (novo triângulo de sexualidades possíveis desses homens que quase poderíamos chamar de lésbicos). Um Don Juan vive com a mulher mais uma relação homossexual mulher-mulher do que uma relação de fato complementar.

Virilidade chama virilidade, assim como doçura e feminização dos costumes chamam feminidade.

capítulo 13
análise da situação

Estudar as formas da sexualidade em função do desejo mimético significa abordar o sujeito numa perspectiva geral; significa compreender na sua totalidade diversos funcionamentos capitais.
O nosso objetivo era incluir nessa abordagem as pesquisas anteriores e tentar utilizar o que poderia sê-lo. Não se pode eliminar a obra de Freud afirmando que o complexo de Édipo não "funciona" em todos os tipos de sociedade. Ao contrário, é preciso utilizar essa obra genial para tirar dela os elementos que podem ser utilizados em função dos campos da rivalidade mimética. Foi possível perceber com isso que as observações de Freud eram bem mais contundentes do que se poderia esperar através de uma leitura rápida demais da sua teoria mais conhecida.

Segundo o complexo de Édipo, o filho quer matar o pai para ocupar o seu lugar junto da mãe. Se compreendermos pai, mãe e filho utilizando os termos girardianos, e se admitirmos algo mais sofisticado do que esse assassinato que é proposto, perceberemos que a teoria "funciona" em todos os casos. Em toda relação triangular, o sujeito imita o desejo do rival pelo objeto e tenta eliminá-lo. O próprio Freud havia notado que a rivalidade causada pela presença do pai se repetia com a vinda dos irmãos, e que também nesse caso havia competição pela conquista da mulher. Foi ressaltado então que Freud foi o primeiro a dar os materiais necessários para o questionamento de suas teorias. Se há repetição do assassinato do pai é porque o pai é um símbolo. De fato, o complexo de Édipo pode ser compreendido como um exemplo da rivalidade mimética. O desejo do pai pela mãe guia o do filho, e inversamente: há rivalidade para receber as carícias da mãe. Pode-se com isso concluir que o objetivo é sexual e que o que se busca é somente possuir a mãe? Nada nos coloca nessa via. Trata-se antes de um jogo de existência: "Como vou existir nessa célula familiar?". Essa é a questão fundamental subjacente. A atenção da mãe é simplesmente o direito à existência. Existo se sou amado, e somente se sou amado. Nós, os adultos, não nos comportamos de maneira diferente. O lugar que desejamos ocupar no amor, na amizade, na sociedade se resume em geral nessa mesma questão: "Como vou poder existir?". Assim, na estrutura do complexo de Édipo, há apenas um desejo mimético que, por causa da diferença de relações entre o pai e a mãe, por um lado, e entre a mãe e o filho, por outro, não se realiza da mesma maneira.

O complexo de Édipo representa a passagem da rivalidade externa para a rivalidade interna. O pai passa de modelo a rival. Mas essa passagem não é estável e nos permite introduzir um conceito que se encontra na base de toda relação humana: o *double bind*, ou duplo vínculo. Amplia-se, portanto, esse *double bind* atribuindo-lhe o sentido amplo de desejo e contradesejo, desejo contraditório; quer venha da mãe, quer venha do filho, no exemplo citado por Bateson, ele não é mais, portanto, simplesmente uma causa possível de esquizofrenia (a mãe que dá afeto ao filho e que, ao obter uma resposta, se retira).

Esse duplo vínculo é o sujeito que quer imitar o modelo – ou o rival, num jogo mais acirrado, mais delicado –, mas que não pode admitir que essa imitação vá muito longe. Num esquema edipiano, o pai não é assassinado, ao contrário, ele permanece, e aí está o nó da questão; ele é ao mesmo tempo amado e rejeitado. A criança tem em relação ao pai, portanto, sentimentos contraditórios. Ele quer imitá-lo, admirá-lo, mas, por outro lado, gostaria de ter a atenção da mãe somente para ele. A isso se junta a atitude do pai, que pode não satisfazer completamente a criança. Freud, na sua análise sobre Leonardo da Vinci, mostra como o jovem pintor quer tanto imitar o seu pai quanto rejeitá-lo (o pai não se comporta de uma maneira que Leonardo da Vinci pode admitir). Se o sujeito quer imitar o rival é porque, de certa maneira, ele lhe dá crédito, o admira, o reconhece. O contradesejo representa, de certa forma, esse fenômeno físico: se jogarmos uma bolinha de aço num trilho curvo, formando uma espécie de arco de círculo, com as duas extremidades em direção ao céu, ela também percorre o caminho inverso; quanto mais forte for o lançamento dessa bolinha, maior será o seu retorno.

É exatamente o que se dá em relação à imitação. Quanto mais o sujeito admirar o seu rival, mais estará submetido ao contragolpe desse fascínio; quando se trata, porém, de um verdadeiro modelo, não há contragolpe. Há conflito cada vez que a criança não atribui ao pai o estatuto de modelo. Deve-se ressaltar que o pai, se pode tornar-se o rival num período em que a criança vai desejar afirmar o seu território, ele poderá voltar ao seu estatuto anterior, quando o perigo tiver passado. Por exemplo, ao envelhecer, um pai que tenha sido rival não representa mais uma fonte de conflito mas, ao contrário, de reconhecimento. O papel "ideal" dos pais é o do dom, o da alegria pelos sucessos dos filhos, o da dor partilhada nos fracassos. Os pais fazem parte dos modelos, estão fora do círculo da inveja. Se há rivalidade é porque há disfunção. É possível que pais com pouca instrução tenham ressentimento em relação aos seus próprios filhos. Pode haver relações incestuosas, mas estaríamos nesse caso na anormalidade, na rivalidade cega.

Deve-se observar a complexidade dos jogos triangulares. Pode-se admitir que, por exemplo, no casal filho-mãe no qual a mãe é forte, o sujeito deseja identificar-se com a mãe e copia o seu desejo por homens. Isso pode resultar num caso de homossexualidade em que o sujeito busca o objeto da mãe (se a mãe gosta de homens viris, o filho copia esse desejo). Mas uma mãe forte pode muito bem criar um filho que recusará essa identificação com uma mãe demasiadamente autoritária e se recusará a copiá-la. Através de um contradesejo, o filho vai se identificar com um pai fraco, vai ser heterossexual com relações conflitantes com as mulheres. O caso do pai autoritário pode criar as mesmas figuras. A criança, como

Leonardo da Vinci, pode ao mesmo tempo copiar e rejeitar o pai, e escolher o objeto, a sexualidade da sua mãe. Mas ele pode copiar esse pai autoritário, recalcar no fundo de si mesmo uma fraqueza latente, que se deve à forte impressão deixada por esse pai, e se comportar na vida como um perfeito heterossexual. Cada vez que há identificação, há contraidentificação. Dessa forma, não é possível se contentar com esquemas simples, pai-modelo autoritário, criança homossexual, por exemplo; a psicologia é muito mais complexa. Há tantos eventos dolorosos e delicados na escolha de uma homossexualidade quanto na escolha de uma heterossexualidade; os modelos talvez não sejam tão simples quanto os que se quis nos mostrar.

Além do mais, não se pode admitir que haja em toda a vida de um indivíduo uma única identificação que vai resultar numa única escolha de sexualidade. Evidentemente, a microssociedade que envolve a criança nos seus primeiros anos é a que vai exercer mais influência sobre ela; entretanto, a sua vida não para aí. É a multiplicação de relações triangulares que vai levar à escolha de uma sexualidade, que aliás nunca é – repitamos – fundamental e teoricamente definitiva. Essa é uma questão essencial neste estudo do papel da rivalidade mimética em relação à sexualidade. As implicações miméticas são as mesmas nos casos de heterossexualidade e de homossexualidade; de onde vem, então, esse desejo por um sexo mais do que por outro? As respostas da psicanálise não são suficientes porque não levam em conta o mimetismo. Contudo, pode-se dizer que a escolha de uma sexualidade só ocorre por mimetismo (ou contramimetismo, o que dá no mesmo)? Poderíamos estabelecer uma porcentagem de causas que levam a determinada sexualidade: pais, sociedades, colegas, cultura, genética. Com os traumas da infância, certa direção é dada, mas ela vai se modificando sempre, tomando uma nova direção conforme vão se desenrolando os acontecimentos sociais e contingentes.

Observa-se um fato extraordinário nos estudos sobre as sexualidades citadas: nunca se fala de prazer. Esse prazer que é tanto adepto do inferno quanto do paraíso. Esse prazer que está ligado ao sofrimento:

> [...] alquimia da destruição transformando-se em criação. Devia-se pensar nisso. O desejo sempre pensa nisso. É por isso que ele deseja o sofrimento: para nele distinguir o prazer. De certa forma, como ponto de vista. Daí vem essa assustadora palavra de ordem lançada por Théophile Gautier, que fala muito sobre o casamento do sofrimento e do desejo no âmago da paixão: "Antes a barbárie do que o tédio!".[1]

Assim, Daniel Guérin, em *Kinsey et la Sexualité*, pensa que Kinsey não levou a sua curiosidade muito longe. "Ele não se pergunta, entre outras coisas, se não seria o hábito, a repetição do mesmo ato provedor de prazer que contribuiriam, em grande parte, para reforçar a tendência exclusiva, para provocar a fixação, heterossexual ou homossexual." Contudo, um dos fatores essenciais nesse campo é a reprodução dos gestos, das situações que colaboraram na obtenção de um prazer.

Essa busca do prazer é um pouco o que Henri Laborit denomina a busca do ato gratificante: "O prazer está ligado à realização do ato gratificante".[2] A esperança de se encontrar num universo protetor e tranquilizador também pode se aproximar da célebre frase de Freud: "O sonho é a realização de um desejo". Busca-se voltar a uma situação "gratificante", mas isso é cada vez mais difícil de obter. Na luta contra o rival para a obtenção do objeto, o ato gratificante é a constatação de estar apto a suscitar um desejo no objeto. Volta-se assim ao sentimento de existência evocado acima. Fazer surgir o desejo é existir. A busca do ato gratificante se une àquela do direito de ser. A minha presença em relação ao outro leva à minha presença em relação a mim mesmo. Nós nos aproximamos aqui de Emmanuel Lévinas. É o outro, o seu rosto, que me fazem nascer. Se

---

[1] Bertrand Vergely, *La Souffrance*. Paris, Folio Essais, 1997, p. 192.
[2] Henri Laborit, *Éloge de la Fuite*. Paris, Folio, 1976, p. 92.

o rosto do outro se furta a mim mesmo, é toda a minha existência que é colocada em questão, toda a minha relação com o outro. A minha palavra para o outro funda a troca, ela me dá o meu estatuto de sujeito; aqui se encontra o embrião da teoria da comunicação desenvolvida por Francis Jacques,[3] que, embora se diferencie da de Levinas, coloca o sujeito, a intersubjetividade, no centro da problemática filosófica.

Entretanto, imaginamos que as causas que nos fazem agir mimeticamente são muito numerosas e complexas. Gostaríamos de propor uma delas; talvez a mais importante. Pudemos observar que, em certos exemplos citados, a imagem da criança, do adolescente é a de um recipiente que se enche com os outros, com o desejo dos outros. A criança sambia é considerada uma espécie de terreno virgem. Como esse terreno sofre todas as influências externas, deve-se protegê-lo. Com o propósito de fazer do menino um grande caçador, deve-se enchê-lo de "virilidade, de força, de coragem". Empreguemos, então, a expressão "falta para ser" e afirmemos que o corpo é uma falta, um receptáculo do desejo do outro. Essa falta só busca uma coisa: ser satisfeita. Aí temos uma forma essencial do reconhecimento, um passo para a felicidade, ou talvez para o inferno, nessa reprodução infinita dos prazeres:

> Somos dois seres e nos
> encontramos no infinito.
>
> Dostoiévski, *Os Demônios*.

---

[3] Francis Jacques, *Dialogiques, Recherches Logiques sur le Dialogue*. Paris, PUF, 1979.

capítulo 14
elaboração de um esquema de comportamentos sexuais

> *Há tantas homossexualidades quantos homossexuais, assim como há tantas sexualidades quantos seres humanos [...].*
> Yves Navarre[1]

É possível desenhar uma espécie de esquema mostrando o conjunto dos comportamentos sexuais. Percebeu-se que havia um *continuum* de sexualidades. Como ressaltava Yves Navarre, há tantas homossexualidades quantos homossexuais; mas é preciso ir mais adiante: há tantas sexualidades quantos indivíduos. A partir das teorias girardianas, pode-se estabelecer, desenvolver esse esboço de uma teoria das sexualidades.

Deseja-se, portanto, descrever os campos da rivalidade mimética e suas consequências sexuais. O esquema que se adota mostra que há uma multidão de sexualidades diferentes, que vão da rivalidade mínima à máxima; que a determinada heterossexualidade corresponde, simetricamente, certa homossexualidade. Nessa ótica, é possível retomar os exemplos do livro.

---

[1] Yves Navarre, *Biographie 2*. Paris, Flammarion, 1981, p. 324.

No conto de Camarões, é o grau zero da rivalidade mimética que é desenvolvido. A princesa Nguessi Ngonda é a iniciadora, a que mostra para Johnny o caminho, a que o obriga a ser melhor, a evitar a rivalidade, a guerra. Johnny não deve escolher o cavalo que tem o seu nome, não deve "escolher a si mesmo". Escolher o mesmo desejo que o outro é entrar na rivalidade, é querer a mesma coisa que o seu vizinho. Assim, Johnny deve, a partir de seu estatuto de sujeito, tornar-se um modelo. Sob a influência de Nguessi Ngonda, ele deve ser perfeito, ir além de si mesmo, *se meliorar*, como mostravam os trovadores. Por sua vez, a princesa não é mais o objeto do desejo, mas se torna uma espécie de "superobjeto", superobjeto que mostra o caminho. Ela existe da mesma maneira que Beatriz ao mostrar o caminho para o poeta Dante. De fato, o objeto no mundo dos trovadores, aquele que definia também Claudel, é efetivamente esse "superobjeto". Assim, para Claudel como para Bernard de Ventadour, é a mulher, a *domina*, a Senhora, que mostra o caminho e eleva o seu amante, que o faz chegar a uma espécie de modelo de si mesmo. Desenvolve-se uma dupla transferência: o sujeito se torna modelo, o objeto se torna um superobjeto.

Estamos no universo da transcendência, naquilo que René Girard denomina a mediação externa. Os dois caminhos são paralelos: da mesma forma que o sujeito se torna ele próprio um modelo, o objeto se torna um "superobjeto".

O que nunca foi mostrado antes reside no aspecto simétrico dos desejos, dos aprendizados. Encontra-se exatamente o mesmo esquema, a mesma estrutura desejante, refletida, em certa homossexualidade. Na iniciação dos jovens guerreiros do povo sambia, na Nova Guiné, tal como foi descrita por Gilbert H. Herdt, o jovem guerreiro deve ingerir o esperma do mais velho para adquirir as suas qualidades. Assim, o caçador adulto deve ser um caçador exemplar para guiar o mais novo. O sujeito, o jovem caçador, deve se tornar um modelo. Para tanto, ele copia o objeto do seu desejo, o caçador adulto, que deve ser um superobjeto, um guia infalível. Temos aqui ponto por ponto a mesma estrutura da dupla heterossexual Nguessi Ngonda e Johnny.

O esperma do guerreiro emérito é portador desse poder "transcendente". Não há nenhuma rivalidade, mas há aprendizado. Na verdade, poderíamos multiplicar os exemplos; se mantemos esses é por causa do seu caráter exemplar.

Saindo do mundo da aprendizagem, da mediação externa, vemos surgir o da mediação interna, o momento em que se revela o famoso triângulo mimético da rivalidade: um sujeito copia o desejo de um rival por um mesmo objeto. O desejo do segundo aumenta o do primeiro. Os dois rivais disputam o mesmo objeto, ambos sofrem as mesmas "chamas da inveja". Essa rivalidade, na vertente heterossexual, é aquela entre Pedro e João, falsos duplos, falsos irmãos; é a rivalidade exacerbada de Don Juan, em que o papel do clã dos irmãos tem uma relação com o desejo de Don Juan pelas irmãs. É esta fala extraordinária e reveladora de Claudel em *Partage de Midi*, quando Amalric diz a Mesa: "Por mais distraído que você seja, acho que coloquei a coisa na sua cabeça".[2] Essa fala que significa declarar: "ame quem eu amo, seja mimético!". De forma refletida, descobrem-se os mesmos fenômenos, dois homens desejam um terceiro, o desejo de um atiça o desejo do outro. É possível substituir dois homens por duas mulheres – dois rivais disputam um mesmo objeto feminino – e obter a mesma estrutura. Aqui tampouco, nenhuma diferença entre o mundo homossexual e o heterossexual: dois rivais disputam um objeto, do mesmo sexo que eles ou de sexo diferente. Não há nenhuma razão para que o desejo mimético aja no mundo heterossexual e não no homossexual.

Descobre-se o mesmo princípio da coquete, essa "capitalista do desejo", no *Querelle...* de Jean Genet. Essa coquete que mostra ter desejo por si mesma, atiçando assim o desejo dos outros homens, tem o seu equivalente no homem narcísico. O desejo de Querelle por si mesmo atiça o do capitão Sablon.

---

[2] Paul Claudel, *Partage de Midi,* op. cit., Primeiro Ato, p. 985.

Quanto mais desejo o que o outro deseja, mais eu me empenho na indiferenciação. Eu me torno o outro copiando o seu desejo por um objeto. Assim, quanto mais subo os graus da crise, da violência, mais a distância do meu rival desaparece. Vou me tornando ele aos poucos... e esquecendo o objeto do conflito – o que mostra bem o caráter aleatório do objeto. A crise é a indiferenciação entre o sujeito e o seu modelo, que se tornou rival. A indiferenciação se reflete no plano da teoria: é difícil distinguir a homossexualidade latente da heterossexualidade em que a rivalidade é máxima. Na indiferenciação, não se sabe mais se se trata simplesmente de homossexualidade ou de heterossexualidade. Trata-se simplesmente do ápice da crise mimética.

Quanto mais nós nos dirigimos para a aprendizagem, mais saímos da indiferenciação para ir para a diferenciação.

Assim, desenvolvendo todos os triângulos dos jogos miméticos, pode-se desenhar uma nova teoria das sexualidades. Pode-se elaborar um esquema, em forma de triângulo, no qual teríamos em espelho as mesmas estruturas. Esse triângulo seria o símbolo da escalada da rivalidade, que atingiria o seu ponto máximo no alto dessa pirâmide, quando o sujeito ficaria tão fascinado por seu rival que se fundiria com ele e o objeto não teria mais nenhuma importância. Só contaria esse rival obsedante. O objeto perde seu potencial de interesse quando a rivalidade aumenta, quando se vai da aprendizagem à crise. Do estatuto de superobjeto, na aprendizagem – na mediação externa –, ele vai perdendo aos poucos seu poder, proporcionalmente à escalada da crise, à escalada da indiferenciação.

As estruturas heterossexuais e as homossexuais são, em espelho, as mesmas. Pode-se desenhar um esquema das sexualidades e do desejo mimético, com a vantagem de mostrar, de uma forma não moral, não castradora, não redutora, todas as formas de sexualidades. É preciso, portanto, deixar cada pessoa livre e não colocá-la numa categoria particular e redutora.

Um esquema das sexualidades

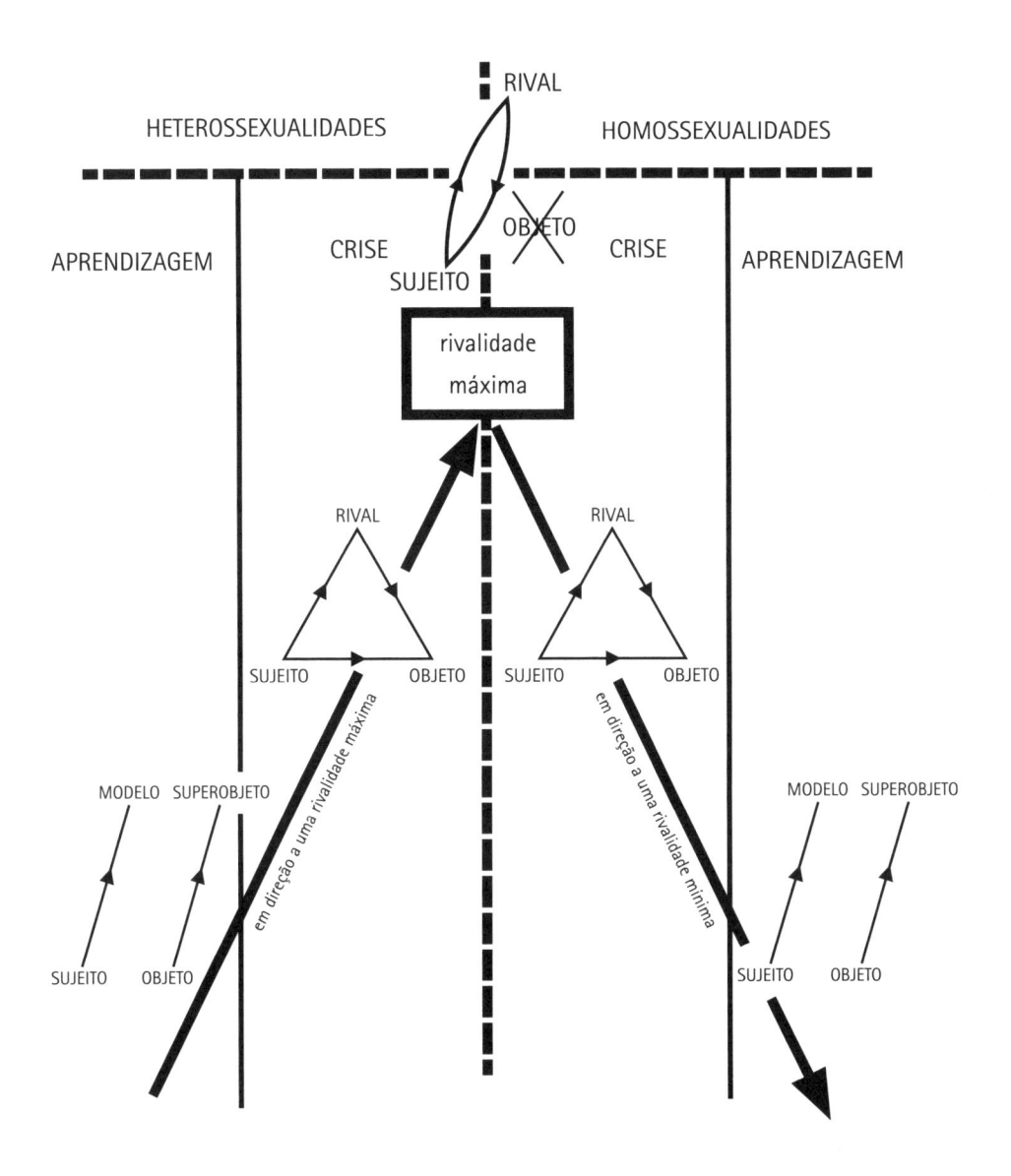

HETEROSSEXUALIDADES — RIVAL — HOMOSSEXUALIDADES

APRENDIZAGEM — CRISE — OBJETO — CRISE — APRENDIZAGEM

SUJEITO

rivalidade máxima

RIVAL — SUJEITO — OBJETO — RIVAL — SUJEITO — OBJETO

em direção a uma rivalidade máxima — em direção a uma rivalidade mínima

MODELO SUPEROBJETO — MODELO SUPEROBJETO

SUJEITO OBJETO — SUJEITO OBJETO

Quanto mais se avança na crise, mais a distância entre o sujeito e o rival diminui. Quanto mais se avança na crise, mais o objeto diminui, até desaparecer.

identidades, violência e homossexualidades

Há tantas sexualidades quantos indivíduos. Utilizando os instrumentos girardianos, pode-se descrever um *continuum* de sexualidades que vai da rivalidade mínima para a rivalidade máxima. Além disso, pelo jogo dos mimetismos e identificações, multiplicam-se todos os triângulos de sexualidades possíveis. A isso se acrescenta o caráter ambíguo das identificações. Vê-se bem que o modelo sempre tem uma espada de Dâmocles sobre a cabeça. Ele pode perder o seu estatuto de modelo para cair no de rival. As identificações são modificadas, aperfeiçoadas, às vezes reduzidas pelo componente *double bind*, que diz: "ama-me!", mas diz também: "não me ames... demais, não me copies... demais". De forma refletida, imagina-se: "quero copiar o desejo do meu rival, mas ao mesmo tempo quero ser 'original'"; "posso muito bem ser influenciado por um personagem da minha família, do meu meio, e ao mesmo tempo recusar certos aspectos dessa identificação". As sexualidades são multiplicadas pelo sistema das identificações, contraidentificações, semi-identificações, identificações recusadas – no negativo, pode-se dizer – parcialmente assumidas, até mesmo ultrapassadas, pois certas identificações são somente passageiras.

A menos que se queira dar mostras de uma espécie de terrorismo sexual obrigando cada um a ter, aparentemente, a mesma sexualidade que o seu vizinho, que o seu próximo, deve-se deixar que cada um faça a escolha da sua sexualidade – talvez simplesmente para compreendê-la, para vivê-la melhor. A sexualidade "oficial" frequentemente esteve ligada aos poderes vigentes. Certas sexualidades incomodam.

De um ponto de vista totalmente pragmático, Bismarck condenava a homossexualidade não pelo que ela era em si mesma, mas porque rompia as barreiras sociais. A constatação é definitiva e correta. Fiquemos no campo literário e lembremo-nos do barão de Charlus relacionando-se com as "classes baixas", perdendo a sua identidade social e sexual, na descrição feita por Marcel Proust: "Era uma mulher [...] ele que recusava toda feminidade".³ Mais adiante, Proust, consciente de que o desejo sempre funciona da mesma maneira, que se manifesta em uma mulher ou em um homem, inverte a fórmula; em relação a uma mulher, ele escreve: "A sra. de Vaugoubert era um homem".⁴ Compreende-se por que não se pode não levar em consideração a questão política. A Grã-Bretanha é o país mais severo em relação à homossexualidade, mas é também um país desesperadamente ligado a um sistema de classes. O processo de Oscar Wilde é significativo a esse respeito. *Lord* Alfred Douglas fora corrompido por um "simples escritor", bastante provocador e dândi; ou seja, Wilde misturava-se com jovens que não eram da sua classe. Os três processos que Oscar Wilde tem que enfrentar mostram bem o empenho de toda uma sociedade contra ele. Do processo de Sócrates ao de Oscar Wilde, assiste-se sempre à mesma manifestação das estruturas de poder contra o artista, contra o filósofo, que são, por definição, contestadores.

Mas é possível também ampliar a imagem daquilo que pode preocupar determinada sociedade: o desejo fora da norma, o sexo que incomoda, aquele que coloca em questão as estruturas sociais, aquele que pode tornar instável uma forma social: "Entre o Estado e

---

³ Marcel Proust, "Sodome et Gomorrhe". *À la Recherche du Temps Perdu*. Paris, Gallimard, 1988, t. II. Encontro de Jupien, o alfaiate, e o barão de Charlus, p. 604 ss.

⁴ "Dizia-se no ministério, sem sombra de malícia, que no casal era o marido que usava saia e a mulher, calças. Pois bem, havia mais verdade aí do que se pensava. A sra. de Vaugoubert era um homem." Marcel Proust emite duas propostas: a primeira diz que as mulheres "masculinas" o são por natureza e permitem àqueles que não gostam de mulheres encontrar uma noiva; a segunda, que essas mulheres se tornam masculinas para compensar aos poucos a falta de masculinidade do marido "através dessa espécie de mimetismo que faz com que certas flores adquiram a aparência dos insetos que elas desejam atrair". Marcel Proust, "Sodome et Gomorrhe", *À la Recherche du Temps Perdu*, op. cit., p. 645-46. O barão de Charlus não gosta de frequentar o sr. de Vaugoubert, homem que fala de outros homens no feminino e tem modos de mulher para agradar aos outros homens. Proust desenvolve, portanto, todo um jogo do discurso mimético. O barão de Charlus e Vaugoubert são rivais pelos mesmos objetos, e o primeiro recusa no segundo essa feminidade que é entretanto a sua; o segundo se torna uma caricatura de mulher, tanto na ilusão de atrair assim "verdadeiros" homens, quanto pela submissão às imposições sociais... Ver a esse respeito "La Prisonnière". *À la Recherche du Temps Perdu*, op. cit., t. III, p. 46.

o indivíduo, o sexo se tornou uma questão, e uma questão pública".[5] Michel Foucault mostrou que o sexo não era uma questão somente pessoal, mas pública também. O sexo está no centro das inquietações daqueles que usam todo um arsenal complexo para dominá-lo. Vê-se assim que o desejo é utilizado, manipulado. Utilizou-se o desejo homossexual entre um guerreiro mais velho e um mais jovem pois assim ambos estarão dispostos a usar todas as suas forças para se proteger mutuamente e formarão um corpo de elite. O comportamento sexual se inscreve numa moral de classe, numa moral social. De modo geral, a sexualidade incomoda porque ela pode a qualquer momento escapar de um comportamento normativo.

O sentimento amoroso encontra-se, por definição, para além das normas; aí temos uma compreensão possível do aforismo de Nietzsche: "O que é feito por amor se realiza sempre para além do bem e do mal".[6] Nietzsche quer dizer com isso que o amor traz novos valores, novas concepções do bem e do mal que são ratificadas, de certa maneira, pela força da verdadeira Lei que teria o amor. O amor e a sexualidade estão do lado das forças de Vida,[7] das forças criadoras que se opõem às forças de morte que são representadas, para Nietzsche, por formas sociais herdadas da cristandade, cristandade essa que erigiu uma moral do fraco, uma moral do lado da morte, da submissão. Na verdade, a problemática é sem dúvida muito ampla. São mais globalmente as estruturas do poder que impedem o indivíduo de "se realizar", de viver como ser único e não como parte de um todo; que lhe determinam obrigações que são, até

---

[5] Michel Foucault, *Histoire de la Sexualité. La Volonté de Savoir.* Paris, NRF Gallimard, t.1, p. 37.
[6] Friedrich Nietzsche, *Par-Delà le Bien et le Mal.* Paris, Galliard, 1987. Cap. "Maximes et Interludes", aphorisme 153, p. 92.
[7] Forças de Vida dos textos do poeta gay, budista e "revolucionário" Allen Ginsberg, em que o corpo do outro é descoberto com alegria: "*I'll go into the bedroom silently and lie down between the bridegroom and the bride, / those bodies fallen from heaven stretched out waiting naked and restless, / arms resting over their eyes in the darkness [...]*" ["Irei silenciosamente ao quarto e deitarei entre o noivo e a noiva, / aqueles corpos caídos do céu estendidos esperando nus e agitados, / braços sobre os seus olhos na escuridão (...)] "Allen Ginsberg, "Love Poem on Theme by Whitman". *Collected Poems, 1947-1980.* Londres, Penguin Books, 1987, p. 115.

certo ponto, pelo menos em relação à sexualidade boa e ruim, mais variáveis conforme os interesses do momento.

Entretanto, constatou-se que, a despeito das modificações, pode-se encontrar em inúmeras sociedades os mesmos tipos de tabu: tabus de incesto, tabus em relação ao sangue, tabus em relação a gêmeos, tabus sexuais. À luz do desejo mimético, pode-se compreender que existe aí sobretudo uma vontade ancorada culturalmente no sentido de evitar a propagação da violência. Há toda uma relação de identidade. O sangue é um bom exemplo: o sangue da menstruação com frequência é objeto de tabu. O que só se pode compreender por um jogo de identificação: sangue chama sangue, portanto, chama guerra.

Na verdade, aceitar o homem tal como é significa dar-lhe a possibilidade de ir para a transcendência, para a liberação; significa não inclausurá-lo, não fechá-lo num desejo social, numa sexualidade dominante. Recusar a homossexualidade é obrigar um ser humano a só ser, a só se definir como homossexual e não como ser de desejo, como ser em transformação.

para uma reflexão sobre a "Regra"

[...] num ser irracional o desejo do prazer é insaciável, embora experimente todas as fontes de satisfação.
Aristóteles, *Ética a Nicômaco*[1]

Pobres pessoas, com seu mal!
Roger Peyrefitte, *Les Amitiés Particulières*

Quando considero todas as virtudes, não encontro nenhuma que seja tão absolutamente imaculada e que una tanto a Deus quanto o desapego.
Mestre Eckhart, *Les Traités*

Tendo chegado neste ponto da nossa reflexão, uma questão se coloca: como se pode definir um ser humano unicamente por sua prática sexual? Como é possível que a sociedade seja tão violenta e obrigue as pessoas a viverem e a se definirem unicamente em função das suas orientações sexuais?

Por outro lado, como compreender, respeitando a liberdade individual de cada um, esses chamados de autoridades morais ou religiosas ao não sexo, ao não desejo?

Enfim, compreender tudo significa admitir tudo?

---

[1] Tradução de Leonel Vallandro e Gerd Bornheim.

Na verdade a situação é bastante simples; a partir do momento que se pôde separar sexualidade de procriação, que a noção de prazer foi claramente introduzida, que pensadores como Freud insistiram nessa separação, nós nos encontramos diante de uma infinidade de possibilidades, de uma infinidade de sexualidades possíveis. A partir do momento que se deixa o contexto da determinação, seja ela qual for, devolve-se ao homem sua inteira liberdade de escolha. Se é possível encontrar certas constantes nos tabus sociais, as sexualidades sempre causam problema; mesmo que não sejam objeto de um tabu propriamente dito, sempre são questionadas, suspeitas e rechaçadas. As grandes religiões, por exemplo, sempre as consideraram com a maior desconfiança. O que acontece então, e que querem nos dizer essas religiões "reveladas"?

Evocamos anteriormente o peso imperioso de um Claudel contra Gide, um Gide que confessadamente só pensava em baixar a cabeça diante de Claudel.[2] Claudel fala dos Evangelhos, de certa tradução e compreensão dos Evangelhos, do Antigo Testamento. Sabe-se também que João Paulo II não é muito brando com os chamados "desvios" sexuais e que não deixa passar sequer uma ocasião para recordar a palavra bíblica "crescei e multiplicai-vos"; só a família parece ter direito aos seus olhos. Podemos nos perguntar se o "Santo Pai" não desempenha aí simplesmente o seu papel de responsável pela palavra revelada. Ele repete, incessantemente, e sem levar em consideração as mudanças sociais, o mesmo discurso. A dificuldade é que João Paulo II, em vez de acolher a diferença, só exclui um pouco mais e faz com que sejam ainda mais solitários e incompreendidos os cristãos, homens e mulheres, homossexuais. Por sorte, padres como Xavier Thévenot recuperam o aspecto humano e a compreensão quando a única coisa que se oferecia a certas pessoas era a recusa absoluta. Na revista *Études*, Xavier Thévenot se explica e coloca diretamente a questão: "Ainda sou amado por Deus

---

[2] André Gide: "Diante de Claudel, só sinto as minhas faltas; ele me domina; me desapruma; ele tem mais base e superfície, mais saúde, dinheiro, talento, poder, filhos, fé, etc... do que eu. Só penso em baixar a cabeça diante dele. *Journal d'André Gide*, 15 de maio de 1925.

quando tenho relações com homens?". É um menino que se expressa. Segundo a Igreja, a homossexualidade não passaria de "distúrbio psicológico", não se falaria mais de pecado e de inferno garantido.[3]

Se a Igreja católica é conhecida por sua posição intransigente, é, em princípio, mais surpreendente ler e ouvir mais ou menos o mesmo discurso proferido pelo Dalai Lama.

A publicação nos Estados Unidos do livro *Para além dos Dogmas*,[4] de "Sua Santidade o Dalai Lama", semeou a discórdia em toda a comunidade homossexual muito ativa de São Francisco. De fato, os budistas estiveram muito presentes na ocasião da epidemia da Aids em São Francisco. É conhecido o magnífico livro de Sogyal Rinpoché, *O Livro Tibetano do Viver e do Morrer*,[5] em particular sobre o acompanhamento dos moribundos. O budismo tibetano é conhecido por uma longa tradição de compaixão, de abertura: as palavras do Dalai Lama só causaram choque. Contudo, Dalai Lama só lembrava as Escrituras budistas, segundo as quais a homossexualidade é uma má conduta sexual (*sexual misconduct*). O chefe espiritual budista lembrava também que os Textos budistas incitavam bastante os heterossexuais a não praticar a felação, a sodomia, a masturbação, mesmo com a sua própria mulher. Entretanto, permitiam que se praticasse uma sexualidade vaginal com uma prostituta.[6] Podemos imaginar os protestos da comunidade homossexual – que apoia bastante o Dalai Lama financeiramente. Durante um encontro com os principais líderes gays budistas em São Francisco, o Dalai Lama deu

---

[3] Daniel Licht, "Plaidoyer pro Homo d'un Théologien Catholique. A Contre-Courant de la Morale Rigide de l'Eglise Officielle, le Père Thévenot Ouvre le Débat en Prêchant pour le PaCS". [Defesa em favor da homossexualidade por um teólogo católico. Na contracorrente da moral rígida da Igreja oficial, o padre Thévenot abre o debate pregando pelo PaCS.]. *Libération*, quarta-feira, 7 de abril de 1999.
[4] Dalai Lama, *Beyond Dogma*. Berkeley, North Atlantic Books. Tradução francesa: *Au-delà des Dogmes.* Paris, Albin Michel, 1994.
[5] Sogyal Rinpoché, *Le Livre Tibétain de la Vie et de la Mort*. Paris, Edition de la Table Ronde, 1992. Prefácio de Sua Santidade o Dalai Lama.
[6] Don Lattin, "Dalai Lama Speaks on Gay Sex. He Says it's Wrong for Buddhists but Not for Society". *San Francisco Chronicle*, terça-feira, 11 de junho de 1997.

mais explicações e se mostrou mais compreensivo. Como ser humano, ele não tinha nada contra a homossexualidade mas, como chefe religioso, ele devia lembrar os textos sagrados.[7] Não sendo uma espécie de "Papa budista", ele deveria buscar as outras tradições budistas se tivesse o propósito de abordar, modificar a Regra em relação a condutas sexuais. Embora seu discurso fosse mais "aberto", o Dalai Lama dizia exatamente a mesma coisa que João Paulo II. A Epístola aos Coríntios 6,1-11, citada por Paul Claudel anteriormente, enuncia as mesmas certezas: as pessoas de costumes infames, *masculorum concubitores* (aqueles que dividem o seu leito com outros homens) "não herdarão o Reino de Deus". Poderíamos multiplicar as referências religiosas, obtemos em geral o mesmo tipo de resposta, ou antes, de não resposta. Diante disso, aqueles que se sentem rejeitados optaram por duas atitudes. A de organismos como Act Up, que invadem as igrejas, denunciam os padres homossexuais, querem fazer *Outing*;[8] e a da compreensão, do questionamento: o que está em jogo, e como conciliar busca espiritual e sexualidade?

Paradoxalmente, e com o risco de chocar aqueles que creem que a família é o estabelecimento sagrado de uma espécie de padrão de ouro neste fim de século inquieto, há uma reflexão sobre o amor grego pelos meninos, o amor pederasta, que pode servir de ponto de partida para uma reflexão sobre a Regra. Platão lembra, no *Banquete*, que o amor é de natureza iniciática. O amor é da ordem do mistério. É preciso ultrapassar várias etapas: primeiramente, há a admiração, desde a juventude, por "belos corpos"; depois haverá o amor por um único corpo para, em seguida, compreender que essa beleza propriamente singular é irmã da beleza em geral: "O amante deve se tornar o amante de todos os corpos". Da beleza dos corpos, o iniciado se eleva à beleza das almas, beleza do conhecimento. O amante sai da servidão que é o apego a uma beleza única, particular, para se dirigir ao "vasto oceano da beleza"; dessa forma a revelação suprema é

---

[7] "*From society's viewpoint, mutually agreeable homosexual relations can be of mutual benefit, enjoyable and harmless.*" Ibidem.
[8] Denúncia dos costumes de uma pessoa, em geral contra a sua vontade.

a descoberta do Belo absoluto.⁹ Especifiquemos que essa elevação ocorre pelo amor de jovens, o amante e o amado são do mesmo sexo, quando não têm a mesma idade. Como no amor cortês em *langue d'oc* da Idade Média, o sujeito se eleva ao estatuto de Modelo da mesma maneira que o objeto se torna um "superobjeto": ele é tanto guia quanto objeto de desejo. O caminho a percorrer existe tanto para aquele que persegue o rapaz quanto para o próprio jovem. Michel Foucault, em *O Uso dos Prazeres*, cita o *Banquete* de Xenofonte: "deve-se agradar ao jovem e ao mesmo tempo mostrar-lhe o que ele deve ser". Trata-se, portanto, de definir todo um Erotismo entre um homem e um rapaz.¹⁰ Há, portanto, uma reflexão própria fundada na honra, no respeito do rapaz. Os amores de sua juventude vão segui-lo por toda a sua vida. Para os gregos, um adolescente pode (deve?) ser cortejado por um homem, mas dentro de certas regras.

Foucault cita a defesa de um certo Ésquines contra Timarco. Ésquines apresenta toda uma argumentação contra Timarco para impedi-lo de chegar a exercer o poder em Atenas. Não é o amor dos rapazes que se acusa, mas a prostituição. Timarco (quando era "jovem e bonito") teve inúmeros protetores, ganhou presentes, foi sustentado, viveu com um notório libertino... Enfim, se não foi registrado como

---

⁹ Platão, *Le Banquet*. Paris, Folio Essais, 1988, p. 210-11. Aliás, pode-se refletir sobre essa iniciação pela beleza quando vemos certas periferias, certas comunidades em que os habitantes estão apinhados, onde não há espaço para jogos, onde tudo o que se oferece para a juventude é feio. Feiura e violência estão intimamente ligadas. As referências existem, mas desenvolvem uma iniciação não para a Beleza, mas uma iniciação para a violência, para a sobrevivência pela violência. Assim a sexualidade é a do consumo, eu utilizo o corpo do outro. Deve-se observar que a orientação tende agora felizmente a se inverter, quer-se melhorar essas comunidades; mas talvez seja tarde demais. Por isso, os detratores dessas reabilitações se sentem à vontade para dizer que um ano depois deve-se refazer tudo, pois tudo foi novamente destruído. Por quê? Sem dúvida, porque o único meio de existir é realizando essa cultura invertida, que se tornou ato de afirmação de si. Não é por acaso que o *rap* foge da harmonia, harmonia de acordes, para oferecer somente ritmo e uma "mensagem". Mozart – harmonia e beleza clássica absolutas – é uma provocação ao *rap*, assim como o *rap* é uma provocação a Mozart.
¹⁰ Michel Foucault apresenta, aliás, uma reflexão muito interessante. A regra para um casal homem-mulher é determinada pelo casamento, filhos, etc., diferentemente da relação homossexual, que tem necessidade de definir um Erotismo. Cf. *Histoire de la Sexualité. L'Usage des Plaisirs*. Paris, NRF Gallimard, t. II, p. 223.

prostituto profissional, comportou-se como tal. Dedicou-se a essas práticas "sem escolher, com todo o mundo e por um salário". Não se comportou como homem livre, mas como escravo. Aí está a sua culpa, imperdoável aos olhos de Ésquines e aos dos atenienses. A sexualidade se adapta bem ao molde mais geral que é o da educação de um rapaz livre, de um rapaz digno de estima. Assim se forma uma primeira regra: o homem segue o adolescente não à procura do seu próprio prazer, mas para educar, oferecer virtude: deve-se amar a alma mais do que o corpo.[11] O erotismo está ligado tanto à educação, ao saber amar, quanto à iniciação ao amor, à verdade, à liberdade. Deixa-se um desejo de escravidão para ir a um desejo mais puro, mais raro: deixa-se um desejo mimético para ir ao mundo da aprendizagem do belo. Foucault separa dessa maneira Eros (o amor e o sexo) e *philia* (o amor puro).[12] Sócrates, em *Fedra,* mostra que o amante só se liga ao objeto amado pelo "que traz nele como reflexo da beleza em si".[13] Portanto, é à alma do menino que Sócrates se dirige; passa-se assim, para Michel Foucault, à questão da honra do menino, ao amor da verdade. Dessa maneira, Foucault desenvolve uma reflexão apaixonante sobre o amor e a liberdade, o amor e a verdade. No erotismo grego, compreende-se que aquele que é mais sábio no amor também será o "mestre da verdade".[14] De que ordem é esse tipo de maestria?

É mestre da verdade aquele que tem com o seu desejo uma relação de distância, dominação; aquele que utiliza o seu desejo para ir em direção ao Belo. O homem deve se elevar amando

---

[11] "[A pederastia] não é em si mesma bela, nem feia; bem realizada, ela é bela; mal realizada, ela é feia. Ela é mal realizada quando são oferecidos favores perversos a um ser perverso; ela é bem realizada quando são oferecidos favores a um homem de valor de uma maneira bonita. O amante vulgar é perverso [...] aquele que gosta mais do corpo do que da alma." O amante vulgar é inconstante porque sempre busca outros objetos de prazer no seu próprio objetivo egoísta; o amante puro permanece fiel durante "toda a sua vida, pois ele se une a algo constante." Platão, *Le Banquet.* Paris, Éditions Nathan.
[12] Michel Foucault, *Histoire de la Sexualité. L'Usage des Plaisirs,* op. cit., p. 257.
[13] Ibidem, p. 261.
[14] Ibidem, p. 264.

tanto quanto o adolescente que está sendo amado. E a relação "perseguidor"-"perseguido" é invertida! É Sócrates, com o corpo gasto, cansado, deformado, que é assediado pelas atenções dos jovens. Para Foucault, "Sócrates só é amado por eles porque é capaz de resistir à sedução".[15] Assim, é Alcibíades que deseja seduzir Sócrates, que prepara para este armadilhas amorosas, e Sócrates as desarticula com aparente indiferença e ingenuidade. Alcibíades convida Sócrates para jantar, prolonga a conversa até tarde da noite, obriga-o a ficar para dormir na casa dele, seus dois leitos estão encostados... Contudo, nada acontece.[16] Alcibíades levanta-se de manhã como se tivesse passado a noite perto do "seu pai ou de um irmão mais velho!". As relações se invertem, Alcibíades é o escravo, Sócrates, o homem livre; Sócrates é mais "invulnerável do que Ajax ao ferro". Rejeitado, Alcibíades autoalimenta o seu desejo por Sócrates. Encontramo-nos, ao mesmo tempo, próximos da famosa frase de *Carmen*, "Se não me amas, eu te amo", e da lição sobre o desapego, sobre o verdadeiro amor. Quanto mais Sócrates é indiferente, mais Alcibíades cai na rede do amor possessivo.

Sócrates denuncia o aspecto "infernal" do desejo para mostrar o caminho do amor da verdade. Sócrates solta os fios da sedução e mostra a soberania que exerce sobre si mesmo. Michel Foucault tem a seguinte fórmula forte: "A erótica platônica estrutura a relação de amor como uma relação de verdade".[17] O que se busca não é um corpo jovem, bonito, mas essa outra metade de nós mesmos, essa outra metade da nossa alma. O erotismo é uma relação com o Conhecimento. Saber é relembrar-se, dizia Bertrand Vergely no seu livro sobre Platão: "A verdade reside na memória da perfeição que se tem em si. Ao relativismo que proclama 'para cada um a sua verdade', ele opõe outro pensamento: 'a verdade está em cada

---

[15] Ibidem, p. 265.
[16] Platão, *Le Banquet*, op. cit., p. 218-23, do relato de Alcibíades à réplica de Sócrates.
[17] Michel Foucault, *Histoire de la Sexualité. L'Usage des Plaisirs*, op. cit., p. 266.

um'".¹⁸ Dirigir-se à verdade é ir em direção ao universal. A erótica platônica é um comprometimento em direção à liberdade que dá a virtude. Chega-se assim ao seguinte paradoxo: esse amor pederástico – criticado, desonrado, rejeitado no século XX – propõe o exemplo da Regra, da regra de amor. Retomemos a nossa pergunta: se todas as sexualidades existem, qual é a regra? Essa primeira lei, Sócrates a afirma: o amor se estabelece, se constrói não numa relação de dependência (ao desejo, à sexualidade, ao corpo do outro...) mas, ao contrário, numa relação de controle, portanto, de liberdade. O paradoxo é importante, é o amor pederástico grego que mostra o caminho da virtude.¹⁹

Além do amor pederástico, Sócrates define uma relação com o Outro, desenvolve uma reflexão sobre o amor e a liberdade. Educar o outro é fazer com que este se compreenda, compreenda os mecanismos do amor; significa guiá-lo para o Belo. Essa primeira regra que é anunciada coloca o outro como fim, fim absoluto. Não é a sexualidade que importa, mas a relação com o Outro, para que este seja sujeito e não objeto. Abdelwahab Bouhdiba acredita ver no lugar do Outro uma descrição do paraíso:

> Estar no paraíso é então realização de si. Essa realização só se poderia realizar no amor concebido [...] como transfiguração, transcendência de si no outro. Não é por acaso que o inferno significa solidão, não presença para o outro, ausência de amor. O paraíso, ao contrário, é o amor total, pleno e infinito. Ele é unidade e acordo com o mundo, consigo e com Deus.²⁰

---

[18] Bertrand Vergely, *Platon.* Toulouse, Milan, 1996, p. 27.
[19] Apesar desse tipo de terrorismo novo que coloca a família no centro de toda reflexão sobre a moral, mesmo as mentes mais obtusas concordarão que o amor tal como é proposto por Sócrates e a pedofilia de um Dutroux – monstro fornecedor de carne fresca, utilizando, martirizando corpos de crianças, monstro que esteve no centro das atenções nos anos 1990 – não são de forma alguma a mesma coisa.
[20] Abdelwahad Bouhdiba, *La Sexualité en Islam.* Paris, PUF, 1975, p. 102.

Pode-se estabelecer um paralelo entre a visão do Islã por Abdelwahab Bouhdiba e o sistema filosófico de Emmanuel Lévinas, para o qual esse rosto do Outro é essencial, em que ser é responder ao "chamado" do Outro, e furtar-me ao apelo do Outro é não ser mais eu mesmo, é ser propriamente irresponsável.

Karol Wojtyla, ainda cardeal, futuro João Paulo II, ao refletir sobre a moral sexual no seu livro *Amor e Responsabilidade*,[21] expõe uma ética que aborda os mesmos temas e que usa, apesar das aparências, os mesmos caminhos. Não escondemos as nossas divergências em relação à palavra de João Paulo II, incansavelmente repetida em matéria de sexualidade. Evidentemente, para nós, criticar a sexualidade de alguém é tão espantoso e sem fundamento quanto criticar quem tenha cabelos louros ou castanhos. Que importa, por exemplo, que a homossexualidade, feminina ou masculina, seja programada geneticamente, que seja social ou a herança de determinada estruturação familiar, de determinada psicogenealogia? Ela existe e sempre existiu. Que importa se alguns rapazes homossexuais são afeminados, se algumas moças homossexuais são masculinas? Para nós, é inconcebível construir uma teoria que tem como base a exclusão do outro. A maior violência não é considerar um ser humano não como ser, mas como praticante de determinada sexualidade? Tendo afirmado isso fortemente, ouçamos a mensagem católica de João Paulo II.

Amor e Responsabilidade estabelece desde as suas primeiras páginas a diferença fundamental entre Sujeito e objeto: o ser humano não é algo, mas um sujeito; sujeito que é capaz de razão; sujeito que se distingue dos animais, mesmo dos mais evoluídos, por sua interioridade, fundação da vida espiritual. Essa interioridade, essa razão concede ao sujeito algo de essencial: o seu livre arbítrio; ninguém pode desejar no seu lugar. Dessa forma, é sobre o significado da

---

[21] Karol Wojtyla, *Amour et Responsabilité*. Prefácio de André Frossard. Paris, Stock, 1985. Nova edição acrescida de um terço em relação à original, 1998.

palavra *gozar* que Karol Wojtyla se debruça e lembra o imperativo kantiano: "Age de maneira a tratar a humanidade tanto na tua pessoa quanto na pessoa de qualquer outro, sempre e ao mesmo tempo como fim e nunca simplesmente como meio".[22] Pode-se estabelecer aí uma segunda regra: "Ninguém pode ser, para o outro, somente um meio". Gozar, só querer o seu prazer, é utilizar o corpo do outro para si. A oposição será, portanto, clara; é o verbo *amar* que se deve contrapor ao verbo *usar*. Gozar é portanto sentir um prazer que, sob diversas formas, está ligado à ação e ao seu objeto. O utilitarismo significa querer somente uma vida agradável, buscar tudo o que dá prazer e recusar tudo o que provoca dor. Nesse princípio, utilizo o outro como objeto da minha felicidade e tenho assim um procedimento simplesmente egoísta.

Amar, segundo o Evangelho, é amar o seu próximo como a si mesmo, é amar o seu semelhante. Seguir o Evangelho significa considerar o seu próximo "sempre" como um fim, nunca como um meio. Se eu trato a pessoa como objeto de prazer, eu nego a ela o seu estatuto de pessoa para relegá-la ao nível do objeto. Karol Wojtyla acaba, portanto, diferenciando radicalmente o campo sexual e o campo do amor. Santo Agostinho estabelecerá essa diferença fundamental utilizando as palavras *uti* e *frui*; *uti* designa a busca do prazer sem levar em conta o objeto; *frui* é da ordem da alegria e segue o comando de amor da pessoa. Assim todo ato de amor nunca é da ordem do consumo. Cada vez que o corpo é "utilizado" como simples objeto de prazer, há violência, recusa da regra do amor.

Assim, a pureza e a castidade estão do lado do "verdadeiro amor", aquele em que se busca a totalidade da pessoa. A contemplação do Outro como criatura divina se opõe ao consumo do outro. João Paulo II opõe, consequentemente, a afetividade (impulso em direção ao outro como eu mesmo) e a sensualidade, o desejo de prazer.

---

[22] Emmanuel Kant, *Fondements de la Métaphysique des Moeurs*. Paris, Delagrave, 1973, p. 150.

O amor deve ser integral para criar "um todo pessoal e interpessoal".[23] Assim o amor é sempre da ordem do sacrifício de si, do dom de si. O amor atinge, portanto, de fato uma dimensão semelhante à de Cristo: "Ninguém tem maior amor do que aquele que dá a vida por seus amigos. Vós sois meus amigos".[24] O amor é sempre altruísta, ser responsável significa considerar o outro na totalidade da sua pessoa: "O amor se desenvolve graças à profundidade da atitude plenamente responsável de uma pessoa em relação a outra, enquanto a vida erótica não é senão a reação da sensualidade e da afetividade".[25] As palavras de Claudel, "só nos unimos através de nossas partes mais elevadas", compreendem-se nessa perspectiva. "Ser mestre de si, ser mestre do seu corpo é, portanto, a virtude cardeal que São Tomás de Aquino, seguindo Aristóteles, denominou temperança."[26] Essa temperança tem o objetivo de sempre estar do lado do amor e não do lado da utilização. É preciso renunciar ao outro para encontrá-lo verdadeiramente; aí está todo o significado das peças de Claudel, em particular *Soulier de Satin*. A fala de Doña Prouhèze para Rodrigue adquire assim toda a sua força mística:

> – O que quis dar-lhe senão alegria! Não guardar nada! Ser inteiramente essa suavidade! Deixar de ser eu mesma para que você tenha tudo![27]

Ecos da fala de Don Rodrigue para um chinês:

> – Só a alegria é mãe do sacrifício.[28]

Ecos do lamento de Heloisa para Abelardo:

---

[23] Karol Wojtyla, *Amour et Responsabilité*, op. cit., p. 131.
[24] Evangelho segundo São João 15,13-14.
[25] Karol Wojtyla, *Amour et Responsabilité*, op. cit., p. 131.
[26] Ibidem, p. 175.
[27] Paul Claudel, *Le Soulier de Satin*, III, 8.
[28] Ibidem, I, 7.

– Eu me proibi todo prazer para obedecer à tua vontade. Não reservei nada para mim, somente ser toda para ti.[29]

Se amo, eu me reconheço no Outro, e o Outro em mim, sempre como ser, como pessoa. O amor mais puro está além da sexualidade, ele é da ordem do dom de si para o outro. O amor não tem muito a ver com a sexualidade. Esse amor tende a ir para uma mística, uma transcendência, uma unidade das almas; duas cores que se fundem entre si: "Como o roxo, ao se fundir com o laranja, faz surgir o vermelho puro".[30] É praticamente uma união divina de si e do Bem Amado, segundo o poema místico de Hallaj:

> Não brinco com a proclamação de sua
>   Unicidade.
> Contudo, me distraio.
> Como me distrair, como brincar
> Quando na verdade sou Ele?[31]

Tanto para Platão quanto numa moral cristã, é a renúncia que está no centro do desejo. O desejo carnal entra numa espécie de espiral infernal, sem limite. Desejo sempre mais, tenho sempre mais prazer, portanto encontro-me num estado de falta permanentemente renovado. O inferno é o que já afirmamos: a submissão ao desejo do outro. "Quem somos?". Borch-Jacobsen, forçando as concepções girardianas sobre o papel preponderante do Outro, dissolve o eu num mimetismo abissal. Não sou senão através do Outro. O Outro é duplo, ele é ao mesmo tempo a minha Redenção e o meu inferno. "A carne? É verdade, a necessidade do outro, a escravidão do outro, e a constatação de uma impossibilidade de atingi-lo, algo que lembra bastante o Inferno. [...] Mas, além da carne, há a supercarne. Há o coração que também é carne, esse coração que nos fez e que

---

[29] Abélard e Héloïse, *Correspondance*. Paris, 10/18, 1979, p. 133.
[30] Paul Claudel, *Le Soulier de Satin*, op. cit., I, 7.
[31] Hallaj, *Poèmes Mystiques*, n. 48. Paris, Édition Sindbad, 1985.

sabe mais do que nós."³² Diante dessa visão do inferno ergue-se a transcendência, uma outra visão da liberdade.

Assim, é a submissão ao desejo do outro, do mesmo sexo que eu ou do sexo oposto, que é precisamente infernal. Pierre Saint-Amand, em seu livro *Séduire*, desenvolve um tema semelhante: "É na orgia sadiana que se encena na rivalidade o irracional dessa *falta de ser* do sujeito. Ele deseja todas as relações; é preciso que esse corpo fique saturado com a presença do outro [...] Os professores de Sade são mediadores imorais. O seu desejo de satisfação nunca é saciado".³³

As sexualidades são o que são, instantâneos de um indivíduo, repetições de um ato que propiciou prazer, jogos de corpos... Mas não são o ser na sua totalidade, na "totalidade da pessoa". Certamente não é determinada sexualidade que se deve culpar, atacar, mas a utilização do outro como objeto, a utilização do outro para o seu próprio e único prazer. Deixo o desejo mimético cada vez que entro no mundo da aprendizagem, do dom, de uma certa forma de transcendência. Aliás, observamos que o objeto tinha cada vez menos importância à medida que aumentava a rivalidade, primeiramente entre o sujeito e o modelo, em seguida entre o sujeito e o seu rival. No mundo da aprendizagem, do amor, o objeto é uma espécie de superobjeto, de sujeito integral, por assim dizer. A partir do momento que há crise, cópia do desejo do outro, o objeto tende aos poucos a desaparecer para deixar de existir totalmente. Só resta uma Regra, e independentemente da sexualidade: o Outro deve permanecer sujeito, pessoa, com toda essa gradação em que, também nesse caso, a sexualidade está cada vez menos presente. O amor entre Heloisa e Abelardo atinge seu ponto máximo depois da castração de Abelardo - o que mostra que não se está mais no campo da sexualidade. Aborda-se aí, simples e magnificamente,

---

³² Paul Claudel e Jean-Louis Barrault, *Correspondance*, op. cit.
³³ Pierre Saint-Amand, *Séduire ou la Passion des Lumières*. Paris, Méridiens Klincksieck, 1987, p. 19.

sem dúvida, o re-conhecimento do Outro na sua maior nudez, na sua maior fragilidade também.

> Aquele que espera, nós o chamamos de "plenamente realizado" – pois na espera o começo é como o fim, a flor é como a fruta, o tempo é como o eterno.[34]

Assim a Regra é esboçada, desenvolvida, torna-se complexa na sua própria problemática. Ela faz com que a sigamos, nos submetamos a ela, ao mesmo tempo que obriga o Homem a redefini-la, a criá-la de fato como sua.

Devo aceitar a Lei, pois paradoxalmente é submetendo-me a ela que posso aspirar a uma maior liberdade. Os Antigos conheciam isso bem: aceitar a lei natural da morte significa desligar-me dela. Saber que vou morrer e aceitar isso é sair da angústia do desconhecido, da aproximação inelutável da morte. Aceitar meus limites físicos significa também ultrapassá-los e libertar-me; não mais lutar contra o meu próprio corpo, mas ser com ele.

Assim o paradoxo continua: é ajoelhando-me diante do Outro que fico maior; não quero mais combatê-lo mas, ao contrário, aceitá-lo em sua plena Identidade. A face do Outro se mostra então grande, de pé, e me dá força e responsabilidade; é o que defende Emmanuel Lévinas: "A face é o outro, ele é a sua expressão nua".[35] Numa perspectiva religiosa e numa busca mística, ajoelhando-me diante de Deus deixo de lado toda vontade, todo *ego*, toda vontade ilusória de poder e de afirmação de um eu heterogêneo. Não pretendo mais adquirir, construir, acumular, ter certeza dos meus preconceitos, crenças, dos meus saberes limitados. Deixo esse movimento perpétuo dos seres que se perdem no consumo, nos horários de trem, de

---

[34] Christian Bobin, *L'Autre Visage*. Paris, Les Éditions Lettres Vives, 1991, p. 53.
[35] Emmanuel Lévinas, *Éthique et Infini*. Paris, Fayard, 1982.

avião, nos encontros, para estar no único encontro possível, o de mim mesmo com esse Outro transcendente. Deixo a famosa distração de Pascal para ver-me, novo, numa verdadeira nudez. É renunciando ao mundo que posso reencontrá-lo de fato. É ajoelhando-me que me elevo.

É quando aceito o que sou que posso amar, que posso sair dessa espiral infernal em que sempre quero ser o outro, que escapa. Torno-me livre quando deixo tudo o que me condiciona a agir, quando deixo as minhas certezas... Quando não quero mais ser esse modelo que nunca será eu. Se quero alcançar a não violência, é aceitando a minha violência, desnudando-a, que posso me desligar dela, e não me identificando com um ser mítico ao qual jamais poderei me igualar. Por estarmos no futuro, nunca estamos no presente; deslocamo-nos numa geografia confusa entre um sujeito que não queremos ser e um modelo que escapa por sua própria perfeição. Assim, sempre me sinto culpado por ter caído, ou deprimido por não ter conseguido me identificar com um modelo praticamente desumano. É aceitando e vivendo a minha sexualidade que chego, que me dirijo à felicidade do Encontro.

Mas a lei do desejo estaria na renúncia? Devo aceitar mortes de mim mesmo para poder renascer liberado desse encadeamento de desejos? Onde posso encontrar o Outro também no seu corpo? Pode-se e deve-se acreditar nisso, pois é no outro e em toda a sua diferença que me descubro verdadeiramente Homem.

Nesse mimetismo em que o meu rosto se molda a partir do Outro, o meu dever de humano é conseguir aceitá-lo, reencontrá-lo. É nesse momento que a Troca surge pela primeira vez. A Troca aparece quando deixo a rivalidade mimética, que sempre quer lutar com o outro como eu mesmo, que sempre quer a mesma coisa que ele. A Troca surge quando sei reconhecer que a norma é cada vez mais complexa. Michel Serres dizia que nunca se cita completamente a inscrição no frontão da escola de filosofia de Platão: "Que ninguém entre aqui se não for geômetra, se for disforme ou tiver membros desproporcionados". A Norma não deve mais se reduzir à lei do mais forte, ninguém pode se vangloriar de ser o máximo de uma norma: a Beleza permanece, não relativa (o que significaria somente desenvolver uma insípida teoria relativista), mas múltipla. É um canto da boca levantado, uma pinta que vão me emocionar. É uma fragilidade, uma dificuldade de ser que estarão num rosto que vão me devolver à minha presença diante do Outro na sua diferença.

O filósofo Michel Serres, sensível à lição de René Girard, lembra esse duplo aspecto da Norma. Ao mesmo tempo que procura seguir uma norma específica, ele se mostra como um arlequim, moldando-se através de encontros miméticos. Ao mesmo tempo que deseja fazer parte de um sistema social, ele busca afirmar-se como indivíduo, como ser único. Deseja-se estar na moda, mas deseja-se também manter a sua especificidade. Michel Serres fala de forma evidente da única norma que se deve estabelecer: a norma do Humano. A norma natural é a que elimina o fraco; a norma do humano é, ao contrário, a que o preserva, o acolhe, o faz crescer em toda a sua diferença. O filósofo conclui com as seguintes palavras magníficas a nova máxima que se deve inscrever no frontão da filosofia do século XXI:

> Nasces fraco, diferente, anormal? Eis que, homem, acabas de nascer filho do Homem.[36]

Nascer Homem é aceitar o Outro também na sua diferença sexual. O meu desejo sempre é diferente do desejo do outro – há tantas sexualidades quantas pessoas. Quando eu o acolho, encontro-o, torno-me verdadeiramente homem; acolho não um ser fraco, não um ser anormal, mas o Outro; o Outro que se reconhece então em mim e divide o mesmo desejo, algo que está no ponto mais elevado dele mesmo. Algo um pouco como o encontro de dois seres sós e infinitos.

---

[36] Michel Serres, À Visage Différent: l'Alliance Thérapeutique autour de l'Enfant Meurtri. Paris, Hermann, 1997, p. 248.

observações "finais"

> *O corpo global é mais apaixonado
> do que sexual.*
> Michel Serres

"Todo desejo é desejo de ser." [1] Retomemos essa frase forte, frase introdutória do livro, frase conclusiva do livro. Essa frase essencial ancora o desejo na sua própria matriz. Desejar é querer ser. Tudo é uma questão de existência: "Que lugar vou ocupar, que ser vou incorporar, realizar, assumir, redefinir?". Isso significa afirmar que o objeto vem depois, que ele é "escolhido" em função de critérios existenciais, mais do que de critérios de posse. O valor das coisas provém não do seu valor intrínseco, mas do valor que o ser – modelo ou rival – lhes dá. Assiste-se a um jogo de oferta e demanda em que cada um parece estar inserido num tabuleiro fictício não do valor das coisas, dos objetos, mas do valor dos seres. "Desejo ganhar o estatuto, o ser que me oferece o objeto." Os publicitários compreenderam isso: não se trata de adquirir um objeto, trata-se de ser o que o objeto propõe. "Ousem X, a partir de 300 mil francos", dizia a propaganda de um carro de luxo, publicidade criada por aqueles que doravante chamamos de "criativos" e que sem dúvida não compreendiam, nem mesmo eles, a provocação grosseira que

---

[1] René Girard, *Quand ces Choses Commenceront*. Paris, Arléa, 1994, p. 28.

faziam nos bairros "desvalorizados". Ao comprar X, comprava-se uma vida, um padrão, uma elegância, uma maneira de ser, portanto, um ser diferente... Dessa maneira, se quero possuir, apropriar-me de tal coisa ou de outra, trata-se somente de existência, de direito à existência. Como eu quis existir? Esse ser que se furta a mim sob o olhar do outro, sob o peso da sociedade, do grupo, dos amigos, esse ser, como eu quis reconstruí-lo, apropriar-me dele? Que sujeito quero mostrar para mim mesmo, para os outros? Assim, todos os valores não têm fundamento, segundo o adágio *vanitas vanitatis*, "vaidade, tudo é vaidade"; mas esses valores de ser constituem *de facto* uma escala da sociedade humana.

Por outro lado, se todo desejo é desejo de ser, tudo é desejo. Assim, para René Girard o desejo se encontra na fundação de todas as coisas, antes do próprio objeto do desejo. Só predomina o desejo que, se existe, é mimético. Portanto, o desejo não é somente sexual, mas as suas raízes estão no plano do próprio ser, da sua luta, ou recusa de luta, pela existência. O desejo é verdadeiramente espinosista: "o apetite [o desejo] não é senão a própria essência do homem";[2] nietzscheano, da ordem da afirmação de si, da "aquiescência dionisíaca ao mundo".[3] A recusa de Nietzsche do niilismo pode ser compreendida nessa mesma perspectiva: viver é desejar, ser na aceitação e na realização de si. Recusar o mundo é negar para si mesmo o direito à existência, o direito ao desejo; significa, portanto, curvar-se diante do peso das conveniências socioculturais e morais – afinal desviantes diante da Vida – do "fraco".

Entretanto, para Nietzsche é melhor um pouco de violência do que um pouco de ressentimento, sendo este o pior dos males, o impedimento de viver plenamente. Nessa perspectiva, como compreender e desenvolver uma resolução serena da violência? O desejo mimético é fonte de violência: "Desejo o que desejas, o que és, e por isso entro em conflito contigo". A afirmação dionisíaca de si é em geral compreendida

---

[2] Baruch Spinoza, *Ethique*. Tradução francesa de Charles Appuhn. Paris, Garnier, 1929. Livre III, Proposition IX, Scolie, p. 272.
[3] Friedrich Nietzsche, *Fragments Posthumes*. Paris, Éd. Gallimard, 1975, p. 244.

como fonte de violência. Para evitar o ressentimento, é preciso afirmar-se, e afirmar-se sempre se dá a despeito do outro; afirmamos, afirmamo-nos contra, e nunca com, o Outro. Contudo, não haveria uma maneira de conciliar Afirmação e não violência, de conciliar a resolução não violenta dos conflitos com a afirmação nietzscheana de ser, que tende ao risco de um conflito? Não há possibilidade de conciliar Nietzsche – a denúncia de um judeu-cristianismo, moral do fraco, negação da existência – e René Girard – a leitura do cristianismo como resultado da denúncia dos fenômenos de bode expiatório: Cristo, cordeiro de Deus, torna-se o bode expiatório e denuncia assim a perpetuação dos fenômenos de bode expiatório, de exclusão?

Temos aqui dois problemas fundamentais: um na formação da violência, o outro de ordem moral, ética.

De fato, sobre o nosso primeiro ponto – o fenômeno das fundações das estruturas violentas, estruturas triangulares, sujeito-rival-objeto da cobiça – sem dúvida é a nossa leitura dos textos, a nossa compreensão de Nietzsche que é preciso modificar. Nietzsche denuncia essa manipulação pelos poderes em vigor das massas. No fim do século XIX, quando uma moral burguesa e lenitiva oprime e deforma toda uma sociedade, Nietzsche é saudável e verdadeiramente profético (daí a sua influência sobre pensadores como Michel Foucault). Há, nessa emergência da sociedade industrial da Europa do século XIX, uma obra social a ser feita, denunciando fenômenos violentos que negam o homem e criam duas sociedades: uma que tem o poder e o dinheiro, e a outra que afunda cada vez mais numa miséria definitiva. Essa sociedade burguesa utilizou os Evangelhos, o Antigo Testamento, de uma maneira desviante e em seu próprio benefício. As análises marxistas sobre essa época não estão ultrapassadas. Seriam, apesar disso, exaustivas? Podemos duvidar. No fim do século XX, os fenômenos e as teorias não se opõem mais; completam-se e tornam-se mutuamente complexos. Deixa-se assim uma análise estrutural das coisas em que dois aspectos se opunham. O que Nietzsche nos traz é uma revolta, uma denúncia – às vezes ambígua e perigosa – de uma fraqueza, da submissão às coisas, da negação de si. Para Nietzsche, Cristo propõe uma moral do fraco, pois pede que se dê a outra face, que se aceite e não que se seja contra todos. Eu, super-homem além do bem e do mal, eu, homem que desenvolve novamente a sua própria moral livre das escórias da submissão, da aceitação das coisas tal como são; eu, homem, eu me afirmo na conquista do meu próprio ser, sozinho. Cristo, para René Girard, anuncia o fim da crise mimética. Tornando-se A vítima, ele denuncia todos os fenômenos de bode expiatório próprios das sociedades: a união dos homens, que sempre se faz contra alguém e nunca para alguém. Cristo, ao pedir que se ame o próximo como a si mesmo, rompe, revela o fenômeno mimético: é preciso amar o seu próximo como a si mesmo, ou seja, nem mais nem menos que a si mesmo; não devo desejar o que o outro possui, o que o outro deseja, e entrar assim na espiral da inveja. Dessa maneira, amar o próximo como a si mesmo é afirmar-se como si mesmo e não como outro. Nesse ponto, as contribuições de Nietzsche e de René Girard se completam, se esclarecem. Ser é sair da pressão, da violência do desejo mimético, é alcançar a liberdade e o desapego: o objeto do outro perde subitamente todo o seu interesse. Esse desejo que me fazem copiar, eu o ignoro afirmando o meu ser, assim como o do outro.

Retomemos uma última vez o nosso caminho de lógica girardiana. Como o mimetismo é essencial, e os desejos de objetos heterossexuais ou homossexuais funcionam de maneira completamente simétrica, pudemos mostrar que a cada grau de rivalidade mimética corresponde determinada sexualidade.

E, visto que existe uma espécie de *continuum*, de gradação nas rivalidades, da mediação externa à mediação interna, a cada grau de rivalidade, a cada triângulo do desejo corresponde determinada sexualidade, única; portanto, não se pode mais falar de heterossexualidade no singular. Reencontramos assim o seguinte teorema fundamental: há tantas sexualidades, tantos triângulos de identificações (modificáveis e não definitivos) quantos indivíduos.[4]

---

[4] *Au-delà du Désir* foi publicado em Paris em 2000. As reações a esse livro são interessantes e mostram bem que a sexualidade e o desejo tocam no mais profundo do ser e que são sempre um tema, senão tabu, pelo menos extremamente delicado. Por exemplo, tivemos contra

René Girard nos oferece um instrumento extraordinário para refletir sobre o humano e o seu desejo. Esse instrumento nos permite ultrapassar as divisões e visões *a priori*, os julgamentos sobre as sexualidades. Ele nos oferece a possibilidade de colocar no pelourinho da imbecilidade os machismos e o seu correspondente, as homofobias. Nos tempos atuais – em que uma má compreensão de certas religiões, em que uma violência em certas periferias acarreta assassinatos de homossexuais, em que certos países ainda os encerram em prisões e os perseguem em meio à indiferença geral, em que certos países gostariam de reduzir a mulher a um ser "inferior" –, uma leitura profundamente humanista do desejo mimético nos ajuda a compreender melhor essa "condição humana" que quer sempre excluir e perseguir bodes expiatórios. Paradoxalmente, no momento em que o "casamento gay" parece ser aceito em inúmeros países, as homofobias também parecem, num mimetismo simétrico, ser reforçadas. Observemos também que, cada vez que a liberdade da mulher é colocada em questão, as homofobias não estão longe. Defender a condição feminina é defender o estatuto dos homossexuais, mas também é, e sobretudo, defender simplesmente o que faz o humano.

Dessa forma, a questão ética e a questão propriamente filosófica e kantiana são as únicas que contam: de que desejo somos capazes? De um desejo mimético violento, de ciúmes, ódio e exclusão? Ou de outro tipo de desejo, um desejo que romperia a natureza violenta do mimetismo e que tentaria ultrapassar, compreender as engrenagens do funcionamento humano?

Stanford-Paris-Nice

---

nós ao mesmo tempo alguns heterossexuais que acharam que "homossexualisávamos" muito a sua relação com a mulher, e certos homossexuais que nos criticavam por colocarmos em questão a própria ideia de comunidade homossexual. Persistimos e reafirmamos, pois acreditamos que toda forma de comunidade, de comunitarismo implica a exclusão daquele ou daquela que não pertencem a essa comunidade. E, no que nos diz respeito, só contam a relação – o que liga, e não o que separa – e a dimensão ética, moral dessa relação.

referências bibliográficas

La Sainte Bible. Tradução francesa sob a direção da Escola Bíblica de Jerusalém. Paris: Cerf, 1988.

Le Coran. Paris: Bordas, 1991.

Abélard e Héloïse. *Correspondance*. Paris: 10/18, 1979. Col. Bibliothèque Médiévale.

Allen, Michael R. *Male Cults and Secret Initiations in Melanesia*. Melbourne: Melbourne University Press; Londres/Nova York: Cambridge University Press, 1967.

Anatrella, Tony. *La Différence Interdite: Sexualité, Éducation, Violence, Trente Ans après Mai 68*. Paris: Flammarion, 1998.

Antoine, Gérald. *Paul Claudel ou l'Enfer du Génie*. Paris: Robert Laffont, 1988.

Badinter, Elisabeth. *XY, De l'Identité Masculine*. Paris: Odile Jacob, 1992.

Bataille, Georges. *L'Érotisme*. Paris: 10-18, 1966.

Bateson, Gregory. *Vers une Écologie de l'Esprit*. Paris: Seuil, 1980, t. II.

_____ et al. *La Nouvelle Communication*. Paris: Seuil, 1981.

_____ et al. "Toward a Theory of Schizophrenia". In: Bennis, Warren G. et al (eds.). *Interpersonal Dynamics*. Homewood, Illinois: Dorsey Press, 1964.

Benoît, Catherine. *Les Frontières du Corps: Perception Populaire du Corps à la Guadeloupe à travers les Représentations et les Pratiques Liées à la Maladie, à l'Espace Habité (Case et Jardin de Case) et à l'Exercice des Thérapeutiques*

Traditionnelles. Paris: Ecole des Hautes Études en Sciences Sociales, 1989. (Tese de Doutorado.)

BHATTACHARYYA, N. N. "Indian Puberty Rites". *Indian Studies Past and Present*, Calcutá, junho de 1968.

BOBIN, Christian. *L'Autre Visage*. Paris: Les Éditions Lettres Vives, 1991.

BORCH-JACOBSEN, Mikkel. *Le Sujet Freudien*. Paris: Aubier Flammarion, 1982.

BOSWELL, John. *Christianisme, Tolérance Sociale et Homosexualité: les Homosexuels en Europe Occidentale des Débuts de l'Ère Chrétienne au XIVème Siècle*. Paris: NRF Gallimard, 1985. Trad. do inglês: *Christianity, Social Tolerance, and Homosexuality, Gay People in Western Europe from the Beginning of the Christian Era to the Fourteenth Century*. Chicago/Londres: The University of Chicago Press, 1980.

_____. *Same-Sex Unions in Premodern Europe*. New York: Villard Books, 1994.

BOUHDIBA, Abdelwahab. *La Sexualité en Islam*. 1.ed. Paris: PUF, 1975. 5, ed. Paris: Quadridge, 1998.

BRONSKI, Michael. *The Pleasure Principle, Sex, Backlash, and the Struggle for Gay Freedom*. Nova York: St Martin Press, 1998.

BROWNING, Frank. *The Culture of Desire, Paradox and Perversity in Gay Lives Today*. Nova York: Vintage, 1993.

CAILLOIS, Roger. *L Homme et le Sacré*. Paris: NRF Gallimard [1950], 1963.

CHANGEUX, Jean-Pierre e RICOEUR, Paul. *Ce qui nous Fait Penser, La Nature et la Règle*. Paris: Odile Jacob, 1998.

CLAUDEL, Paul. *Partage de Midi*. Paris: NRF Gallimard, 1967. Col. La Pléiade, t. 1.

_____. *Le Soulier de Satin*. Paris: NRF Gallimard, 1965. Col. La Pléiade, t. 2.

_____. *Commentaires et Exégèses*. In: *Oeuvres Complètes de Paul Claudel*, t. 22. Paris: NRF Gallimard, 1963.

_____ e GIDE, André. *Correspondance*. Paris: NRF Gallimard, 1949.

_____ e BARRAULT, Jean-Louis. *Correspondance*. Paris: NRF Gallimard, 1974. Cahiers Paul Claudel 10.

COCTEAU, Jean. *Le Passé Défini*. Paris: NRF Gallimard, 1983.

CRAWLEY, Ernest. *The Mystic Rose: A Study of Primitive Marriage and Primitive Thought in its Bearing on Marriage.* Nova York: Meridian Books, 1960.

DALAI Lama. *Beyond Dogma.* Berkeley: North Atlantic Books. Tradução francesa: *Au-delà des Dogmes.* Paris: Albin Michel, 1994.

DOSTOIEVSKI, Fedor. *L'Éternel Mari.* Paris: Le Livre de Poche, 1973.

MAÎTRE Eckhart. *Sermons.* Paris: Seuil, 1974.

ERIBON, Didier. *Réflexions sur la Question Gay.* Paris: Fayard, 1999.

FOUCAULT, Michel. *Histoire de la Sexualité.* Paris: NRF Gallimard, 1984.

_____. *Les Anormaux: Cours au Collège de France, 1974-1975.* Paris: Seuil, 1999.

FREUD, Sigmund. *Totem et Tabou.* Paris: Payot, 1975.

_____. *Leçons d'Introduction à la Psychanalyse.* Paris: Payot, 1998.

_____. *Un Souvenir d'Enfance de Léonard de Vinci.* Paris: NRF Gallimard, 1997.

_____. *Psychologie des Masses et Analyse du Moi: l'Identification.* In: *Oeuvres Complètes.* Vol. XVI, 1921-1923. Paris: PUF, 1991.

GENET, Jean. *Les Bonnes.* In: *Oeuvres Complètes.* Paris: Gallimard, 1968, t. IV.

_____. *Adam's Miroir.* Paris: Morihien, 1949.

_____. *Le Miracle de la Rose.* In: *Oeuvres Complètes.* Paris: Gallimard, 1951, t. II.

_____. *Pompes Funèbres.* In: *Oeuvres Complètes.* Paris: Gallimard, 1953, t. III

_____. *Notre-Dame-des-Fleurs.* In: *Oeuvres Complètes.* Paris: Gallimard, 1951, t. II.

_____. *Querelle de Brest.* In: *Oeuvres Complètes.* Paris: Gallimard, 1953, t. III.

_____. *Un Captif Amoureux.* Paris: Gallimard, 1986.

_____. *Journal du Voleur.* In: *Oeuvres Complètes.* Paris: Gallimard, 1949.

GINSBERG, Allen. *Collected Poems, 1947-1980.* Londres: Penguin Books, 1987.

GIRARD, René. *Des Choses Cachées depuis la Fondation du Monde:* Recherches avec Jean-Michel Oughourlian et Guy Lefort. Paris: Bernard Grasset, 1998. Le Livre de Poche.

_____. *La Violence et le Sacré.* Paris: Grasset, 1972.

_____. *Le Bouc Émissaire.* Paris: Grasset, 1982.

_____. *La Route Antique des Hommes Pervers.* Paris: Grasset, 1985.

_____. *Quand ces Choses Commenceront*. Paris: Arléa, 1994.

Hallaj. *Poèmes Mystiques*. Paris: Éditions Sindbad, 1985.

Herdt, Gilbert H. *Guardians of the Flutes Idioms of Masculinity*. Nova York: Columbia University Press, 1987.

Hite, Shere. *Le Rapport Hite sur les Hommes*. Paris: Robert Laffont, 1991. Col. Réponses.

Hocquenghem, Guy. *La Dérive Homosexuelle*. Paris: Jean-Pierre Delarge, 1977.

Hourantier, Marie-José e Werewere-Liking. *Contes d'Initiation Féminine du Pays Bassa (Cameroun)*. Issy les Moulineaux: Les Classiques Africains, n. 720, 1982.

Jacques, Francis. *Dialogiques, Recherches Logiques sur le Dialogue*. Paris: PUF, 1979.

Jones, Ernest. *La Vie et l'Oeuvre de Sigmund Freud*. Paris: PUF, 1969. Col. Bibliothèque de Psychanalyse.

Kant, Emmanuel. *Fondements de la Métaphysique des Moeurs*. Tradução francesa de Victor Delbos. Paris: Delagrave, 1973.

Kojève, Alexandre. *Introduction à la Lecture de Hegel*. Paris: Gallimard [1947], 1985.

Krishnamurti, J. *Se Libérer du Connu*. Paris: Stock, 1996. Coll. Religions / Spiritualité [1070].

Laborit, Henri, *Éloge de la Fuite*. Paris: Folio Essais, 1976.

Lance, Daniel. *La Figure de l'Ange dans l'Oeuvre de Jean Genet*. Paris, Sorbonne Paris IV, 1988. (Tese de Doutorado)

_____. *Le Vocabulaire de la Joie et de la Tristesse chez Bernard de Ventadour*. Paris, Sorbonne Paris IV, 1984. (Tese de Mestrado)

Lapointe, Guy e Bisaillon, Réjean (eds.). *Nouveau Regard sur l'Homosexualité. Questions d'Éthique*. Montreal: Fides, 1975.

Lévinas, Emmanuel. *Éthique et Infini*. Paris: Fayard, 1982.

Lieberman, E. James. *La Volonté en Acte, la Vie et l'Oeuvre d'Otto Rank*. Paris: PUF, 1991. Col. Histoire de la Psychanalyse.

Lung-Fou, Marie-Thérèse-Julien. *Contes Créoles, Contes, Légendes, Proverbes, Devinettes et Autres Histoires Fantastiques*. Fort-de-France, Martinica: Édition Désormeaux, 1979.

MALINOWSKI, Bronislaw. *Argonauts of the Western Pacific*. Primeira publicação em 1922. Nova York: E. P. Dutton & Co, 1961.

_____. *La Sexualité et sa Repression dans les Sociétés Primitives*. Paris: Payot, 1976.

MARITAIN, Jacques. *Humanisme Intégral*. Paris: Fernand Aubier [1936], 1937.

MARROU, Henri-Iréné. *Histoire de l'Éducation dans l'Antiquité*. Paris: Éditions du Seuil, 1965. Le Livre de Poche.

MAUPASSANT, Guy de. *Pierre et Jean*. Paris: Folio, 1982.

NAVARRE, Yves. *Biographie 2*. Paris: Flammarion, 1981.

NIETZSCHE, Friedrich. *Fragments Posthumes*. Tradução francesa de J.-C. Hémery. Paris: Gallimard, 1975.

_____. *Par-Delà le Bien et le Mal*. Paris: Folio Essai, 1975.

OUGHOURLIAN, Jean-Michel. *Un Mime Nommé Désir*. Paris: Grasset, 1982.

PEYREFITTE, Roger. *Les Amitiés Particulières*. Marselha: Jean Vigneau Éditeur, 1943.

PLATON. *Le Banquet*. Paris: Folio Essais, 1988.

PROUST, Marcel. *À la Recherche du Temps Perdu*. Paris: Gallimard, 1988. Col. La Pléiade.

RANK, Otto. *Beyond Psychology*. Nova York, Dover Publications, Inc. [1941, 1958], 1996.

_____. *Don Juan et le Double*. Paris: Payot [1973], 1989). A versão inglesa é diferente e traduzida diretamente do alemão: *The Don Juan Legend*. Trad. e edit. por David G. Winter. Princeton, New Jersey: Princeton University Press, 1975.

_____. *Le Traumatisme de la Naissance*. Paris: Payot, 1976.

REICH, Wilhelm. *La Révolution Sexuelle*. Paris: Plon, 1968. Tradução francesa revista e corrigida pelo Wilhelm Reich Infant Trust Fund.

RINPOCHÉ, Sogyal. *Le Livre Tibétain de la Vie et de la Mort*. Paris: Édition de la Table Ronde, 1992. Prefácio de Sua Santidade, o Dalai Lama.

ROCHEFORT, Christiane. *Printemps au Parking*. Paris: Grasset [1969], 1977.

RUFFIÉ, Jacques. *Le Sexe et la Mort*. Paris: Odile Jacob [1986], 1995.

SAIKAKU, Ihaara. *The Great Mirror of Male Love*. Introdução de Paul Gordon Schalow. Stanford: Stanford University Press, 1990.

SAINT-AMAND, Pierre. *Séduire ou la Passion des Lumières*. Paris: Méridiens Klincksieck, 1987.
SARTRE, Jean-Paul. *L'Être et le Néant: Essai d'Ontologie Phénoménologique*. Paris: Gallimard [1943], 1988.
_____. *Réflexions sur la Question Juive*. Paris: Gallimard, 1954. Col. Idées.
_____. Saint Genet, Comédien et Martyr. In: *Oeuvres Complètes de Jean Genet*. Paris: Gallimard, 1952, t. I.
SERRES, Michel. *À Visage Différent: l'Alliance Thérapeutique autour de l'Enfant Meurtri*. Paris: Hermann, 1997. Col. Savoir Cultures.
SERGENT, Bernard. *L'Homosexualité dans la Mythologie Grecque*. Paris: Payot, 1985.
SPINOZA, Baruch. *Ethique*. Tradução francesa de Charles Appuhn. Paris: Garnier, 1929.
SPOTO, Donald. *The Kindness of Strangers*. Boston: Little Brown and Company, 1985.
STEKEL, Wilhelm. *La Femme Frigide*. Traduzido do alemão por Jean d'Alsace. Paris: NRF Gallimard [1949], 1967. Col. Psychologie.
_____. *Onanisme et Homosexualité: la Parapathie Homosexuelle*. Traduzido do alemão por P. E. Morhardt. Paris: NRF Gallimard [1951], 1967. Col. Psychologie.
THOMSON, G. *Studies in Ancient Greek Society*. Londres: [s.n.], 1949.
TRIPP, C. A. *The Homosexual Matrix*. Nova York: Meridian, 1987.
THURSTON, E. e RANGARCHARI, K. *Castes and Tribes of Southern India*. Madras [Chennai]: [s.n.], 1909.
VERGERLY, Bertrand. *La Souffrance*. Paris: Folio Essais, 1997.
_____. *Platon*. Toulouse: Milan, 1996. Col. Les Essentiels.
WHITE, Edmund. *A Boy's Own Story*. Londres: Picador, 1982.
_____. *States of Desire*. Nova York: Bantam Books, 1980.
_____. *The Beautiful Room Is Empty*. Nova York: Vintage/ Random House, Inc., 1988. Tradução francesa: *La Tendresse sur la Peau*. Paris: Christian Bourgois Éditeur, 1988.
WILLIAMS, Dakin e MEAD, Shepherd. *Tennessee Williams, an Intimate Biography*. Nova York: Arbor House, 1983.

WILLIAMS, Tennessee. *Baby Doll, Something Unspoken, Suddenly Last Summer*. Londres: Penguin Plays, 1987.

_____. *Soudain l'Été Dernier*. Paris: 10-18 [1958], 1997.

_____. *Mémoires*. Paris: Robert Laffont, 1977. Col. Vécu. Traduzido do inglês por Maurice Pons e Michèle Witta. Edição original: *Memoirs*. Nova York: Doubleday & Company, 1972.

_____. *O Zoológico de Vidro; De Repente no Último Verão; Doce Pássaro da Juventude*. São Paulo: É Realizações, 2014.

WILLIAMS, Tennessee e WINDHAM, Donald. *Tennessee Williams' Letters to Donald Windham, 1940-1965*. Nova York: Holt, Rinehart and Winston, 1977.

WILLIAMS, F. E. *Papouans of Trans-Fly*. Oxford: Clarendon Press, 1936.

WOJTYLA, Karol. *Amour et Responsabilité*. Paris: Stock, 1985. Prefácio de André Frossard.

breve explicação

Arnaldo Momigliano inspira nossa tarefa, já que a alquimia dos antiquários jamais se realizou: nenhum catálogo esgota a pluralidade do mundo e muito menos a dificuldade de uma questão complexa como a teoria mimética.

O cartógrafo borgeano conheceu constrangimento semelhante, como Jorge Luis Borges revelou no poema "La Luna". Como se sabe, o cartógrafo não pretendia muito, seu projeto era modesto: "cifrar el universo / En un libro". Ao terminá-lo, levantou os olhos "con ímpetu infinito", provavelmente surpreso com o poder de palavras e compassos. No entanto, logo percebeu que redigir catálogos, como produzir livros, é uma tarefa infinita:

> Gracias iba a rendir a la fortuna
> Cuando al alzar los ojos vio un bruñido
> Disco en el aire y comprendió aturdido
> Que se había olvidado de la luna.

Nem antiquários, tampouco cartógrafos: portanto, estamos livres para apresentar ao público brasileiro uma cronologia que não se pretende exaustiva da vida e da obra de René Girard.

Com o mesmo propósito, compilamos uma bibliografia sintética do pensador francês, privilegiando os livros publicados. Por isso, não mencionamos a grande quantidade de ensaios e capítulos de livros que escreveu, assim como de entrevistas que concedeu. Para o leitor interessado numa relação completa de sua vasta produção, recomendamos o banco de dados organizado pela Universidade de Innsbruck: http://www.uibk.ac.at/rgkw/mimdok/suche/index.html.en.

De igual forma, selecionamos livros e ensaios dedicados, direta ou indiretamente, à obra de René Girard, incluindo os títulos que sairão na Biblioteca René Girard. Nosso objetivo é estimular o convívio reflexivo com a teoria mimética. Ao mesmo tempo, desejamos propor uma coleção cujo aparato crítico estimule novas pesquisas.

Em outras palavras, o projeto da Biblioteca René Girard é também um convite para que o leitor venha a escrever seus próprios livros acerca da teoria mimética.

cronologia de René Girard

René Girard nasce em Avignon (França) no dia 25 de dezembro de 1923; o segundo de cinco filhos. Seu pai trabalha como curador do Museu da Cidade e do famoso "Castelo dos Papas". Girard estuda no liceu local e recebe seu *baccalauréat* em 1940.

De 1943 a 1947 estuda na École des Chartes, em Paris, especializando-se em história medieval e paleografia. Defende a tese *La Vie Privée à Avignon dans la Seconde Moitié du XVme Siècle*.

Em 1947 René Girard deixa a França e começa um doutorado em História na Universidade de Indiana, Bloomington, ensinando Literatura Francesa na mesma universidade. Conclui o doutorado em 1950 com a tese *American Opinion on France, 1940-1943*.

No dia 18 de junho de 1951, Girard casa-se com Martha McCullough. O casal tem três filhos: Martin, Daniel e Mary.

Em 1954 começa a ensinar na Universidade Duke e, até 1957, no Bryn Mawr College.

Em 1957 torna-se professor assistente de Francês na Universidade Johns Hopkins, em Baltimore.

Em 1961 publica seu primeiro livro, *Mensonge Romantique et Vérité Romanesque*, expondo os princípios da teoria do desejo mimético.

Em 1962 torna-se professor associado na Universidade Johns Hopkins.

Organiza em 1962 *Proust: A Collection of Critical Essays*, e, em 1963, publica *Dostoïevski, du Double à l'Unité*.

Em outubro de 1966, em colaboração com Richard Macksey e Eugenio Donato, organiza o colóquio internacional "The Languages of Criticism and the Sciences of Man". Nesse colóquio participam Lucien Goldmann, Roland Barthes, Jacques Derrida, Jacques Lacan, entre outros. Esse encontro é visto como a introdução do estruturalismo nos Estados Unidos. Nesse período, Girard desenvolve a noção do assassinato fundador.

Em 1968 transfere-se para a Universidade do Estado de Nova York, em Buffalo, e ocupa a direção do Departamento de Inglês. Principia sua colaboração e amizade com Michel Serres. Começa a interessar-se mais seriamente pela obra de Shakespeare.

Em 1972 publica *La Violence et le Sacré*, apresentando o mecanismo do bode expiatório. No ano seguinte, a revista *Esprit* dedica um número especial à obra de René Girard.

Em 1975 retorna à Universidade Johns Hopkins.

Em 1978, com a colaboração de Jean-Michel Oughourlian e Guy Lefort, dois psiquiatras franceses, publica seu terceiro livro, *Des Choses Cachées depuis la Fondation du Monde*. Trata-se de um longo e sistemático diálogo sobre a teoria mimética compreendida em sua totalidade.

Em 1980, na Universidade Stanford, recebe a "Cátedra Andrew B. Hammond" em Língua, Literatura e Civilização Francesa. Com a colaboração de Jean--Pierre Dupuy, cria e dirige o "Program for Interdisciplinary Research", responsável pela realização de importantes colóquios internacionais.

Em 1982 publica *Le Bouc Émissaire* e, em 1985, *La Route Antique des Hommes Pervers*. Nesses livros, Girard principia a desenvolver uma abordagem hermenêutica para uma leitura dos textos bíblicos com base na teoria mimética.

Em junho de 1983, no Centre Culturel International de Cerisy-la-Salle, Jean-Pierre Dupuy e Paul Dumouchel organizam o colóquio "Violence et Vérité. Autour de René Girard". Os "Colóquios de Cerisy" representam uma referência fundamental na recente história intelectual francesa.

Em 1985 recebe, da Frije Universiteit de Amsterdã, o primeiro de muitos doutorados *honoris causa*. Nos anos seguintes, recebe a mesma distinção da Universidade de Innsbruck, Áustria (1988); da

Universidade de Antuérpia, Bélgica (1995); da Universidade de Pádua, Itália (2001); da Universidade de Montreal, Canadá (2004); da University College London, Inglaterra (2006); da Universidade de St Andrews, Escócia (2008).

Em 1990 é criado o Colloquium on Violence and Religion (COV&R). Trata-se de uma associação internacional de pesquisadores dedicada ao desenvolvimento e à crítica da teoria mimética, especialmente no tocante às relações entre violência e religião nos primórdios da cultura.

O Colloquium on Violence and Religion organiza colóquios anuais e publica a revista *Contagion*. Girard é o presidente honorário da instituição. Consulte-se a página: http://www.uibk.ac.at/theol/cover/.

Em 1990 visita o Brasil pela primeira vez: encontro com representantes da Teologia da Libertação, realizado em Piracicaba, São Paulo.

Em 1991 Girard publica seu primeiro livro escrito em inglês: *A Theatre of Envy: William Shakespeare* (Oxford University Press). O livro recebe o "Prix Médicis", na França.

Em 1995 aposenta-se na Universidade Stanford.

Em 1999 publica *Je Vois Satan Tomber comme l'Éclair*. Desenvolve a leitura antropológica dos textos bíblicos com os próximos dois livros: *Celui par qui le Scandale Arrive* (2001) e *Le Sacrifice* (2003).

Em 2000 visita o Brasil pela segunda vez: lançamento de *Um Longo Argumento do Princípio ao Fim. Diálogos com João Cezar de Castro Rocha e Pierpaolo Antonello*.

Em 2004 recebe o "Prix Aujourd'hui" pelo livro *Les Origines de la Culture. Entretiens avec Pierpaolo Antonello et João Cezar de Castro Rocha*.

Em 17 de março de 2005 René Girard é eleito para a Académie Française. O "Discurso de Recepção" foi feito por Michel Serres em 15 de dezembro. No mesmo ano, cria-se em Paris a Association pour les Recherches Mimétiques (ARM).

Em 2006 René Girard e Gianni Vattimo dialogam sobre cristianismo e modernidade: *Verità o Fede Debole? Dialogo su Cristianesimo e Relativismo*.

Em 2007 publica *Achever Clausewitz*, um diálogo com Benoît Chantre. Nessa ocasião, desenvolve uma abordagem apocalíptica da história.

Em outubro de 2007, em Paris, é criada a "Imitatio. Integrating the Human Sciences", (http://www.imitatio.org/), com apoio da Thiel Foundation. Seu objetivo é ampliar e promover as consequências da teoria girardiana sobre o comportamento humano e a cultura. Além disso, pretende apoiar o estudo interdisciplinar da teoria mimética. O primeiro encontro da Imitatio realiza-se em Stanford, em abril de 2008.

Em 2008 René Girard recebe a mais importante distinção da Modern Language Association (MLA): "Lifetime Achievement Award".

bibliografia de René Girard

Mensonge Romantique et Vérité Romanesque. Paris: Grasset, 1961. [*Mentira Romântica e Verdade Romanesca.* Trad. Lília Ledon da Silva. São Paulo: É Realizações, 2009.]
Proust: A Collection of Critical Essays. Englewood Cliffs: Prentice Hall, 1962.
Dostoïevski, du Double à l'Unité. Paris: Plon, 1963. [*Dostoiévski: do Duplo à Unidade.* Trad. Roberto Mallet. São Paulo: É Realizações, 2011.]
La Violence et le Sacré. Paris: Grasset, 1972.
Critique dans un Souterrain. Lausanne: L'Age d'Homme, 1976.
To Double Business Bound: Essays on Literature, Mimesis, and Anthropology. Baltimore: Johns Hopkins University Press, 1978. (Este livro será publicado na Biblioteca René Girard)
Des Choses Cachées depuis la Fondation du Monde. Pesquisas com Jean-Michel Oughourlian e Guy Lefort. Paris: Grasset, 1978.
Le Bouc Émissaire. Paris: Grasset, 1982.
La Route Antique des Hommes Pervers. Paris: Grasset, 1985.
Violent Origins: Walter Burkert, René Girard, and Jonathan Z. Smith on Ritual Killing and Cultural Formation. Org. Robert Hamerton-Kelly. Stanford: Stanford University Press, 1988. (Este livro será publicado na Biblioteca René Girard)
A Theatre of Envy: William Shakespeare. Nova York: Oxford University Press, 1991. [*Shakespeare: Teatro da Inveja.* Trad. Pedro Sette-Câmara. São Paulo: É Realizações, 2010.]

Quand ces Choses Commenceront... Entretiens avec Michel Treguer. Paris: Arléa, 1994. [*Quando Começarem a Acontecer Essas Coisas: Diálogos com Michel Treguer.* Trad. Lília Ledon da Silva. São Paulo: É Realizações, 2011.]

The Girard Reader. Org. James G. Williams. Nova York: Crossroad, 1996.

Je Vois Satan Tomber comme l'Éclair. Paris: Grasset, 1999.

Um Longo Argumento do Princípio ao Fim. Diálogos com João Cezar de Castro Rocha e Pierpaolo Antonello. Rio de Janeiro: Topbooks, 2000. Este livro, escrito em inglês, foi publicado, com algumas modificações, em italiano, espanhol, polonês, japonês, coreano, tcheco e francês. Na França, em 2004, recebeu o "Prix Aujourd'hui".

Celui par Qui le Scandale Arrive: Entretiens avec Maria Stella Barberi. Paris: Desclée de Brouwer, 2001. [*Aquele por Quem o Escândalo Vem.* Trad. Carlos Nougué. São Paulo: É Realizações, 2011.]

La Voix Méconnue du Réel: Une Théorie des Mythes Archaïques et Modernes. Paris: Grasset, 2002. (Este livro será publicado na Biblioteca René Girard)

Il Caso Nietzsche. La Ribellione Fallita dell'Anticristo. Com colaboração e edição de Giuseppe Fornari. Gênova: Marietti, 2002.

Le Sacrifice. Paris: Bibliothèque Nationale de France, 2003. [*O Sacrifício.* Trad. Margarita Maria Garcia Lamelo. São Paulo: É Realizações, 2011.]

Oedipus Unbound: Selected Writings on Rivalry and Desire. Org. Mark R. Anspach. Stanford: Stanford University Press, 2004.

Miti d'Origine. Massa: Transeuropa Edizioni, 2005. (Este livro será publicado na Biblioteca René Girard)

Verità o Fede Debole. Dialogo su Cristianesimo e Relativismo. Com Gianni Vattimo. Org. Pierpaolo Antonello. Massa: Transeuropa Edizioni, 2006.

Achever Clausewitz (Entretiens avec Benoît Chantre). Paris: Carnets Nord, 2007. [*Rematar Clausewitz: Além Da Guerra.* Trad. Pedro Sette-Câmara. São Paulo: É Realizações, 2011.]

Le Tragique et la Pitié: Discours de Réception de René Girard à l'Académie Française et Réponse de Michel Serres. Paris: Editions le Pommier, 2007. [*O Trágico e a Piedade.* Trad. Margarita Maria Garcia Lamelo. São Paulo: É Realizações, 2011.]

De la Violence à la Divinité. Paris: Grasset, 2007. Reunião dos principais livros de Girard publicados pela Editora Grasset, acompanhada de uma nova introdução para todos os títulos. O volume inclui *Mensonge Romantique et Vérité Romanesque, La Violence et le Sacré, Des Choses Cachées depuis la Fondation du Monde* e *Le Bouc Émissaire.*

Dieu, une Invention?. Com André Gounelle e Alain Houziaux. Paris: Editions de l'Atelier, 2007. [*Deus: uma invenção?* Trad. Margarita Maria Garcia Lamelo. São Paulo: É Realizações, 2011.]

Evolution and Conversion. Dialogues on the Origins of Culture. Com Pierpaolo Antonello e João Cezar de Castro Rocha. Londres: The Continuum, 2008. [*Evolução e Conversão.* Trad. Bluma Waddington Vilar e Pedro Sette-Câmara. São Paulo: É Realizações, 2011.]

Anorexie et Désir Mimétique. Paris: L'Herne, 2008. [*Anorexia e Desejo Mimético.* Trad. Carlos Nougué. São Paulo: É Realizações, 2011.]

Mimesis and Theory: Essays on Literature and Criticism, 1953-2005. Org. Robert Doran. Stanford: Stanford University Press, 2008.

La Conversion de l'Art. Paris: Carnets Nord, 2008. Este livro é acompanhado por um DVD, *Le Sens de l'Histoire*, que reproduz um diálogo com Benoît Chantre. [*A Conversão da Arte.* Trad. Lília Ledon da Silva. São Paulo: É Realizações, 2011.]

Gewalt und Religion: Gespräche mit Wolfgang Palaver. Berlim: Matthes & Seitz Verlag, 2010.

Géométries du Désir. Prefácio de Mark Anspach. Paris: Ed. de L'Herne, 2011.

bibliografia selecionada sobre René Girard[1]

BANDERA, Cesáreo. *Mimesis Conflictiva: Ficción Literaria y Violencia en Cervantes y Calderón.* (Biblioteca Románica Hispánica – Estudios y Ensayos 221). Prefácio de René Girard. Madri: Editorial Gredos, 1975.

SCHWAGER, Raymund. *Brauchen Wir einen Sündenbock? Gewalt und Erläsung in den Biblischen Schriften.* Munique: Kasel, 1978.

DUPUY, Jean-Pierre e DUMOUCHEL, Paul. *L'Enfer des Choses: René Girard et la Logique de l'Économie.* Posfácio de René Girard. Paris: Le Seuil, 1979.

CHIRPAZ, François. *Enjeux de la Violence: Essais sur René Girard.* Paris: Cerf, 1980.

GANS, Eric. *The Origin of Language: A Formal Theory of Representation.* Berkeley: University of California Press, 1981.

AGLIETTA, M. e ORLÉAN, A. *La Violence de la Monnaie.* Paris: PUF, 1982.

OUGHOURLIAN, Jean-Michel. *Un Mime Nomme Desir: Hysterie, Transe, Possession, Adorcisme.* Paris: Éditions Grasset et Fasquelle, 1982. (Este livro será publicado na Biblioteca René Girard)

---

[1] Agradecemos a colaboração de Pierpaolo Antonello, do St John's College (Universidade de Cambridge). Nesta bibliografia, adotamos a ordem cronológica em lugar da alfabética a fim de evidenciar a recepção crescente da obra girardiana nas últimas décadas.

Dupuy, Jean-Pierre e Deguy, Michel (orgs.). *René Girard et le Problème du Mal*. Paris: Grasset, 1982.
Dupuy, Jean-Pierre. *Ordres et Désordres*. Paris: Le Seuil, 1982.
Fages, Jean-Baptiste. *Comprendre René Girard*. Toulouse: Privat, 1982.
McKenna, Andrew J. (org.). *René Girard and Biblical Studies (Semeia 33)*. Decatur, GA: Scholars Press, 1985.
Carrara, Alberto. *Violenza, Sacro, Rivelazione Biblica: Il Pensiero di René Girard*. Milão: Vita e Pensiero, 1985.
Dumouchel, Paul (org.). *Violence et Vérité – Actes du Colloque de Cerisy*. Paris: Grasset, 1985. Tradução para o inglês: *Violence and Truth: On the Work of René Girard*. Stanford: Stanford University Press, 1988.
Orsini, Christine. *La Pensée de René Girard*. Paris: Retz, 1986.
To Honor René Girard. Presented on the Occasion of his Sixtieth Birthday by Colleagues, Students, Friends. Stanford French and Italian Studies 34. Saratoga, CA: Anma Libri, 1986.
Lermen, Hans-Jürgen. *Raymund Schwagers Versuch einer Neuinterpretation der Erläsungstheologie im Anschluss an René Girard*. Mainz: Unveräffentlichte Diplomarbeit, 1987.
Lascaris, André. *Advocaat van de Zondebok: Het Werk van René Girard en het Evangelie van Jezus*. Hilversum: Gooi & Sticht, 1987.
Beek, Wouter van (org.). *Mimese en Geweld: Beschouwingen over het Werk van René Girard*. Kampen: Kok Agora, 1988.
Hamerton-Kelly, Robert G. (org.). *Violent Origins: Walter Burkert, Rene Girard, and Jonathan Z. Smith on Ritual Killing and Cultural Formation*. Stanford: Stanford University Press, 1988. (Este livro será publicado na Biblioteca René Girard)
Gans, Eric. *Science and Faith: The Anthropology of Revelation*. Savage, MD: Rowman & Littlefield, 1990.
Assmann, Hugo (org.). *René Girard com Teólogos da Libertação: Um Diálogo sobre Ídolos e Sacrifícios*. Petrópolis: Vozes, 1991. Tradução para o alemão: *Gätzenbilder und Opfer: René Girard im Gespräch mit der Befreiungstheologie*. (Beiträge zur mimetischen Theorie 2). Thaur, Münster:

Druck u. Verlagshaus Thaur, LIT-Verlag, 1996. Tradução para o espanhol: *Sobre Ídolos y Sacrifícios: René Girard con Teólogos de la Liberación*. (Colección Economía-Teología). San José, Costa Rica: Editorial Departamento Ecuménico de Investigaciones, 1991.

ALISON, James. *A Theology of the Holy Trinity in the Light of the Thought of René Girard*. Oxford: Blackfriars, 1991.

RÉGIS, J. P. (org.). *Table Ronde Autour de René Girard*. (Publications des Groupes de Recherches Anglo-américaines 8). Tours: Université François Rabelais de Tours, 1991.

WILLIAMS, James G. *The Bible, Violence, and the Sacred: Liberation from the Myth of Sanctionated Violence*. Prefácio de René Girard. San Francisco: Harper, 1991.

LUNDAGER JENSEN, Hans Jürgen. *René Girard*. (Profil-Serien 1). Frederiksberg: Forlaget Anis, 1991.

HAMERTON-KELLY, Robert G. *Sacred Violence: Paul's Hermeneutic of the Cross*. Minneapolis: Augsburg Fortress, 1992. [*Violência Sagrada: Paulo e a Hermenêutica da Cruz*. Trad. Maurício G. Righi. São Paulo: É Realizações, 2012.]

McKENNA, Andrew J. (org.). *Violence and Difference: Girard, Derrida, and Deconstruction*. Chicago: University of Illinois Press, 1992.

LIVINGSTON, Paisley. *Models of Desire: René Girard and the Psychology of Mimesis*. Baltimore: The Johns Hopkins University Press, 1992.

LASCARIS, André e WEIGAND, Hans (orgs.). *Nabootsing: In Discussie over René Girard*. Kampen: Kok Agora, 1992.

GANS, Eric. *Originary Thinking: Elements of Generative Anthropology*. Stanford: Stanford University Press, 1993.

HAMERTON-KELLY, Robert G. *The Gospel and the Sacred: Poetics of Violence in Mark*. Prefácio de René Girard. Minneapolis: Fortress Press, 1994.

BINABURO, J. A. Bakeaz (org.). *Pensando en la Violencia: Desde Walter Benjamin, Hannah Arendt, René Girard y Paul Ricoeur*. Centro de Documentación y Estudios para la Paz. Madri: Libros de la Catarata, 1994.

McCRACKEN, David. *The Scandal of the Gospels: Jesus, Story, and Offense*. Oxford: Oxford University Press, 1994.

WALLACE, Mark I. e SMITH, Theophus H. *Curing Violence: Essays on René Girard*. Sonoma, CA: Polebridge Press, 1994.

BANDERA, Cesáreo. *The Sacred Game: The Role of the Sacred in the Genesis of Modern Literary Fiction*. University Park: Pennsylvania State University Press, 1994. (Este livro será publicado na Biblioteca René Girard)

ALISON, James. *The Joy of Being Wrong: An Essay in the Theology of Original Sin in the Light of the Mimetic Theory of René Girard*. Santiago de Chile: Instituto Pedro de Córdoba, 1994. [*O Pecado Original à Luz da Ressurreição: a Alegria de Descobrir-se Equivocado*. Trad. Maurício G. Righi. São Paulo: É Realizações, 2011.]

LAGARDE, François. *René Girard ou la Christianisation des Sciences Humaines*. Nova York: Peter Lang, 1994.

TEIXEIRA, Alfredo. *A Pedra Rejeitada: O Eterno Retorno da Violência e a Singularidade da Revelação Evangélica na Obra de René Girard*. Porto: Universidade Católica Portuguesa, 1995.

BAILIE, Gil. *Violence Unveiled: Humanity at the Crossroads*. Nova York: Crossroad, 1995.

TOMELLERI, Stefano. *René Girard. La Matrice Sociale della Violenza*. Milão: F. Angeli, 1996.

GOODHART, Sandor. *Sacrificing Commentary: Reading the End of Literature*. Baltimore: Johns Hopkins University Press, 1996.

PELCKMANS, Paul e VANHEESWIJCK, Guido. *René Girard, het Labyrint van het Verlangen: Zes Opstellen*. Kampen/Kapellen: Kok Agora/Pelcckmans, 1996.

GANS, Eric. *Signs of Paradox: Irony, Resentment, and Other Mimetic Structures*. Stanford: Stanford University Press, 1997.

SANTOS, Laura Ferreira dos. *Pensar o Desejo: Freud, Girard, Deleuze*. Braga: Universidade do Minho, 1997.

GROTE, Jim e MCGEENEY, John R. *Clever as Serpents: Business Ethics and Office Politics*. Minnesota: Liturgical Press, 1997. [*Espertos como Serpentes: Manual de Sobrevivência no Mercado de Trabalho*. Trad. Fábio Faria. São Paulo: É Realizações, 2011.]

FEDERSCHMIDT, Karl H.; ATKINS, Ulrike; TEMME, Klaus (orgs.). *Violence and Sacrifice: Cultural Anthropological and Theological Aspects Taken from Five Continents*. Intercultural Pastoral Care and Counseling 4. Düsseldorf: SIPCC, 1998.

SWARTLEY, William M. (org.). *Violence Renounced: René Girard, Biblical Studies and Peacemaking.* Telford: Pandora Press, 2000.

FLEMING, Chris. *René Girard: Violence and Mimesis.* Cambridge: Polity, 2000.

ALISON, James. *Faith Beyond Resentment: Fragments Catholic and Gay.* Londres: Darton, Longman & Todd, 2001. Tradução para o português: *Fé Além do Ressentimento: Fragmentos Católicos em Voz Gay.* São Paulo: É Realizações, 2010.

ANSPACH, Mark Rogin. *A Charge de Revanche: Figures Élémentaires de la Réciprocité.* Paris: Editions du Seuil, 2002. [*Anatomia da Vingança: Figuras Elementares da Reciprocidade.* Trad. Margarita Maria Garcia Lamelo. São Paulo: É Realizações, 2012.]

GOLSAN, Richard J. *René Girard and Myth.* Nova York: Routledge, 2002. [*Mito e Teoria Mimética: Introdução ao Pensamento Girardiano.* Trad. Hugo Langone. São Paulo: É Realizações, 2014.]

DUPUY, Jean-Pierre. *Pour un Catastrophisme Éclairé. Quand l'Impossible est Certain.* Paris: Editions du Seuil, 2002. [*O Tempo das Catástrofes: Quando o Impossível É uma Certeza.* Trad. Lília Ledon da Silva. São Paulo: É Realizações, 2011.]

JOHNSEN, William A. *Violence and Modernism: Ibsen, Joyce, and Woolf.* Gainesville, FL: University Press of Florida, 2003. [*Violência e Modernismo. Ibsen, Joyce e Woolf.* Trad. Pedro Sette-Câmara. São Paulo: É Realizações, 2011.]

KIRWAN, Michael. *Discovering Girard.* Londres: Darton, Longman & Todd, 2004. (Este livro será publicado na Biblioteca René Girard)

BANDERA, Cesáreo. *Monda y Desnuda: La Humilde Historia de Don Quijote. Reflexiones sobre el Origen de la Novela Moderna.* Madri: Iberoamericana, 2005. [*Despojada e Despida: A Humilde História de Dom Quixote.* Trad. Carlos Nougué. São Paulo: É Realizações, 2011.]

VINOLO, Stéphane. *René Girard: Du Mimétisme à l'Hominisation, la Violence Différante.* Paris: L'Harmattan, 2005. [*René Girard: do Mimetismo à Hominização.* Trad. Rosane Pereira e Bruna Beffart. São Paulo: É Realizações, 2012.]

INCHAUSTI, Robert. *Subversive Orthodoxy: Outlaws, Revolutionaries, and Other Christians in Disguise.* Grand Rapids, MI: Brazos Press, 2005. (Este livro será publicado na Biblioteca René Girard)

FORNARI, Giuseppe. *Fra Dioniso e Cristo. Conoscenza e Sacrificio nel Mondo Greco e nella Civiltà Occidentale.* Gênova-Milão: Marietti, 2006. (Este livro será publicado na Biblioteca René Girard)

ANDRADE, Gabriel. *La Crítica Literaria de René Girard.* Mérida: Universidad del Zulia, 2007.

HAMERTON-KELLY, Robert G. (org.). *Politics & Apocalypse.* East Lansing, MI: Michigan State University Press, 2007. (Este livro será publicado na Biblioteca René Girard)

LANCE, Daniel. *Vous Avez Dit Elèves Difficiles? Education, Autorité et Dialogue.* Paris, L'Harmattan, 2007. (Este livro será publicado na Biblioteca René Girard)

VINOLO, Stéphane. *René Girard: Épistémologie du Sacré.* Paris: L'Harmattan, 2007. (Este livro será publicado na Biblioteca René Girard)

OUGHOURLIAN, Jean-Michel. *Genèse du Désir.* Paris: Carnets Nord, 2007. (Este livro será publicado na Biblioteca René Girard)

ALBERG, Jeremiah. *A Reinterpretation of Rousseau: A Religious System.* Nova York: Palgrave Macmillan, 2007. (Este livro será publicado na Biblioteca René Girard)

DUPUY, Jean-Pierre. *Dans l'Oeil du Cyclone – Colloque de Cerisy.* Paris: Carnets Nord, 2008. (Este livro será publicado na Biblioteca René Girard)

DUPUY, Jean-Pierre. *La Marque du Sacré.* Paris: Carnets Nord, 2008. (Este livro será publicado na Biblioteca René Girard)

ANSPACH, Mark Rogin (org.). *René Girard.* Les Cahiers de l'Herne n. 89. Paris: L'Herne, 2008. (Este livro será publicado na Biblioteca René Girard)

DEPOORTERE, Frederiek. *Christ in Postmodern Philosophy: Gianni Vattimo, Rene Girard, and Slavoj Zizek.* Londres: Continuum, 2008.

PALAVER, Wolfgang. *René Girards Mimetische Theorie. Im Kontext Kulturtheoretischer und Gesellschaftspolitischer Fragen.* 3. Auflage. Münster: LIT, 2008.

BARBERI, Maria Stella (org.). *Catastrofi Generative - Mito, Storia, Letteratura.* Massa: Transeuropa Edizioni, 2009. (Este livro será publicado na Biblioteca René Girard)

ANTONELLO, Pierpaolo e BUJATTI, Eleonora (orgs.). *La Violenza Allo Specchio. Passione e Sacrificio nel Cinema Contemporaneo.* Massa: Transeuropa

Edizioni, 2009. (Este livro será publicado na Biblioteca René Girard)

RANIERI, John J. *Disturbing Revelation – Leo Strauss, Eric Voegelin, and the Bible*. Columbia, MO: University of Missouri Press, 2009. (Este livro será publicado na Biblioteca René Girard)

GOODHART, Sandor; JORGENSEN, J.; RYBA, T.; WILLIAMS, J. G. (orgs.). *For René Girard. Essays in Friendship and in Truth*. East Lansing, MI: Michigan State University Press, 2009.

ANSPACH, Mark Rogin. *Oedipe Mimétique*. Paris: Éditions de L'Herne, 2010. [*Édipo Mimético*. Trad. Ana Lúcia Costa. São Paulo: É Realizações, 2012.]

MENDOZA-ÁLVAREZ, Carlos. *El Dios Escondido de la Posmodernidad. Deseo, Memoria e Imaginación Escatológica. Ensayo de Teología Fundamental Posmoderna*. Guadalajara: ITESO, 2010. [*O Deus Escondido da Pós-Modernidade: Desejo, Memória e Imaginação Escatológica*. Trad. Carlos Nougué. São Paulo: É Realizações, 2011.]

ANDRADE, Gabriel. *René Girard: Un Retrato Intelectual*. 2010. [*René Girard: um Retrato Intelectual*. Trad. Carlos Nougué. São Paulo: É Realizações, 2011.]

índice analítico

Aids, 221
 pesquisa da, 187
Antirrivalidade, 133
Antropofagia, 57, 64, 69, 114
Assassinato
 coletivo, 81, 146
 fundador, 62, 64-65, 99, 115, 118-19, 148
Autossacrifício, 35, 43, 68
Bissexualidade
 primitiva, 168-69
Bode expiatório, 23
Budismo, 61, 221
 tibetano, 221
Ciúmes, 83, 102, 104, 107-08, 239
Competição
 mimética, 82
Complexo de Édipo, 62, 65, 74, 107, 113, 117-21, 151, 158, 163, 174-76, 201-02
 ampliação do, 163
Contágio
 mimético, 83, 87
Contradesejo, 203
Contraimitação, 195
Coquete, 36-38, 121, 144, 209
Crise
 dos valores, 21
 mimética, 43, 69, 130, 210, 238
 sacrificial, 69
Desejo, 23-24, 144, 181
 ambiguidade do, 23
 caráter proteiforme do, 72
 carnal, 230
 como falta, 24
 definição do, 24
 de ser, 236
 deslocamento do, 131
 do outro, 84
 e renúncia, 230, 233
 fundação violenta do, 31
 metafísico, 104, 135, 182
 objeto do, 93, 133
 sexual, 24
 triangularidade do, 32, 73, 80, 94, 111, 170
Desejo mimético, 26-27, 32-33, 36, 42-43, 53, 66, 69, 71-72, 74, 104-05, 117, 121-22, 130, 137, 176-77, 181-83, 201-02, 209-10, 215, 224, 231, 236, 238-39
Dialética, 102
 do senhor e do escravo, 116
Dom-juanismo, 109, 111, 113, 117, 125
Double bind, 140, 149-51, 156, 161, 164, 174, 178-79, 182, 202, 212
Duplo, 22, 27, 45, 47, 49-51, 53, 58, 69, 72, 89, 91, 97-100, 103, 109, 112, 114, 119, 125, 142, 144, 147, 149-51, 156, 161, 182, 197, 202, 230, 234
 denúncia do, 156
 feminino, 58
 homossexual, 28
 mimético, 22
 mitologia do, 156
 monstruoso, 144, 155
 problemática do, 151
 rejeição do, 197
Erotismo
 em Platão, 226
 grego, 224
Espelho
 tema do, 49
Esquizofrenia
 fonte de, 149
Ética, 237, 239
 sexual, 227
Eucaristia, 27
Exclusão, 21, 26, 58, 71, 161, 184-85, 187-88, 227, 237, 239
 época da, 22

Felação
    metáfora da, 161
    ritual, 133
Fixação
    definitiva, 161
    materna, 158, 163, 175
    paterna, 159-60
Gêmeos, 53, 105-06, 142, 147-48, 151, 154-55, 197, 215
    sacrifício de, 155
Genocídio, 26
Herói, 114, 120
Heterossexualidade, 24, 73-74, 79, 93, 112-13, 129, 131, 157, 169, 171, 177, 180, 183, 198, 204, 207, 210, 238
Hipersexualidade, 25, 168
Hominidade, 83
Hominização
    processo de, 83
Homofobia, 194, 239
Homoidentidade, 26
Homossensualidade, 26
Homossexual
    etimologia de, 129
Homossexualidade, 24, 26, 69, 73-74, 79, 98, 111-13, 117, 120-21, 129-34, 138-43, 149, 156-61, 163, 165, 167-73, 178, 180-83, 186, 188-89, 192-94, 196-99, 203-04, 207-08, 210, 212-13, 215, 221-22, 227
    como virilidade, 138
    concepção freudiana da, 158
    da aprendizagem, 183
    de exclusão, 185
    do Mesmo, 145
    e espelho, 147
    em exclusão, 185
    e o Mesmo, 147
    feminina, 172

gemelar, 149
gênese da, 158
guerreira, 140
helênica, 139
multiplicidade da, 160
psicogênese da, 167-68, 180
ritual, 73, 133, 141
secreta, 134
teoria girardiana da, 141
Identidade, 27, 47, 52, 69, 127, 144-46, 176, 182-83, 194, 197, 199, 212, 215
    deslocamento de, 176
Identificação, 58, 87, 94, 114-16, 119-20, 135, 137-38, 142, 145, 153, 158-60, 164-65, 167, 170-75, 177-80, 182, 203-04, 212, 215
    figuras de, 173
    materna, 179
    total, 179
    triangularidade da, 156
    triângulos de, 174
Imitação, 44, 103, 121, 131, 142-44, 149-51, 153, 156, 160, 164, 173, 176, 179, 181, 195, 202-03
Imitatio Christi, 73, 150
Impureza, 89
Iniciação
    guerreira, 141
Interdisciplinaridade, 27
Intertextualidade, 33
Inveja, 53, 66, 82-83, 103-04, 115, 121, 176, 203, 209, 238
    círculo da, 203
Jogo
    mimético, 178
Lei, 28, 232
Liberação, 21
Libertino, 199
Literatura
    em ótica mimética, 33

Mal-estar
    na civilização, 22
Maquiagem
    arte da, 84
Marginalidade, 154
Marxismo, 108
Matriarcalismo, 163
Mecanismo
    mimético, 82, 173
Mediação
    externa, 73, 118, 131, 141-42, 150, 155, 208-10, 238
    interna, 73, 118, 131, 209, 238
Mentira
    romântica, 27
Mimetismo, 32, 137, 141, 159, 172, 183, 204, 213, 230, 233, 238-39
    fundador, 165
Mito, 97
Modelo, 21, 24, 32, 65, 73, 93-94, 100, 104, 114, 117-18, 125, 133, 141, 143-44, 149-51, 155-56, 158-59, 161-62, 164, 170, 173-78, 182, 197, 202-04, 208, 210, 212, 231, 233, 235
Narcisismo, 69, 114-15, 144, 182-83, 197
Objeto
    sexual, 24
Paganismo
    de Claudel, 41
Paradoxo, 198-99
Personalidade
    desdobramento de, 51
Prazer, 21, 25, 28, 41, 85, 162, 168, 178, 191, 193, 195, 204-05, 219-20, 224, 228, 230-31
Processo
    mimético, 82-83, 103, 137, 143
Reciprocidade, 101

Regra, 21, 23-24, 109, 117
  sexual, 100
  social, 21
  volta à, 22
Ressentimento, 45, 108-09, 203, 236-37
Revolução
  sexual, 21
  social, 21
Rito
  canibal, 55, 57, 63, 65, 69, 72
  de iniciação, 134, 138-39
  de passagem, 134, 148
Ritual, 33, 44-45, 52, 57, 60, 69, 81, 88, 91, 133, 135, 137-39, 141-42, 145, 147, 154, 156
  de masculinização, 138
Rival, 121-23, 125, 155
  realidade do, 125
Rivalidade, 32, 50, 52-53, 65-66, 72-74, 77, 79, 80-81, 87, 89, 91, 93, 96-97, 99-103, 106, 108-09, 111, 113, 118-22, 125, 129-31, 133, 137, 141-42, 149-51, 155, 173, 181-84, 191, 195-96, 201-04, 207-10, 212, 231, 233, 238
  anterior ao objeto, 102
  aspecto sexual da, 103
  extrema, 130
  grau zero de, 93
  máxima, 111, 212
  mimética, 65, 80, 100, 108, 113, 121, 149, 151, 201, 233
  mínima, 212
Sacrifício, 32, 37, 39-40, 42-43, 50, 52-53, 56, 61-69, 72, 97, 108, 145-46, 155, 229
  objeto do, 47
  religioso, 40

ritual de, 45
Sagrado, 32, 45-50, 53, 55, 60, 62, 67, 81, 85, 88, 90, 107, 141, 147, 152-53, 222
  primitivo, 53
Segunda Guerra Mundial, 26
Sexualidade
  ambígua, 165
  como violência, 85
  dominante, 183
  formação da, 160
  formas da, 201
  multiplicidade da, 160
  não conforme, 187
  precoce, 168
Sexualidades, 24
  possíveis
    infinidade de, 220
Superobjeto, 208, 223, 231
Tabu, 66, 85, 91, 238
  da homossexualidade, 72
  da menstruação, 89, 97
  fundador, 82
Templários, 139
Terrorismo
  sexual, 212
Texto
  bíblico
    originalidade do, 191
  de Ódio, 188
Totem, 63
Traição, 38, 107, 149-53, 155-56
Trangressão, 22
Transcendência, 231
Transgressão, 22
  sagrada, 149
Triângulos
  miméticos, 183
  complexidade dos, 184
  multiplicação dos, 183
Verdade
  romanesca, 27

Violência, 22, 26, 28, 31-32, 45, 48, 52, 61-62, 66-68, 71-72, 74, 77, 80, 82, 84-85, 88-91, 97, 99-101, 122-23, 127, 130, 141-42, 147, 149, 155, 177, 182, 184, 188, 196, 199, 210, 215, 223, 227-28, 233, 236-39
  imagem da, 85
  mimética, 141
  retorno da, 147
Vítima, 32, 45, 48, 52, 62-64, 66, 68, 71, 97, 136-37, 143, 146-48, 238
  arbitrária, 32
  expiatória, 32, 52, 66, 68

índice onomástico

Abraham, Karl, 158
Allen, M. R., 88, 214
Aristóteles, 89, 219, 229
Badinter, Elisabeth, 193-94
Balzac, Honoré de, 114
Bateson, Gregory, 140, 149-50, 202
Benoît, Cathérine, 136
Bhattacharyya, N. N., 86, 89
Bismarck, Otto von, 212
Borch-Jacobsen, Mikkel, 102, 119, 230
Boswell, John, 129, 140
Bouhdiba, Abdelwahab, 89-90, 226-27
Cervantes, Miguel de, 114
Claudel, Paul, 27, 29, 33, 35-42, 71-72, 85, 93, 103, 185-86, 191, 208-09, 220, 222, 229-31
Clinton, Bill, 188
Cocteau, Jean, 49, 155
Corneille, 28
Crawley, Ernest, 81-82
Dalai Lama, 221-22
Dante Alighieri, 38, 93-94, 208
Décarnin, Jean, 45, 155
De Gaulle, Charles, 22
Derrida, Jacques, 72

Dostoiévski, Fiódor, 26, 112, 114, 183, 206
Douglas, Lord Alfred, 213
Éforo, 138
Ellis, W., 81
Eribon, Didier, 177
Ésquilo, 43
Estrabão, 138
Ferenczi, Sandor, 158
Foucault, Michel, 214, 223-25, 237
Freud, Sigmund, 24-27, 33, 62-66, 74, 85, 108, 113-19, 121, 123-25, 151, 156-65, 167, 169, 174, 176, 178-80, 182-83, 191, 196-97, 201-02, 205, 220
Gautier, Théophile, 205
Genet, Jean, 16, 27, 29, 33, 43-47, 49-50, 52, 71-72, 83-85, 90, 130, 133, 140, 142-49, 151-56, 182, 196-97, 209
Gide, André, 185-86, 220
Goethe, Johann Wolfgang von, 114
Guérin, Daniel, 205
Hallaj, 230
Hegel, Georg Wilhelm Friedrich, 23-24, 116

Herdt, Gilbert H., 74, 87-88, 91, 133, 135, 138, 142, 208
Hitchcock, Alfred, 160
Hite, Shere, 189-90
Hitler, Adolf, 123
Hocquenghem, Guy, 186-87
Hourantier, Marie-José, 94, 98
Jacques, Francis, 185, 206
João Paulo II, 220, 222, 227-28
Jones, Ernst, 151, 158
Kinsey, Alfred C., 205
Laborit, Henri, 205
Letourneau, C., 82
Lévinas, Emmannuel, 83, 205, 227, 232
Madonna, 173
Malinowski, Bronislaw, 136-37
Mankiewicz, Joseph, 60
Marcelino, Amiano, 138
Marrou, Henri-Irénée, 139
Maupassant, Guy de, 100-04, 106, 109
Mead, Sheperd, 55, 59, 88
Mestre Eckhart, 219
Michelangelo, 157, 191
Mozart, Wolfgang Amadeus, 113, 223

Navarre, Yves, 207
Nietzsche, Friedrich, 214, 236-38, 256
Oughourlian, Jean-Michel, 83
Peyrefitte, Roger, 132, 219
Platão, 23, 96, 157, 222-25, 230, 233
Plínio, 89
Pompidou, Georges, 22
Proust, Marcel, 212-13
Racine, 81, 85
Rangarchari, K., 86
Rank, Otto, 74, 105, 109, 111, 113-18, 120, 122, 158
Rapa, A., 82
Reinach, M., 85
Rinpoché, Sogyal, 221
Sade, Marquês de, 72, 231
Saint-Amand, 231
Santo Agostinho, 228
Sartre, Jean-Paul, 24, 32, 50, 82, 116, 125, 130, 192-94
Sergent, Bernard, 138-39
Serres, Michel, 23, 233-35
Shakespeare, William, 85, 114, 197
Shepard, Matthew, 188
Sócrates, 213, 224-26
Spoto, Donald, 58-60, 68
Stekel, Wilhelm, 74, 112, 119, 122-23, 151, 156, 165, 167-82, 192-93
Taylor, R., 55-56, 82
Thévenot, Xavier, 220-21
Thomson, G., 89
Thurston, E., 86
Tomás de Aquino, 229
Tragar, E., 82
Tripp, C. A., 79, 85
Valliez, Gabrielle, 40
Ventadour, Bernard de, 39, 208
Vergely, Bertrand, 205, 225-26
Vinci, Leonardo da, 116, 157, 160-62, 164-65, 179-80, 202-04
Voglis, Vassilis, 58
Werewere-Liking Gnepo, 94, 98
Wilde, Oscar, 213
Williams, Dakin, 55, 59
Williams, F. E., 139
Williams, Tennessee, 16, 29, 33, 43, 55-62, 66-69, 71, 85, 104, 156
Xenofonte, 223

biblioteca René Girard*
coordenação João Cezar de Castro Rocha

Dostoiévski: do duplo à unidade
René Girard

Anorexia e desejo mimético
René Girard

A conversão da arte
René Girard

René Girard: um retrato intelectual
Gabriel Andrade

Rematar Clausewitz: além *Da Guerra*
René Girard e Benoît Chantre

Evolução e conversão
René Girard, Pierpaolo Antonello e João Cezar de Castro Rocha

O tempo das catástrofes
Jean-Pierre Dupuy

"Despojada e despida": a humilde história de Dom Quixote
Cesáreo Bandera

Violência e modernismo: Ibsen, Joyce e Woolf
William A. Johnsen

Quando começarem a acontecer essas coisas
René Girard e Michel Treguer

Espertos como serpentes
Jim Grote e John McGeeney

O pecado original à luz da ressurreição
James Alison

Violência sagrada
Robert Hamerton-Kelly

Aquele por quem o escândalo vem
René Girard

O Deus escondido da pós-modernidade
Carlos Mendoza-Álvarez

Deus: uma invenção?
René Girard, André Gounelle e Alain Houziaux

Édipo mimético
Mark R. Anspach

René Girard: do mimetismo à hominização
Stéphane Vinolo

O sacrifício
René Girard

O trágico e a piedade
René Girard e Michel Serres

Anatomia da vingança
Mark R. Anspach

Mito e teoria mimética
Richard J. Golsan

---

* A Biblioteca reunirá cerca de 60 livros e os títulos acima foram os primeiros publicados.

Conheça mais um título da Biblioteca René Girard

RICHARD J. GOLSAN

MITO E TEORIA MIMÉTICA

UMA INTRODUÇÃO AO PENSAMENTO GIRARDIANO

Nesta abrangente introdução à obra do filósofo René Girard, Richard Golsan estuda o mito e sua relação com uma pesquisa mais ampla sobre as origens da violência na cultura ocidental. O autor ressalta os conceitos de desejo mimético e de bode expiatório e os emprega para ilustrar de que forma a análise girardiana da violência nos mitos bíblicos, clássicos e primitivos tem influenciado trabalhos recentes em áreas como a teologia, a psicologia, os estudos literários e a antropologia.